KB122824

# 사춘기 핵인싸의 비밀

이현주 · 이현옥 지음

# 머리말

〈미래의 사교육〉이라는 콘텐츠를 본 적이 있습니다. 선생님이 만나면 "안녕하세요."라고 인사한다고 가르쳐 줍니다. 길을 가다 부딪히면 "미안해."라고 말하는 것을 연습시키더군요. 이 영상을 보고 말도 안 되는 이야기라며 웃고 있을 수만은 없었습니다. 아이들의 사회성에 문제가 있는 것은 확실하니까요. 자존감을 키워 준다는 이유로 자신의 의견을 존중받고 자란 아이들입니다. 그 누구보다 자신을 소중하게 생각하다 보니 자존감은 높아 보입니다. 하지만 내가 귀한 만큼 타인을 존중하는 것이 진짜 자존감입니다. 성적 경쟁이 치열한 분위기 속에서 타인은 경쟁의 대상이 되었습니다. 협력하기보다는 이겨야 하는 존재가 되었지요. 타인이 나의 자존감을 깎아내리는 존재가 되다 보니 점점 협력이 어려워집니다. 타인을 존중하고 협력하여 프로젝트를 완성하는 데 분명한 어려움이 생긴 것이지요.

수행평가 과제 하나를 하더라도 개인 과제의 질은 우수하지만 소집단 과제를 주면 갈등이 발생합니다. 프로젝트의 완성을 위해서 때로는 내 의견을 굽힐 줄 알아야 합니다. 서로 의견이 다른 아이들의 생각을 존중하고 타협해 가야 하지요.

실상은 하나의 과제를 완성해 나가는 과정에서 아이들 각자의 목소리가 너무 큽니다. 당장 '안녕'이나 '미안해'라는 말을 모르는 것은 아니지만 타인과 의견을 조율해 가는 것을 어려워합니다. 〈미래의 사교육〉이라는 콘텐츠가 개그 소재로 끝나지 않을지도 모른다는 두려움으로 이 책이 시작되었습니다.

MZ세대가 갖고 있는 특징이 하나 있습니다. 이름하여 '콜 포비아(call-phobia)'입니다. 전화와 공포증을 합한 말로 전화 통화를 기피하는 현상입니다. 전화 통화를 하는 것이 불편해서 문자나 모바일 메신저, 이메일을 선호하는 것입니다. 코로나로 비대면 문화가 일상에 자리 잡았습니다. 전화 통화를 하는 것조차 불편해합니다. 비대면으로 자신의 의견을 제시하는 것이 편하다고 말합니다. 그렇다면 만나서 의견을 조율해야 하는 상황은 어떨까요? 불편하고 조율이 어려울 수밖에 없겠지요.

사고의 틀이 갖춰진 MZ세대도 그럴진대 인간관계가 서툰 우리 아이들은 오죽할까요. 코로나 이후 대면 수업에서 아이들의 갈등이 늘어난 이유입니다. 학교 폭력 상황이나 학령기 우울증, 자살이 증가하고 있습니다. 아이들의 집단 활동이 늘어날수록 갈등은 증가하게 될 것입니다. 어릴 때부터 비대면에 익숙하고 조율을 경험하지 못한 아이들은 어떨까요? 협력의 필요성조차 알지 못할 것입니다. 자신의 주장은 자존감 대비 차차 거세질 것입니다. 누구 하나 타협할 줄 모르는 상황에서 어떻게 공동 프로젝트를 완성해 나갈지 생각만 해도 아찔합니다.

이러한 흐름을 읽었을까요? 2022 개정 교육과정에서 새롭게 등장한 것이 있습니다. 바로 '협력적 소통' 능력입니다. 내 의견이 중요한 만큼 타인의 의견을 존중하는 자세이지요. 타인의 말을 경청하고 관점을 존중하며 협력적으로 의사 결정을 해 나가는 능력입니다. 현 세대의 문제점을 개선하고 미래에 필요한 능력을 키우는 데 핵심 키가 되겠지요. 이 책에 협력적 소통 능력을 키워주는 데 필요한 것들을 꼼꼼하게 담았습니다. 협력적 소통의 기본은 나 자신을 정확히 아는 것부터 시작합니다. 자신의 욕구를 알고 관리할 줄 알아야 합니다. 이를 바탕으로 협력적으로 소통하는 방법과 공동체와 함께 지내는 역량을 키울 수 있도로 구성하였습니다. 나를 알고 타인과 어울려 살아가는 방법을 알아갈 때 미래에 필요한 인재가 될 것은 분명합니다. 이 책은 일화를 중심으로 하브루타 질문을 통해 핵심 생각을 아이와 나눌 수 있도록 구성했습니다. 이 일화들은 학교 현장에서 자주 발생하는 이야기들로 첨예한 대립이나 갈등 상황을 유발하는 경우도 있습니다. 실제로 이런 상황 속에 처하기 전에 이 상황을 상상하고, 대처 방법을 생각해 보는 것만으로도 큰 도움이 될 것입니다. 아이 혼자서는 어렵기에 대화를 통해 생각해 보게 합니다. 이를 통해서 아이들의 협력적 소통 능력의 필요성과 능력을 키울 것입니다.

"아이들 사회 수업을 하다 보면 흔히 '일베'라고 하는 사이트에서 봄 직한 표현을 쓰는 아이들이 꽤 있어요. 그 친구들이 인터넷 댓글에서나 쓰는 표현을 수업 시간에 큰 소리로 이야기합니다. 그때 대다수의 친구가 불편함을 호소합니다. 이럴 때는 그 친구를 앞으로 나오게 해서 발표 형식으로 자신의 의견을 말하게 합니다. 그러면 표현도 순화되고 다른 친구들의 의견을 통해 생각이 순화되지요. 이것이 상호 소통의 힘이라는 것을 느끼는 순간입니다."

어느 사회 선생님의 일화입니다. 내 아이는 아니겠지 생각하기 쉽지만 인터넷에서 악성 댓글을 다는 십대들이 정말 많습니다. 요즘 아이들은 원하는 것을 무엇이든 해주는 분위기에서 자랍니다. 불편과 부족함을 모르고 자란 아이들은 참을성 없고 이기적인 존재로 변해갑니다. 거기에 학령기의 학업 부담 또한 만만치 않습니다. 친구를 경쟁자로 대해야 하는 분위기 속에서 아이들은 폭력적이고 충동적으로 자라납니다. 생각이 정립되지 않은 상태에서 한쪽 편의 생각으로 균형을 잃어 가는 아이들이 있습니다. 협력적으로 소통하는 능력이 지금 당장 아이에게 필요한 이유입니다.

대인관계 기술과 문제 해결 능력을 습득하여 원만한 대인관계를 가지게 된 아이들은 자아 존중감이 형성된다. 학교에서 소속감을 느끼며 정서가 안정되어 학습 능률과 성적이 향상되는 효과를 가져올 것이다.
(Zins, J., (2004). Building Academic Success on Social and)

아이들이 어릴 때부터 감정을 건설적으로 표현하는 방법을 배우고, 배려하고, 존중하는 대인관계를 만들어 가는 법을 배워야 한다. 이것이 성인기의 우울증, 폭력이나 다른 심각한 정신 건강 문제들을 예방한다. Lantieri, L. (2008). Building Emotional Intelligence. Boulder, CO: Sounds True..

- 사회성·감성 교육, 왜 필요한가? (성진아 칼럼 중에서)

미래의 인재에게 필요한 능력으로 비판적 사고력, 문제 해결 능력, 대인관계 기술, 커뮤니케이션 능력, 창의력이라고 말합니다. 학령기를 넘어서서 인생을 살아가면서 협력적 소통을 하는 미래 인재로 자라나는 과정에서 이 책이 이 모든 능력을 향상시키는 데 반드시 도움이 되리라 믿습니다.

**이 책의 활용법**

2~4장까지는 실질적으로 아이들에게 필요한 소통 능력을 키우는 연습으로 구성했어요. 맨 앞부분은 부모 가이드입니다. 가이드를 읽고 지도 방향과 방법을 준비하세요. 아이와 함께 상황을 읽고 하브루타 질문으로 대화를 나누시면 됩니다. 마지막 아이들용 가이드를 읽으며 생각을 정리할 수 있도록 활용해 보세요.

# 목차

## 1 장

## 협력적 소통의 의미와 중요성

# 2 장

## 자신에 대한 인식과 창의적 사고력

# 3장

## 자기 관리 기술과 심미적 감성

# 4 장

## 협력적 소통 능력

# 5 장

## 공동체 역량

# CHAPTER 1

# 협력적 소통의 의미와 중요성

# 01

# 협력적 소통의 의미와 중요성

협력적 소통이란 무엇일까요? 2022년 개정 초·중등 교육과정에서는 '자신의 생각과 감정을 효과적으로 표현하고 다른 사람의 관점을 존중하며 경청하는 가운데 상호 협력적인 관계에서 공동의 목적을 구현하는 것'이라고 했습니다. 표현과 경청, 협력을 통해 소통하는 것입니다. 이 능력이 왜 중요할까요?

하바드대학교 정신과 조지 베일런트 교수는 "인생을 성공적으로 잘 살기 위해서 무엇이 필요할까?"에 대해 연구했습니다. 72년 동안 추적 연구한 결과 인생을 성공적으로 살아가는 사람의 특징을 찾아냈어요. 학벌이 좋은 것이나 돈이 많은 것, 두뇌가 뛰어난 것 모두 비결이 아니었습니다. 인생의 성공에 유일하게 중요한 것은 인간관계였어요. 인생을 살면서 인간관계에서 겪는 어려움이 가장 크다고 하죠. 아마 누구나 이 말에 공감할 거예요. 인생의 어느 시기에서든 가장 힘든 것이 사람 관계임을 몸소 느끼고 있을 테니까요.

행복을 찾기 위해서도 중요하고 성인이 되어서 가장 필요한 것이 소통 능력입니다. 인간관계 안에서 우리가 행복을 찾는 거라면 아이에게 소통법을 우선적으로 가르쳐야겠지요. 인간관계에서 겪는 스트레스 없는 사람으로 키우고 싶다면 말이죠. 지금부터 아이의 소통 능력을 들여다보고 키워 주어야 합니다. 알아서 잘 해내겠거니 하다가 나중에 후회하지 않았으면 좋겠습니다. 저절로 길러지는 능력은 하나도 없습니다. 어려서부터 키워 주지 않았기에 우리가 이토록 힘든 인간관계를 겪고 있는 것은 아닐까 돌아봐야 해요. 내가 겪었던 아픔을 되풀이하지 않으려면 지금부터 아이에게 잘 길러 주어야 합니다.

2022 개정 교육과정에서 새롭게 등장한 것이 협력적 소통입니다. 2024년 초등 1, 2학년을 시작으로 개정되는 교육과정은 2025년 초등 3, 4학년, 중1, 고1 개정, 2026년 초등 5, 6학년과 중2, 고2 반영, 2027년 중3과 고3 대상으로 적용됩니다. 교육과정은 학교 교육과정의 모든 과정을 결정하는 것입니다. 이를 통해 학교 운영의 모든 것이 결정되므로 아이의 학교생활과 성적, 대입에도 큰 영향을 미칩니다.

학교 교육이 지향하고 아이들에게 기르고자 하는 역량 중 추가된 것이 바로 소통 능력입니다. 미래 변화에 유연하게 대응하고 지식을 이해하고 그 과정과 기능, 가치와 태도를 아우르는 역량 개념으로 협력적 소통이 필요하다고 했지요. 미래 교육에서 아이들은 언어를 중심으로 다양한 기호, 양식, 매체 등을 활용한 텍스트를 대상, 목적, 맥락에 맞게 이해해야 해요. 공동체 구성원과 소통하고 참여하는 능력을 길러야 합니다. 이러한 역량을 기르고 평가하면서 삶과 연계한 학습으로 나아가는 것이 새로운 교육과정의 핵심입니다. 이는 교육과정과 연계된 학생 평가에도 반영될 것입니다. 과정 중심 평가 및 서·논술형 평가를 통해 이 역량을 평가하겠지요. 협력적 소통력이 실제 인간

관계뿐 아니라 학습 능력 향상 및 나아가 대입 학생 선발에까지 영향을 미치게 될 것입니다.

요즘 아이들은 다양한 인간관계를 경험할 일이 많지 않아요. 핵가족으로 조부모와 만나거나 하는 일도 줄었지요. 친척들도 명절 때 만나는 게 거의 전부입니다. 이웃사촌이 있는 것도 아니고 친구들과 신나게 모여 노는 일도 많지 않죠. 이런 환경에서 아이들이 어떻게 사회성을 키울 수 있을까요? 사람과 만나 부딪히지 않으면서 대인관계를 배우기가 어렵습니다. 직접 경험하거나 몸으로 부딪히면서 배우는 아이들의 특성을 살려서 가르쳐야 합니다. 실제 경험을 통해 만나지 못하더라도 이야기를 통해서 기를 수 있습니다. 이야기 안에서 내가 주인공이 되어 행동하고 대화해 보면서 충분히 이해할 수 있지요. 실제 생활에서 비슷한 상황과 맞닥뜨렸을 때 그 이야기를 떠올려 대처 방법을 생각할 수 있습니다.

# 02

# 대화를 통한 협력적 소통 능력 향상

협력적 소통은 어떻게 이루어질까요? 협력적 소통에는 중요한 요소가 있습니다. 혼자서 깨달음을 얻는 것이 아니라 대화를 통해서 느끼고 배워 간다는 것입니다. 질문하고 대답하고 토론하는 과정을 통해 배움이 일어나지요. 대화를 주고받고 의견을 나누는 질문의 과정을 통해 성장하는 것입니다. 질문이 꼬리에 꼬리를 물고 이어지며 생각이 확장되는 구조예요.

하지만 아이들은 자기 의견을 정확히 전달하는 것을 힘들어합니다. 질문이 많아야 할 교실에서는 질문하면 이상한 눈초리를 받기 일쑤지요. 쓸데없이 시간을 쓰게 한다거나 수업을 망친다는 분위기 때문에 궁금한 것도 참는 일이 많습니다. 이런 아이들이 토론은 잘할 수 있을까요? 협력적 대화를 나눌 수 있을까요? 어렵습니다. 꼬리 물기 질문에서 무엇을 물어야 하는지, 무엇에 대답해야 하는지 핵심 찾는 것을 힘들어합니다. 상대방의 의견에 반박까지 해야 할 상황이면 난감함은 배가 되지요.

아이러니하게도 이런 어려움을 해결해 주는 단 한 가지 방법은 대화입니다. 관계에 어려움을 겪는 아이를 성장시켜 주는 것이 바로 타인과의 대화입니다. 서로 다른 가치관을 가진 타인과 만나 생각을 나누면서 아이는 성장합니다. 지금 당장 대화의 기술이 부족하더라도 괜찮습니다. 대화를 나누고 있는 상대를 통해서 배울 수 있는 부분을 받아들여 성장하면 됩니다. 아이들은 자라고 있고 성장 가능성은 무궁무진하니까요. 대화를 통해서 아이를 성장시키되 그 대화 상대가 부모가 되어 준다면 아주 이상적입니다. 부모도 대화나 협력적 소통에서 부족할 수 있습니다. 그 부족함을 고백하고 나아갈 방향을 아이와 찾아갈 때 함께 성장할 것입니다. 아이에게 주고 싶었지만 줄 수 없었던 것들을 대화를 통해서 키워줄 수 있습니다. 부모가 주고자 했던 가치관을 심어 주기에 가벼운 대화만큼 좋은 도구는 없어요. 서로 대화를 통해 나날이 성장해 가는 모습을 보며 응원해 주는 사이라면 이보다 좋은 부모와 자녀는 없을 것입니다.

아이들에게 다양한 질문의 방법과 대화 경험을 늘리고자 선택한 것이 학교생활 일화입니다. 누구나 쉽게 접할 수 있는 이야기니까요. 가볍게 접근할 수 있는 주제면서 깊이 있는 가치관을 심어 줄 수 있는 좋은 소재입니다. 주변에서 일어남 직한 일을 짧게 동화 형식으로 읽고 생각해 보게 하는 것이죠. 내가 언젠가 경험해 봄 직한 상황을 통해 생각을 확장하고 대화를 늘려 보고자 시도해 보세요. 아이들이 익숙한 상황에서 상호 소통하는 과정을 익혀 가며 스스로 성장하고 발전해 나갈 것입니다. 물론 부모와 함께 상황을 나누고 대화를 나누는 것도 좋은 방법입니다. 이를 통해 부모는 아이 학교생활도 짐작해 볼 수 있습니다. 아이가 학교에서 나누는 대화와 상황들을 통해 협력적 소통 능력을 향상시킬 수 있는 좋은 기회입니다. 학교는 작은 사회입니다. 아이가 성인이 되어 경험하게 될 상황들을 미리 대처하고 연습하면서 사회성이 출중한 어른으로 성장하게 될 것입니다.

# 03

# 협력적 소통 능력, 학교생활에서 익히는 법

협력적 소통을 하려면 어떤 방식으로든 아이를 인간과 만나게 하고 경험하게 해야 하죠. 그래서 선택한 것이 학교생활 장면에서 만날 수 있는 협력적 소통 상황입니다. 학교생활에서는 이 시기 아이들이 가장 중요시하는 또래 관계를 경험합니다. 또한, 선생님과 선·후배 간의 관계를 통해 다양한 상황에서의 인간관계를 체험할 수 있지요. 아이들이 가장 오래 머무는 공간인 학교에서의 협력적 소통을 연습하면서 사회에 나가기 전 소통법을 익히고자 하였습니다. 이는 인간관계 측면에서뿐 아니라 학교생활에 필요한 역량을 키운다는 점에서도 의미 있는 시도라고 할 수 있겠습니다.

일화를 통해 하브루타를 하기 위해서 제일 먼저 필요한 것이 문해력입니다. 하지만 요즘 아이들은 글을 좋아하지 않습니다. 태어나자마자 영상을 보는 것에 익숙해진 아이들이죠. 줄글을 보면 거부감을 갖습니다. 읽기도 전에 어렵다고 생각해요. 내용을 알기도 전에 읽기를 포기하기 십상입니다. 이런 아이들을 위해서 짧은 학교 일화로 구성했습니다. 주변에서 있을 수 있는 일입니다. 아이들이 공감할 수 있는 이야기들로 시작하는 것이죠. 그 안에서 생각을 끌어내고 질문에 답을 찾아보도록 하브루타 질문을 추출하였습니다.

내용을 정확하게 파악하고 있는지 묻습니다. 내용에 대한 기초적인 이해가 되어 있어야 질문에 대한 대답이 가능하니까요. 내용 파악이 끝났으면 이제부터는 다양한 질문으로 생각을 확장시킵니다. 글을 읽고 난 후 자신의 느낌 나누기, 비교와 추측을 통해 다양한 상황으로 생각을 키우죠. '만약'과 비교하는 질문을 통해 동화의 내용을 내 삶과 연결시켜 생각해 볼 수 있을 것입니다. 마지막으로 동화를 통해 키울 수 있는 사회성의 총체적인 질문이 등장합니다. 일화와 질문을 통해 키워 주고 싶은 가치에 대해 나누는 항목이자 협력적 소통을 이루는 마지막 단계라고 할 수 있습니다.

대화를 나누다 보면 아이와 부모가 생각이 다를 수도 있습니다. 같은 질문에 대해 다른 생각을 가질 수도 있겠죠. 이때는 무작정 진행하지 말고 그 생각을 깊이 있게 나눠 보는 것이 좋습니다. 예시로 든 모든 질문을 아이에게 모두 묻고 대답할 필요는 없어요. 답을 맞히는 것이 중요하지 않습니다. 답을 찾는 과정에서 생각을 키우고 확장시키는 것이 중요하지요. 질문의 수를 많이 넣은 것도 그 이유입니다. 한 가지 일화에 대해 열 가지 이상의 질문이 있지만, 한 가지에 멈춰서 많은 대화를 나눠 봐도 좋겠습니다. 몇 가지 의미 있는 질문을 선택해서 수준 높은 대화, 심도 깊은 토론을 나눌 수 있다면 그것만으로도 대성공이지요.

아이의 수준에 맞춰서 점차 질문의 수준을 높여 봐도 좋고 선택의 폭을 넓혀 봐도 좋습니다. 책을 펼쳐 보다가 아이가 경험했음 직한 일화를 하나 뽑아 보세요. 그 일화를 함께 읽고 비슷한 경험을 나눠 보세요. 그 가운데서 아이의 대처와 생각을 나눌 수 있을 것입니다. 부모와의 대화와 질문을 통해 아이 생각을 나누고 확장시킬 수 있다면 협력적 소통 능력은 몰라보게 성장할 것입니다.

사회성의 시작은 개인입니다. 나를 알고 나를 이해하는 것부터 협력적 소통 능력은 시작됩니다. 나 자신에 대한 이해와 사랑부터 시작합니다. 나부터 시작해서 타인으로 관심을 확장시켜 나갈 수 있도록 일화를 구성했습니다. 아이가 필요한 부분을 골라서 대화를 나눠 보세요. 아이에게 특별히 필요한 능력이나 사회성을 선별해서 나눠 본다면 이 책의 가치는 다했다고 봐도 좋을 것입니다

남과는 다른 색다름을 만들기 위해서는
내 색을 제대로 알고 있어야 합니다.
내가 가진 것에서 조금 시선을 틀어서 바라볼 때
나만의 창의력이 발달됩니다.

# CHAPTER 2

# 자신에 대한 인식과 창의적 사고력

# 01

# 나의 가치 알기

## 나라는 존재의 소중함

아이들은 자신의 존재에 대해서 얼마나 애정을 가지고 있을까요? 요즘 아이들은 귀하게 자라서 굉장히 자존감이 높습니다. 자신의 욕구를 최우선으로 삼지요. 힘든 것을 참아내는 것보다는 자신이 좋아하는 일을 편안하게 즐기는 것을 좋아합니다. 그렇다면 아이들이 너무나 자신을 사랑하고 있는 것 아닐까 생각하기 쉽습니다. 충분히 자신의 삶을 즐기고 존중하고 있는 것처럼 보이니까요.

진짜 아이들이 자신을 너무나 사랑할까요? 행동 속에 숨겨진 내면의 생각에서도 그만큼 자신을 귀하게 여길까요? 저는 그 질문에 '글쎄요.'라고 대답하고 싶습니다. 자신을 소중하고 귀하게 대한다면 우리나라 청소년 자살률이 지금처럼 높지는 않을 겁니다. 내가 나를 소중히 여긴다면 그 귀한 나를 위해 무언가를 해 주겠지요. 결코 자살을 택하지는 않을 거예요. 힘들더라도 귀한 나를 위해서 다시 일어서서 나를 안아 주지 않을까요. 진짜 소중한 나를 지키기 위해서는 못 할 일이 없을 테니까요.

요즘 아이들은 참 많은 사랑을 받고 컸지요. 하지만 그 안에 알맹이가 약합니다. 내가 공부를 잘해야만, 잘생겨야만, 친구가 많아야만 사랑받을 수 있다고 생각해요. 그건 진짜 자신에 대한 사랑이 아닙니다. 내가 나를 내 존재 자체로서 귀하게 여겨야 합니다. 내가 어떤 모습을 하고 있는 순간이라도 말이죠. 나라는 존재 자체를 사랑하는 아이로 자랄 수 있도록 도와줘야 합니다.자기 자신에 대한 사랑과 존재 자체의 귀함을 모르는 아이들을 위해 도대체 무엇을 해야 할까요?

## 부모의 시선에 따라 달라지는 아이들

아이가 태어나서 처음 만나는 믿음직한 세상은 부모입니다. 꼭 부모가 아니더라도 주 양육자를 통해서 세상을 바라보는 시선을 형성해 나갑니다. 부모가 자신을 바라보는 눈길을 따라서 자신이라는 사람을 규정해 나갑니다. 처음 부모와 자신을 동일시하던 유아기에서 벗어나면서 그 시선은 뚜렷해지기 시작합니다.

"너는 무슨 애가 그렇게 느리니?"

"너는 도대체 애가 끝까지 하는 걸 못 봤어."

무심히 부모가 던진 한마디로 아이는 자신을 규정합니다. 자극을 주어 더 좋은 아이로 만들고 싶다는 부모의 욕심이 아이에게 좋지 않은 영향을 끼치는 겁니다.

우리는 매 순간 그 사실을 잊어버립니다. 아이를 판단하고 규정하는 말을 멈추지 않습니다. 아이를 평가하는 부모의 말은 그대로 아이 뇌리에 박힙니다.

'나는 느린 사람이야. 빨리할 수 없어.'

'나는 끝까지 못하고 대충 하는 사람이야.'

아이가 자신을 바라보는 시선은 이렇게 부모의 시선을 따라갑니다.

물론 부모가 사랑의 말과 눈빛을 보내는 경우도 많습니다. 어릴 때일수록 존재만으로도 사랑과 경의를 표현하는 경우가 많죠. 하지만 아이가 자라면서 판단과 평가의 말이 늘어나기 시작합니다. 특히, 아이가 학교에 입학하기 시작하면 비교의 말이 하나 더 늘어나게 됩니다. 공부에 대한 비교가 시작되는 거예요. 부모 자신보다 더 소중한 아이가 더 멋진 아이로 자랐으면 하는 욕심으로 말입니다. 안타깝게도 부모의 욕심은 아이를 위축시켜요. 학령기의 아이는 이제껏 자신이 들었던 어떤 평가보다 강하고 모진 말을 들으며 자신을 규정짓습니다. 공부와 관련된 부모의 평가는 아이를 더욱더 움츠러들게 만들지요.

'공부도 못하면서 내가 무슨 가치가 있어.'

## 존재의 소중함을 일깨워 주는 것

자신에 대한 인식이 부모의 평가로 부정적인 아이들에게 존재의 소중함을 일깨워 주기 위해서는 어린 시절로 돌아가야 합니다. 아이가 어릴 때의 부모 마음으로 자녀를 대해야 합니다. 아이의 존재가 너무 소중해서 숨 쉬는 것만으로도 행복했던 그 시절로 말이죠. 그러기 위해서 부모 마음 안에 있는 욕심을 잠재워야 해요.

아이가 아플 때 부모 뇌의 움직임을 조사해 봤답니다. 자신이 아플 때와 같은 부위가 활성화되었다고 합니다. 그만큼 부모는 자식을 자기 자신처럼 여긴다는 뜻이겠지요. 아이가 가슴 아픈 일을 당했을 때 부모 마음이 더 아팠던 경험, 한 번쯤은 다 있으셨을 겁니다. 이 동일시 때문에 문제가 생깁니다. 아이는 나와 전혀 다른 존재임을 깨달아야 합니다. 아이는 나와 닮았지만 나와는 달라요. 아이와 나를 분리시켜 생각할 수 있어야 합니다. 그래야 존중의 마음이 생깁니다. 아이의 판단을 믿고 따르고 기다려 주는 여유가 아이를 편안하게 합니다. 아이의 기질과 생김새대로 행동할 수 있도록 돕지요. 부모의 눈치를 보지 않고 실행할 수 있도록 해 줍니다.

아이가 존재의 소중함을 변형하지 않고 그대로 바라보도록 해야죠. 일단 부모와 아이를 분리하세요. 따로 똑바로 설 수 있어야 같이 갈 수 있습니다. 언제까지나 한쪽에 기대거나 의존하는 삶은 행복하지 않습니다. 아이가 어떤 결심과 행동을 하더라도 자신의 판단을 끝까지 믿고 소중히 여길 수 있는 힘은 여기에서부터 나옵니다.

## 아이 존재 자체를 사랑하기 위해서 할 수 있는 것들

1. 하루에 한 번 30초 이상 아무 말도 안 하고 아이의 눈 바라보기
2. 불쑥 "사랑한다"고 말하기
3. 어깨를 토닥이며 "애썼어"라고 말해 주기
4. 잠들기 전, 외출 전, 아침에 깨어나서 가만히 안아 주기
5. 매일 10분 이상 평가 없이 아이의 말 들어 주기

채린이는 오늘 왜 그런지 모르게 기분이 나빴다. 친구들이 옆에서 반갑게 인사를 해도 웃고 싶지가 않았다. 이상하게 짜증이 났다. 수업 시간에 선생님의 말씀도 귀에 잘 들리지 않았다. 책상 위에서 연필만 데구루루 굴렸다. 마음속으로 하나, 둘, 셋, 넷, 다섯 숫자만 자꾸 되뇌였다. 이상하게 숫자가 머리에서 맴돌았다.

"채린아 세계 기후의 특성에 대해서 한 문장으로 설명해 보겠니?"

숫자만 중얼거리고 있었는데 선생님이 갑자기 채린이를 불렀다. 처음엔 선생님이 부르는 줄도 몰랐다.

"채린아?"

옆에서 짝꿍인 민서가 쿡 찔러 그제야 알게 되었다.

"선생님 뭐라구요? 저 부르셨어요?"

선생님의 싸늘한 시선이 채린이에게 머물렀다.

"너 이따가 교무실로 와서 선생님 면담하고 가."

채린이를 꾸짖는 선생님의 목소리에 더더욱 주눅이 들었다.

"채린아. 왜 그래? 무슨 일 있었어?"

민서가 걱정스런 얼굴로 다가오며 물었다.

"글쎄. 나도 모르겠어. 기분이 안 좋네. 집중도 안 돼. 자꾸 마음속으로 하나, 둘, 셋, 넷, 다섯 숫자만 세게 돼. 왜 이런지 모르겠어."

채린이는 고개를 푹 숙인 채 책상에 엎드려 버렸다.

"채린아. 오늘 학교에서 별일 없었어?"

엄마가 설거지를 하며  물었다.

"별일 없어. 학교가 맨날 그렇지 뭐."

아무 일 없었다는 듯 대답을 하는데 문득 채린이의 얼굴에 눈물이 한 방울 또르르 흘러내렸다.

'내가 왜 이러지?'

채린이는 순간 너무나 당황스러워 눈물을 닦고 제 방으로 들어갔다.

평소 좋아하던 클래식 음악이나 들으면 기분이 좋아지려나 생각하며 컴퓨터를 켰다. 그때 화면에 팝업 메시지가 떴다.

내가 나를 사랑하는 다섯 가지 이유, 찾으셨나요?

찾았다면 당당히 〈나는 내가 제일 좋아〉 프로젝트에 도전하세요.

십 대들의 많은 참여를 기다립니다.

이거였어. 다섯 가지. 내가 나를 사랑하는 이유. 내가 나여서 좋은 이유가 생각나지 않아. 도저히 하나도 모르겠어서 온종일 멍했던 거야. 아무 생각도 떠오르지 않아서 기분이 나빴었던 거야'

채린이는 깜빡이는 컴퓨터 팝업창을 바라보다 또다시 울컥해서 모니터를 쾅 소리가 나게 닫아 버렸다.

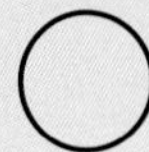

1. 이유도 모른 채 기분이 나빴던 적이 있어?

2. 친구가 다가와도 대답하기 싫었던 적이 있었다면 어떤 상황이었을까?

3. 다른 생각을 할 때 선생님이 불러 놀랐던 적이 있나? 그때 어떤 생각을 하고 있었어?

4. 엄마가 학교에 대해 물을 때 어떤 기분이야?

5. 나도 모르게 눈물이 난 적이 있었어?

6. 내가 나라서 좋은 점과 싫은 점은 무엇이야?

7. 내가 나를 좋아한다는 것은 어떤 장점이 있을까?

8. 내가 나 자신이 싫어진다면 어떻게 해야 할까?

9. 나를 나 자신으로서 좋아하기 위해 어떻게 해야 할까?

좋아요 **1004**개

“

내가 나인 것에 이유가 있을까요? 태어나 보니 나는 나였습니다. 하지만 왜 이렇게 나는 내가 마음에 들지 않을까요? 남들보다 특출난 것도 없고 잘하는 것도 없습니다. 외모도, 능력도 너무 너무 평범합니다. 아니 남들보다 뒤처지는 게 많은 것이 사실이지요. 그래서 나는 나에 대해 불만이 참 많습니다. 그래서 채린이도 심술이 났나 봅니다. 내가 나를 사랑하는 이유를 찾을 수가 없어서요. 내가 나를 가장 좋아해야 하는데 도무지 그럴 수가 없어서 말입니다.

그런데 말이에요. 사람이 가진 게 많다고 과연 행복할까요? 그렇다면 부자 중에는 자살하는 사람이 없어야 할 거예요. 가진 게 많으니까요. 누구나 부러워하는 외모를 가진 연예인들은 너무 행복하고 자신을 엄청 사랑해야 맞는 거겠죠. 실상은 그렇지 않잖아요. 많이 가졌다고 자신을 사랑하고 좋아하는 것은 아니에요. 부자인데도 힘들어하는 사람들의 이야기를 우리도 종종 접하니까요. 내가 남들과 비교해서 많은 것을 가지지 못했다고 해도 나는 내 모습 그대로 너무나 소중합니다. 한 번 사는 인생, 내 모습을 바꿀 수는 없을 거예요. 외적인 조건은 바꿀 수 없지만 그 외에 마음 가짐을 바꾸고 마음속 행복을 찾아 나가는 것은 자신의 몫이에요. 얼마든지 남과의 비교 없이 자신을 채워 나갈수 있답니다. 모든 관계의 시작은 내가 나를 있는 그대로 들여다보는 것부터 시작합니다. 있는 그대로의 자신의 모습을 사랑할 수 있을 때 진짜 자신의 매력을 찾을 수 있답니다.

”

# 02

# 내가 좋아하는 것과 싫어하는 것

## 내 마음과 남의 마음이 같지 않을 가능성

나와 타인을 조금 더 깊이 있게 이해하기 위해서 필요한 것이 있습니다. 바로 내가 좋아하는 것을 남들이 싫어할 수 있다는 인식입니다. 너무 좋아서 한 행동인데 타인에게는 불쾌감을 일으킬 수 있음을 알아야 합니다. 상대방의 입장에서 생각하지 못하는 아이들은 그게 참 어려워요. 내가 좋아하는 방식으로 나의 호감을 표현합니다. 상대방은 그것이 너무나도 불편하지요. 호의로 시작한 일이 결국 나쁜 상황으로 흘러가는 경우가 있습니다. 내 마음이 어떤지도 잘 알지 못하는 아이들이 남의 마음까지 알고 이해하는 게 어려운 건 당연합니다. 아이도 차차 알아 가야 합니다. 배워 가야 해요. 내 마음이 소중한 만큼 타인의 마음도 귀하다는 것을 말이죠. 남의 마음을 읽어 가는 연습 또한 해야 합니다. 아이의 미흡함은 인정하지만 그것 때문에 불편해지는 일이 없도록 아이에게 가르쳐 줘야 할 기술입니다.

## 역지사지할 수 있는 힘

좋아하는 사람이 같은 것을 좋아할 가능성이 얼마나 될까요? 우리는 그 가능성이 희박하다는 것을 압니다. 오히려 정반대의 취향을 가진 사람과 좋아하게 될 가능성이 많아요. 우리가 많은 경험을 통해서 체득하게 된 사실이죠.

아이들도 이것을 알고 있을까요? 아이들은 오히려 반대로 생각합니다. 내가 좋아하는 사람이기에 나와 같은 것을 좋아할 거라고 생각합니다. 싫어하는 것도 마찬가지구요. 그래서 내 취향을 친구에게 강요하기도 합니다. 혹은 내가 싫다는 이유로 친구가 원하는 것을 해주지 않기도 하지요. 그러다가 관계가 소원해지기도 하는데요. 그런 상황을 아이들은 이해하지 못합니다. 도대체 내가 얼마나 잘해 줬는데 이럴 수 있느냐며 분통을 터트리지요. 그렇게 참아 주고 배려해 줬는데 돌아오는 게 이것이냐며 배신감을 느끼기도 합니다. 이런 아이들에게 내 마음과 다른 사람의 마음이 같지 않다는 것을 알려줘야 합니다. 내가 좋아한다고 해서 나의 취향을 강제할 수 없다는 것도 가르쳐 줘야죠.

아이들은 말로 설명하면 잘 알아듣지 못합니다. 몸으로 경험해 봐야 쉽게 깨닫게 되지요. 아이가 느낄 수 있도록 어떻게 연습시켜 줄 수 있을까요? 네, 바로 그겁니다. 아이에게 엄마가 좋아하는 것을 주는 겁니다. 내가 좋아하는 것이라며 환하게 웃으며 나물을 줘 보세요. 아이가 질겁할 겁니다. 아이도 느끼겠죠. 엄마와 나의 마음과 취향이 같지 않을 수 있다는 것을 말이죠. 다른 사람과의 관계도 그럴 수 있음을 어렴풋이 짐작하게 될 것입니다.

싫어하는 것으로도 같은 행동을 해보세요. 아이가 좋아하지만 엄마가 싫어하는 것을 해주지 않는 거죠. 가장 간단하고 쉽게 이해할 수 있는 것이 음식일 거예요. 피자를 안 사 주는 겁니다. "엄마가 싫어하니까 너도 싫어하지" 하면서요. 아이가 남의 입장을 쉽게 이해할 수 있는 간단한 상황의 예시입니다. 감각적인 부분에서 이런 경험을 한 아이는 쉽게 잊어버리지 않습니다. 아이에게 확실하게 각인될 것입니다. 좋아하는 사람 사이에서도 취향 차이가 있다는 것을 말입니다.

## 싫어하는 것을 하지 않음의 중요성

취향을 이야기할 때 무엇보다 중요한 것이 있습니다. 남의 취향을 존중하기 위해서 노력할 때 1순위 원칙이죠. 좋아하는 것을 하는 것보다 훨씬 더 중요한 일입니다. 상대방이 싫어하는 것을 하지 않으려는 노력입니다. 아이들에게 이 이야기를 하면 선뜻 이해하지 못하죠. 이것 또한 아이에게 경험을 통해서 이해시킬 수 있습니다.

아이가 좋아하는 것 하나와 싫어하는 것 하나를 써 보게 하십시오. 좋아하는 것을 해줬을 때와 싫어하는 것을 안 했을 때 어떤 것이 더 좋은지 물어보세요. 아이가 몸 만져 주는 것은 좋아하지만 간지럽히는 것을 싫어한다고 해 봅시다. 아이에게 두 가지 경험을 다 주고 나서 묻는 거예요. 어떤 것이 더 강렬하고 인상 깊었는지를 말입니다. 등을 어루만져 주는 것을 좋아할 겁니다. 하지만 간지럽히지 않는 것이 자신의 마음을 더 편안하게 해 준다고 말할 가능성이 큽니다. 좋아하는 것은 은은한 자극을 주지만 싫어하는 것은 강렬하니까요. 강렬한 느낌이 나는 것, 즉 싫어하는 것을 줄여 주는 것이 타인과 행복하게 지낼 수 있는 것이라는 점을 알려줄 수 있습니다.

타인과 입장을 바꿔 생각해 보기 위해서는 무엇보다 자신에 대해서 알아야 판단할 수 있음을 먼저 강조해야 합니다. 내가 좋아하는 것을 알아야 비교도 가능하죠. 자기 자신을 사랑하고 제대로 이해할 수 있는 사람만이 타인과 '관계'라는 것으로 나아갈 수 있습니다. 이를 아이가 이해할 수 있을 때 관계를 시작할 수 있습니다.

## 타인에 대해 이해하기 전에 해야 할 일

1. 나 자신이 좋아하는 것과 싫어하는 것을 구분하기
2. 좋아하는 사람과 선호, 비선호에 대해 이야기하고 비교하기
3. 좋아하는 사이지만 취향의 차이가 있음을 이해하기
4. 좋아하는 것을 해 주는 것과 싫어하는 것을 안 했을 때의 차이 비교하기

오늘은 일요일, 신나게 놀다 보니 벌써 저녁 시간이다. 유준이는 학교에서 내준 숙제를 하기 위해 일기장을 펼쳤다. 오늘의 주제는 내가 좋아하는 것에 대해 쓰는 것이다. "도대체 뭐를 좋아한다고 써야 할까?" 유준이는 고민이었다. 좋아하는 음식을 써야 할까. 운동을 쓸까, 좋아하는 색에 대해 일기를 써볼까 생각이 깊어지는 찰나, 누나가 다가왔다.

"일기 주제가 좋아하는 거야? 너 장난치는 거 좋아하잖아. 매번 나한테 장난치잖아."

유준이는 누나의 말에 기분이 살짝 나빠졌다.

"내가 무슨 장난치는 걸 좋아해? 내가 얼마나 진지한데. 나 장난치는 거 싫어하거든. 누나는 내 장난 좋아하지도 않으면서 왜 그런 말을 하는 거야. 누나는 내가 장난치면 매번 울고 화내잖아. 누나 나 싫어하잖아."

유준이의 얼굴이 붉어지며 표정이 어두워졌다.

"너는 매번 싫어하는 장난치면 기분 좋겠니? 너는 내가 싫어하는 장난만 골라서 치니까 그렇지."

누나도 눈에 눈물이 맺힌 채 기분 나쁜 말투가 튀어나온다.

이쯤 되면 엄마가 나설 수밖에 없다.

"너희 왜 그래?"

둘은 입을 꾹 다문 채 서로 쳐다보지도 않고 고개만 푹 숙이고 있다.

"채린이는 유준이가 장난치는 게 싫어?"

엄마가 채린이의 얼굴을 보며 말했다.

"싫지. 나를 놀리는 장난이나 내가 싫어하는 장난만 하니까 싫어."

"그래. 그렇구나. 유준이가 네가 싫어하는 장난을 치니 싫을 수도 있겠다. 유준이가 왜 장난친다고 생각해?"

"장난을 좋아하니까 그렇겠지."

엄마는 유준이를 보며 묻는다.

"유준이는 누나한테 장난치는 이유가 뭐야? 누나를 울리거나 화가 나게 하려고 일부러 그래? 아니면 장난이 너무 재미있어 그러는 거야?"

유준이는 눈물이 글썽글썽한 채 대답했다.

"누나랑 이야기하고 싶은데 누나가 반응이 없으니까 장난이라도 쳐보는 거야. 그래야 누나가 나를 보고 반응을 하니까 어쩔 수 없잖아."

"누나가 좋아서 누나가 싫어하는 장난을 한다. 그게 괜찮은 생각일까? 계속 그렇게 해도 누나와의 관계가 괜찮을지 같이 생각을 좀 해보자. 채린이도 유준이가 누나랑 이야기하고 싶어서 장난치는 거라면 그것 말고 동생이랑 대화하는 방법을 고민해 봐야 할 거 같아."

채린이와 유준이와 엄마는 그날 저녁 셋이서 좋아하는 것과 싫어하는 것을 표현하는 방법에 대해 생각해 보기로 했다.

1. 유준이는 주제 일기를 쓰기 전 어떤 기분이었을까?

2. 채린이와 유준이가 말다툼을 시작했을 때 엄마는 어땠을까?

3. 채린이는 유준이가 장난을 쳤을 때 어떤 기분이었을까?

4. 누나가 자신을 싫어한다고 생각했을 때 유준이는 마음이 어땠을까?

5. 채린이와 유준이의 장난에 대한 느낌은 어떻게 다를까?

6. 어떨 땐 장난이 기분이 좋고 어떨 땐 같은 장난도 기분이 나쁠까?

7. 내가 채린이었다면 동생의 장난에 어떤 기분이 들었을까?

8. 좋아해서 장난을 쳤는데 상대방이 화를 낼 때 어떤 마음이 들까?

9. 좋아하는 마음을 어떻게 표현해야 할까?

좋아요 **1004** 개

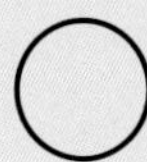

10. 내가 싫어하는 것을 어떻게 표현하는 게 좋을까?

11. 내 마음을 표현하는 방법에는 어떤 것이 있을까?

12. 좋아하는 것과 싫어하는 것의 차이는 무엇일까?

좋아요 **1004**개

내가 좋아하는 마음을 표현하는 방법에는 어떤 것이 있을까요? 먼저 "이거 좋아해?" 하고 물어볼 수 있는 용기가 필요해요. 우리는 상대방이 이런 것을 좋아하겠거니 지레짐작하고 행동하는 경우가 있죠. 알고 보면 그것은 상대방이 엄청나게 싫어할 수 있어요. 알지도 못하면서 내 마음대로 결정해서 해주는 경우가 많지요. 기준은 바로 내가 좋아하는 것 위주로 말이에요. 상대방에게도 취향이라는 게 있습니다. 그것을 확인하고 나서 표현해 주는 것이 관계에 도움이 됩니다. 무작정 내가 좋아한다고 해서 해줬다가 상처받을 수 있지요.

우리는 좋은 것은 좋다고 표현하고 싫은 것을 싫다고 표현할 자유가 있습니다. 그렇게 표현해 줘야 상대방도 나에 대해 더 잘 알 수 있어요. 좋고 싫음을 알고 표현하는 것이 나와 상대방을 대하는 첫 번째 시작입니다. 서로에 대해 알고 싫어하는 것을 하지 않기 위해서는 나 자신과 상대방의 호불호에 대해 정확히 아는 것이 필요해요. 그것을 알기 위해서는 대화를 통한 이해가 필요하겠죠. 나에 대해서 알고 설명할 때 상대방도 나에게 맞는 표현을 해줄 수 있어요. 싫고 좋고를 정확히 표현해 보세요. 좋아하는 사람이지만 거절할 수 있음을 알아야 해요. 좋아하는 사이라고 해서 모든 취향이 같을 수는 없답니다. 취향의 차이를 인정하고 서로의 감정을 존중할 때 좋은 관계를 시작할 수 있답니다.

# 03

# 창의적 사고력

## 잘하는 것과 좋아하는 것의 차이

흔히 잘하는 것과 좋아하는 것을 구분하지 못할 때가 있습니다. 내가 잘하는 것이 곧 좋아하는 것이라고 착각하는 경우가 많아요. 잘한다고 해서 꼭 좋아하는 것은 아닙니다. 잘하니까 평소에 그 부분에 대해서 칭찬을 많이 받겠지요. 성과도 좋을 거구요. 그 부분에 자신감이 생길 수는 있어요. 그렇다고 해서 그 부분이 다 좋아지는 것은 아니지요. 두 가지가 반드시 일치하는 것은 아닙니다. 우리는 잘하는 것과 좋아하는 것을 구분할 줄 알아야 해요.

아이를 키우면서 잘하는 것이 많았으면 싶을 때가 자주 있습니다. 부모인 나보다 나은 것을 넘어서 다른 아이들보다 특출나게 잘했으면 싶을 때가 많지요. 나에게는 누구와도 바꿀 수 없는 소중한 아이니까요. 그러나 다른 아이들과 경쟁이 많아질수록 깨닫게 됩니다. 나의 아이가 지극히 평범한 아이라는 것을 말이죠. 잘하는 것도 좋아하는 것도 많지 않지만 소중한 내 아이, 어떻게 키워야 할까요?

## 내가 좋아하는 것을 잘해 보려는 노력

'아는 것은 잘하는 것만 못하고, 좋아하는 것은 즐거워하는 것만 못하다.'라고 했습니다. 즐겁게 하는 것을 좋아하게 되고 잘하게 될 가능성이 크죠. 어떤 것을 했을 때 즐거운지를 찾아내야 합니다. 그것이 좋아하고 잘하는 것을 알 수 있는 가장 쉬운 방법입니다. 아이에게 즐거웠던 경험을 떠올리게 해보세요. '벌써 시간이 이렇게나 지났나.' 하고 놀랐던 경험이 아이에게 분명 있을 겁니다. 그것을 찾도록 도와주세요.

즐겁게 하는 것을 찾기 위해서는 다양한 것을 경험해 보는 것이 중요합니다. 어릴 때는 사실 대부분의 경험이 새롭습니다. '즐겁다'고 쉽게 착각하게 됩니다. 처음 하는 낯선 경험은 신선하니까요. 한참 후에 생각했을 때 또 하고 싶은 것이 정말 즐거웠던 것일 테지요.

아이들과 한 달에 한 번씩은 자신의 경험들을 정리해 보세요. 이번 달에 새롭게 경험했던 것은 무엇인지 적어 보는 겁니다. 한 달 후인 지금 또 해 보고 싶은 것을 골라 보게 하세요. 아이가 즐겁게 했던 것들을 추려낼 수 있을 겁니다. 일 년 동안 그것들을 모아서 다시 한번 경험하게 해 주세요. 아이가 좋아하는 것을 추려낼 수 있을 것입니다. 싫어하는 것도 마찬가지입니다. 내가 경험했던 것들 중에서 너무 싫었던 것들을 시간이 지난 후에 정리해 보세요. 아이가 꺼려하는 일들에 대해서 알 수 있을 거예요.

모든 행동의 시작은 나 자신을 아는 것부터 시작됩니다. 아이들이 자신에 대해서 객관적으로 생각해 볼 수 있도록 해 주세요. 다양한 경험을 되짚어 보는 시간을 가지세요. 그 시간을 통해서 아이가 자신의 취향이라는 것을 찾을 수 있을 거예요.

## 자신에 대해 아는 것이 경쟁력의 기초

자신의 취향을 아는 아이가 경쟁력을 갖출 수 있습니다. 나의 취향을 아는 아이가 앞서 나갑니다. 내가 즐기는 것을 좋아하고 잘하려는 마음이 있으니까요. 즐기니까 좋아하고 잘할 수밖에 없습니다. 그런 경험들이 쌓이다 보면 자신만의 색다른 것을 만들어 낼 수 있습니다. 자신만의 창의력의 시작입니다.

남과는 다른 색다른 것을 만들기 위해서는 내 색을 제대로 알고 있어야 합니다. 그래야 어떤 색을 섞을 때 더 시너지가 날지 알 수 있어요. 창의력이라는 것은 태초부터 시작이 다른 것이 아닙니다. 특출한 창의력은 많지 않습니다. 일상을 살아내면서 가진 것에서 조금 시선을 틀어서 바라볼 때 나만의 창의력이 발달됩니다. 창의력을 만들어 가기 위해서는 우선 나 자신을 정확히 파악하는 것부터 시작해야 합니다.

아이들이 자신에 대해서 깊이 있게 생각해 보는 시간을 꼭 갖도록 해 주세요. 아이들은 자신의 모습을 스스로는 찾아내기 힘듭니다. 가족이, 친구가 거울이 되어 비춰 줘야 합니다. 자신의 취향을 잘 찾아갈 수 있도록 도와주는 겁니다. 아이 옆에서 아이의 모습을 그대로 투영해 주세요. 욕심을 보태지 마시고 있는 그대로 읽어 주세요. "네가 벌써 책을 세 시간이나 읽었네."라고 이야기해 주세요. 평가나 감정을 섞지 말고요. 물론 마음속에서는 너무 칭찬하고 싶고 그것이 너의 취향이라고 확정 지어 주고 싶겠지만 참으셔야 합니다.

다만 읽어 주세요. 아이가 스스로 자신의 색을 찾아낼 수 있도록 말입니다. 아이는 스스로 자기를 찾아낼 때 기쁨과 믿음을 갖게 됩니다. 엄마가 읽어 준 내 모습대로 살고 있다는 생각이 들면 엄마가 자신을 조종하고 있다고 생각하게 돼요. 괜한 반항심만 일으키게 됩니다. 이 부분을 각별히 조심해서 아이를 투영해 주세요. 아이가 스스로의 빛깔을 찾아내는 기쁨을 빼앗지 마세요. 스스로 찾았다고 생각할 때 더 영롱하게 빛날 수 있으니까요.

### 좋아하는 것과 싫어하는 것 구분하는 법

1. 매달 나의 경험 중에서 다시 하고 싶은 것 찾아보기
2. 매달 다시 경험하고 싶지 않은 것 정리하기
3. 일 년에 한 번 좋았던 경험과 싫었던 경험 구분하기
4. 좋았던 경험 중에서 다시 하고 싶은 일을 정리해서 도전해 보기
5. 자신이 좋아하는 분야와 싫어하는 분야 구분하기

"넌 공부 잘해서 진짜 좋겠다."

쉬는 시간, 민서가 다가와 채린이에게 불쑥 말을 꺼낸다.

"어떻게 하면 너처럼 공부를 잘할 수 있어? 나는 공부가 너무 재미가 없거든. 하기가 싫어. 그러니까 공부를 못하는 거겠지만. 너는 공부가 재미있니? 어떻게 그렇게 잘해?"

의아한 눈으로 바라보는 민서에게 채린이가 웃으면서 대답했다.

"공부를 잘한다고 생각해 본 적은 없어. 뭐든 잘한다는 건 일단 칭찬일 테니까 고마워. 민서야. 내가 공부를 잘한다고 생각할 수는 있어. 내가 공부를 좋아한다고는 안 했지. 나도 공부 싫어. 너랑 같아. 다만 해야 하니까 하는 거야."

민서의 눈이 동그래졌다.

"뭐? 공부를 좋아하지 않는다고? 네가? 진짜 기막힌 뉴스다. 공부 시간에도 딴짓도 안 하고 선생님 말에만 집중하잖아. 쉬는 시간에도 예습하는 너 보면서 놀랐는데 그런 네가 공부를 안 좋아한다니 놀랍다. 이게 무슨 일이래?"

채린이가 얼굴에 여유롭게 미소를 띠고 민서를 바라봤다.

"좋아하는 것과 잘하는 것이 뭐가 다를까? 너는 좋아하는 게 뭐야?"

"나? 나는 떡볶이. 애들이랑 네 컷 사진 찍는 거랑 드라마나 아이돌 이야기하면서 수다 떠는 거 좋아해."

"그럼 잘하는 거는 뭔데?"

민서는 곰곰이 생각에 잠긴다.

"글쎄, 잘하는 게 뭔지 잘 모르겠는데?"

망설이는 민서를 보며 채린이가 박수를 치며 웃었다.

"너는 너를 잘 모르는구나. 네가 잘하는 거 나는 너무 잘 알겠어. 너는 친구들에게 배려를 참 잘해. 붙임성도 좋아. 어색한 분위기에서 분위기를 편하게 만드는 능력이 뛰어나. 거봐 이렇게 친하지도 않은 나한테 부럽다는 말도 쉽게 하잖아. 보통 친구들은 이런 말을 속으로만 생각하지 굳이 말하지 않거든."

채린이의 칭찬을 들은 민서의 볼이 빨개졌다.

"그런가. 그런 거 같기도 하다. 채린이 너는 잘하는 공부 말고 뭘 좋아해?"

채린이는 잠시 생각하더니 민서를 보고 또박또박 이야기했다.

"나는 다른 사람을 돕고 싶어. 뭔지 모르겠지만 남을 돕고 도움이 되는 게 좋아. 그래서 공부도 하는 거야. 내가 공부를 잘하면 누군가를 돕는 데 유리할 거 같아서 하는 거야. 좋아하는 일을 하기 위해서 공부를 한다고나 할까?"

채린이는 자신의 말에 기분이 좋아진 듯 미소를 띠며 다음 시간 교과서를 펼쳤다.

"내가 좋아하는 일을 위해서 잘하는 일을 만든다고?"

민서는 채린이의 말을 곱씹으며 자신이 잘하는 것과 좋아하는 것에 대해 생각해 보았지만 잘 떠오르지 않았다.

1. 채린이가 좋아하진 않지만 열심히 했는데도 잘하지 못했다면 어땠을까?

2. 잘하지만 좋아하지 않는 것에는 어떤 마음이 생길까?

3. 내가 민서였다면 채린이를 보고 어떤 생각이 들었을까?

4. 내가 채린이였다면 민서를 보고 어떤 생각이 들었을까?

5. 잘하는 것을 즐기는 방법은 무엇일까?

6. 잘하는 것과 즐기는 것의 차이는 무엇일까?

7. 내가 좋아하는 것과 잘하는 것은 무엇일까?

8. 나는 내가 잘하는 일을 위해 어떤 노력을 하겠나?

9. 나는 내가 좋아하는 일을 어떤 노력을 기울이겠나?

좋아요 **1004**개

내가 잘하는 것과 좋아하는 것은 어떤 차이가 있을까요? 좋아하는 것을 만들어 가기 위해서 열심히 노력하고 있는 채린이의 태도가 어떤가요? 좋아하는 것이 무엇인지도 모르고 잘하고자 하는 의지도 없는 민서와 어떤 차이가 있을까요?

우리는 흔히 내가 잘하는 것이 없다고 쉽게 단정 짓습니다. 또한, 좋아하는 것이 무엇인지도 잘 모르는 경우가 많지요. 나 자신에 대해서 관심을 가져 보는 시간이 꼭 필요한 이유입니다. 내가 잘하는 것과 좋아하는 것을 알아야 그 장점을 키워나갈 수 있거든요. 아무것도 잘하는 게 없다고 생각할 수 있어요. 어느 분야에서 도드라지는 칭찬을 받지 못해서 그런 생각이 들기도 하지요. 하지만 민서처럼 본인만 모르는 경우도 많아요. 아무리 생각해도 모르겠을 때는 주변 사람에게 물어보는 것도 좋은 방법이에요.

공자께서 말씀하시길 "무언가를 안다는 것은 그것을 좋아하는 것만 못하고, 좋아하는 것은 즐기는 것만 못하다."라고 했습니다. 인생에서 잘하는 것도 중요하지만 좋아하는 것을 즐기는 마음이 그만큼 중요해요. 좋아하는 것을 꾸준히 즐기면서 하다 보면 잘하게 될 것입니다.

# 04

# 긍정적 정보 처리

## 내가 생각하는 나의 모습

아이가 생각하는 자신의 모습은 어떨까요? 아이가 별생각이 없어 보인다고 아무 생각이 없는 것은 아닙니다. 이미 아이는 십여 년을 살면서 자신에 대해서 조금씩 규정하기 시작했을 거예요. 아이가 아주 어렸을 때 책을 보는 모습을 보면서 부모가 "와, 너는 책을 참 좋아하는구나."라고 했다면 아이는 어떻게 생각할까요? 자신을 책을 좋아하는 아이로 생각하게 되었을 거예요.

때로는 "너는 도대체 잘하는 게 뭐니? 밥도 혼자서 못 먹고 편식이란 편식은 골라서 하잖아. 커서 뭐가 되려고 그러니?"라고 했을 거예요. 아이가 편식하는 것도 걱정되고 잘 자라 주었으면 하는 마음에 걱정되어 하는 말이죠. 하지만 아이는 말하지 않으면 진심을 모른답니다. 부모가 자기를 그저 편식하는 한심한 아이라고 생각한다고 느껴요.

부모가 그렇게 말했더라도 나는 꽤 괜찮은 사람이라고 생각하면 그나마 다행입니다. 안타까운 것은 그러기가 쉽지 않다는 겁니다. 아이는 부모가 자신을 보는 프레임 그대로 자신의 모습을 받아들여요. "나는 한심하고 게으르다."라고 규정지어 버리죠.

부모의 시선만 있는 것은 아닙니다. 요즘 아이들은 어린이집에서부터 사회생활을 시작합니다. 거기서 받는 친구들의 시선과 선생님의 평가가 온전히 자신에게 돌아옵니다. 그 평가들이 하나둘 모여 자기상을 설정하게 되지요. 긍정적이고 바른 평가만 있었으면 좋겠지만 그렇지 않습니다. 아이들이 잘못 알아들을 거라는 착각에 함부로 평가를 내리고 표현합니다. 그 부정의 평가들이 아이에게 고스란히 자리를 잡습니다. 지금 우리 아이는 스스로를 어떻게 생각하고 있을까요?

## 자신의 한계를 설정하다.

인간에게는 한계라는 것이 없습니다. 노력하면 얼마든지 달라질 수 있고 발전할 수 있습니다. 아이들도 그렇게 생각할까요? 아이들은 어릴 때부터 만들어진 자기 모습을 통해서 자신의 한계를 결정짓습니다. 안타깝게도 부정적인 생각은 긍정적인 생각보다 강합니다. 아이가 어려서부터 받은 피드백들이 "너는 뭐든지 할 수 있어."라는 희망의 메시지가 아닌 경우가 많아요. 자신의 장점이 어느 순간 단점으로 변해서 자신의 가능성을 좀먹는 경우가 허다합니다. 그 단점 때문에 도전도 하지 않고 자신의 가능성을 결정짓기도 하지요. 스스로 만든 울타리에서 빠져나오기는 정말 어렵습니다. 아이 스스로 자기 자신을 가둔 울타리를 깨기 위해서는 많은 노력이 필요합니다. 그 울타리를 만들 때보다 더 많은 힘이 필요할 거예요.

아이의 한계를 깨트리기 위해서 우리가 해야 할 일은 아이의 가능성을 키워 줄 긍정적인 능력에 초점을 맞추는 일입니다.

“나는 색감이 없는 것 같아. 미술 숙제를 해야 하는데 걱정이야.”라고 자신의 한계를 짓는 아이에게 어떤 반응을 해 줄 수 있을까요? “아니야. 너 색감 뛰어나.”라는 근거 없는 위로가 도움이 될까요. 아닙니다. 아이는 자신의 기분을 풀어 주기 위해 듣기 좋은 말로 포장한다고 생각합니다. 구체적인 긍정의 읽어 주기와 피드백이 필요합니다.

“너, 지난번에 과학 숙제할 때 PPT 자료 만들었잖아. 그 자료 초록색과 보라색의 대비가 눈에 확 들어와서 화면이 잘 보이더라. 집중도 잘되고 좋았어. 어울리는 색을 잘 썼어.”라고 말이죠. 구체적인 상황과 경험을 통해 아이의 특징을 읽어 주면 아이가 자신을 규정짓는 마인드를 바꾸는 데 실질적인 도움이 된답니다.

## 자신을 바로 볼 수 있는 용기

아이가 모든 면에서 긍정적인 것만 가질 수는 없습니다. 아무리 칭찬하고 싶어도 칭찬할 수 없는 단점이라는 것이 아이에게 존재하니까요. 자신의 단점을 너무나 잘 알고 자신 없어 하는 아이에게는 어떻게 해 줘야 할까요?

솔직하게 아이의 마음을 읽어 줘야 합니다. 단점이 없는 사람은 없으니까요. 이럴 때는 섣부른 위로보다는 경험을 들려주는 것이 좋습니다. 대부분의 사람은 단점이 곧 장점이고, 장점이 단점이잖아요. 단점이 장점으로 작용했던 실제 이야기를 들려주는 거죠.

"엄마는 굉장히 실수를 많이 했어. 일을 빠르게 처리하는 편이라서 실수가 많았거든. 이제는 빠르게 처리하고 나서 일부러 기다려. 하루에 한 번씩 제대로 된 건지 살펴봐. 며칠을 살펴보다 보면 실수한 부분을 거의 바로 잡을 수 있거든. 그렇게 나의 장점이자 단점을 고쳐 나가고 있어. 빠르게 해 놓고 여러 번 검토하니까 그 누구보다 꼼꼼하게 작업할 수 있어서 좋아." 하고 말입니다. 그런 이야기를 듣다 보면 아이도 자신의 단점을 어떻게 극복할까 생각하게 됩니다.

세상에 완벽한 사람은 없으니까요. 조금이라도 자신의 빈 곳을 채워 나가기 위해서 노력하는 게 중요하죠. 그런 태도를 아이에게 길러주기 위해서 부모의 이야기가 도움이 될 거예요. 실수하고 실패한 이야기, 결국 나아지지 못하고 실패로 끝난 이야기 등 다양한 예화를 들려주세요. 가르치려고 하기보다는 아이 스스로 느끼게 해 주세요. 이야기를 들려주는 것만으로 충분해요. 아이는 그 간접 경험을 통해서 성장할 겁니다.

단점은 극복하고 나아질 수 있다는 자신감을 갖게 될 거예요. 나아가 단점이 있는 자신의 모습이라도 사랑하고 받아들일 수 있는 용기로 이어지죠. 단점이 있는 자신의 모습을 숨기고 덮는다고 해서 옆 사람이 모르는 건 아니에요. 오히려 그것을 드러내 놓고 나아지려고 노력하는 모습이 훨씬 더 인간적이고 매력적이죠. 그걸 아이에게 직접 알려 주고 보여 주세요. 아이도 엄마의 이야기를 통해 부족하고 못난 자신의 모습이라도 받아들일 수 있는 용기를 얻게 될 거예요.

## 자신을 바로 보기 위해서 할 수 있는 일

1. 내가 생각하는 나의 장점 적어 보기
2. 내가 생각하는 나의 단점 적어 보기
3. 장점을 키울 수 있는 방법 생각 나누기
4. 단점을 보완할 수 있는 방법 생각 나누기
5. 내가 생각하는 나아진 나의 모습 그려 보기

"유준아. 너 지난번에 탁구 잘한다고 했었지? 역시 우리 반의 체육왕 강유준. 탁구 라켓 잡는 법 좀 가르쳐 줘 봐."

쉬는 시간, 준희가 유준이를 불렀다. 부랴부랴 과학 숙제를 하고 있던 유준이가 연필을 내동댕이치다시피 던져 놓고 준희에게 달려갔다.

"내가 또 탁구 잘 치지. 이것 봐. 탁구 라켓은 이렇게 잡는 거야."

시범을 보이며 준희에게 탁구 치는 폼을 보여주느라 유준이는 신이 났다.

시작종이 울리고 과학 선생님이 들어오셨다. 둘은 부리나케 자리에 앉았다.

"과학 숙제 안 해 온 사람 모두 일어나."

유준이는 슬그머니 자리에서 일어났다.

'에이씨, 아까 준희한테 탁구만 안 가르쳐 줬어도 숙제를 했을 걸. 망했다.'

오늘따라 선생님의 눈매가 매서웠다.

"지난번에도 선생님이 한번 봐줬었지. 또 안 해 온 녀석들이 있네. 지난번에 이어서 두 번째 숙제 안 해 온 사람만 서 있어. 강유준. 너 또야? 이 녀석이 정말. 너 뭐하는 녀석이야. 왜 매번 숙제를 안 해 오는 거야?"

유준이의 얼굴이 울긋불긋해졌다. 유준이는 고개를 푹 숙인 채 아무 대답도 하지 못했다.

"너 듣자 하니 운동은 꽤 하는 모양이더라. 왜 과학은 이렇게 소홀히 하는 거야? 이유를 말해 봐. 오늘은 꼭 내가 그 이유를 알아야겠다."

유준이는 기어들어 가는 작은 목소리로 대답했다.

"과학은 제가 잘 못하니까요. 운동은 자신 있지만 과학은 너무 어려워요."

선생님은 기가 막힌 듯 유준이를 바라보며 질문을 계속했다.

"못해? 노력은 해보고 하는 소리니? 너 매일 남아서 운동장에서 축구며 야구며 농구며 하고 가지? 그러니까 운동을 잘하겠지. 매번 시간을 내서 하니까 잘할 거야. 과학을 운동처럼 그렇게 해본 적 있어? 노력은 하고 잘한다 못한다 하는 거야?"

유준이 얼굴이 아까보다 몇 배는 더 빨개졌다.

'그러네. 난 한 번도 운동을 못한다고 생각해 본 적이 없어. 재미있으니까 잘했어. 잘하니까 더 오랜 시간 운동을 했지. 과학은 한 번도 그렇게 생각해 본 적이 없어. 과학뿐만 아니라 모든 공부가 그랬어. 처음부터 못한다고만 생각했지. 운동처럼 해볼 생각은 못 했던 거야. 잘하고 못하고는 내 생각이 만든 거였어.'

한참 생각에 빠진 선생님이 유준이를 보며 다시 말씀하셨다.

"이번엔 반성하는 자세인 걸 보니 너도 뭔가 생각하는 게 있는 모양이구나. 다음번에 어떻게 달라지는지 보겠어. 강유준."

수업을 마치고 모두 집에 갈 준비를 하느라 분주했지만 유준이는 한동안 책상에 망부석처럼 앉아 있었다.

"유준아, 미안해. 아까 너 쉬는 시간에 과학 숙제하고 있었잖아. 내가 괜히 탁구 가르쳐 달라고 해서 숙제 못 했지."

준희가 미안해 죽겠다는 얼굴로 유준이에게 다가와서 슬며시 말을 걸었다.

"아니야, 준희야. 어쩌면 네가 나를 도와준 건지도 모르겠다. 나 이제 조금 달라질 수 있을 것 같아."

혼나고도 뭔가 미묘하게 미소 짓는 듯한 유준이를 보며 준희는 고개를 갸우뚱거렸다.

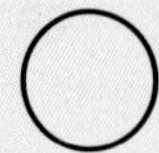

1. 내가 만약 유준이었다면 과학 숙제와 탁구 가르쳐 주기 중에 무엇을 했을까?

2. 만약 여러 번 숙제를 안 해 온 학생이 있었다면 나라면 뭐라고 말했을까?

3. 내가 만약 잘하지 못하는 일이 있다면 그 일을 잘할 수 있다고 생각할 수 있을까?

4. 유준이는 앞으로 과학을 대하는 태도가 어떻게 달라질까?

5. 내가 잘하는 일과 못하는 일의 차이는 무엇일까?

6. 나는 왜 그 부분은 잘하지 못한다고 단정 짓게 되었을까?

7. 오랫동안 한 가지 일을 꾸준히 하게 되면 그 일을 좋아하게 될 수 있을까?

8. 잘하는 것과 좋아하는 것의 차이는 무엇일까?

좋아요 **1004** 개

잘하는 것과 잘하지 못하는 것의 차이는 무엇일까요? 처음부터 잘하고 잘하지 못하는 영역이 정해져 있는 걸까요? 아니면 그것을 대하는 나의 태도의 차이일까요? 오늘 유준이는 그것에 대해 생각해 보게 되었군요. 처음부터 남들보다 조금 더 흥미 있고 없는 분야는 있을 수 있겠지요. 잘하고 못하고는 자신의 태도에 달려 있습니다. 잘하는 분야는 계속해서 연마하기 때문에 잘하게 되는 거예요. 못하는 부분 또한 자신 없어 하고 등한시하기 때문에 점점 더 싫어지는 걸 막을 수 없지요.

내가 잘하지 못하는 부분이 있다면 그만큼 시간과 열정을 기울여서 노력을 했었나 다시 생각해 보면 좋을 거 같아요. 나의 무관심과 노력 없음이 잘하지 못하는 부분을 만든 것은 아닌지 말이에요. 나를 단정 짓지 마세요. 나는 노력 여하에 따라 얼마든지 성장할 수 있는 존재랍니다. 그 존재의 가능성을 늘 잊지 말고 자신의 다양한 재능을 골고루 발전시켰으면 좋겠습니다. 그러한 마음가짐이 자신을 많이 성장시켜 줄 거예요.

# 05

# 인간의 기본 권리 누리는 법

## 이 나라 국민의 권리 알기

아이들은 자신이 대한민국 국민이라고 합니다. 대한민국에서 살고 있는 아이들은 국민으로서 자신이 누릴 수 있는 권리에 대해서 얼마나 알고 있을까요? 그 권리가 지켜지지 않을 경우 권리를 되찾기 위해서 어떤 노력을 하고 있을까요?

우리는 너무나 당연하게 한 나라의 국민으로서 살고 있기에 때로는 나의 권리에 대해서 무신경합니다. 인간으로서 우리가 당연히 존중받아야 할 권리에 대해서 생각하고 고민할 줄 알게 키워야 합니다. 그래야 바른 가치관을 형성해서 자신을 제대로 사랑할 줄 아는 아이로 자랍니다. 우리가 존중받아야 할 인권과 시민권인데도 존중받지 못하는 것이 있다고 생각해 본 적이 있으신가요? 아마 거의 그렇게 느끼지 못하고 살고 계실 거예요. 당연히 한 나라의 국민으로서 존중받고 있다고 생각하죠. 하지만 진짜 그럴까요? 내가 진짜 한 사람의 인격체로서 충분히 존중받고 대우받고 있는지 부모인 나부터 자각해야 할 것입니다. 그래야 아이들에게도 자신의 권리를 찾아가라고 말할 수 있을 테니까요.

인권이란 장애나 피부색, 성별, 인종에 따라 차별받지 않고 살아갈 권리를 말하죠. 이 문구대로 보자면 우리가 인권을 침해당한 일이 없다고 자신할 수 있을지 모릅니다. 진짜 그럴까요? 요즘 아시아인에 대한 차별이 자주 문제가 되고 있는데요. 인종에 따라 인권이 무시되는 경우이지요. 우리의 의지와 상관없이 태어난 인종으로 차별을 당한다면 옳지 못한 일입니다. 전 세계적으로 그런 일들이 벌어지고 있어요.

인터넷에서 자주 문제가 되고 있는 "여자라서…"라는 문제는 어떤가요? 댓글에 자주 등장하는 여혐 발언들 말입니다. (물론 남혐 발언도 만만치 않지요.) 이런 표현들에 대해서 불쾌감을 표현할 줄 알아야 합니다. 나 또한 그런 반응을 보여서는 안 되고요. 이런 사례들이 주변을 둘러보면 은근히 많이 존재해요. 이 부분에 대해서 아이들과 대화를 나눠 볼 필요가 있답니다.

## 학생 인권 침해

아이들의 경우는 어떨까요? 국가청소년위원회에서 조사한 학생 인권 침해 사례들을 살펴볼까요? 남녀 공학의 경우 탈의실이 없어 화장실이나 교실에서 탈의를 하는 경우 기본적인 인권이 지켜지지 않은 경우입니다. 요즘은 많이 사라졌지만 두발 규제를 한다거나 계절 변화에 따라서 교복을 제한하는 경우도 청소년들의 인권이 침해되는 경우죠. 휴식 시간에 휴대전화를 사용하지 못하게 한다거나 겨울에 화장실 온수 사용 금지도 그래요. 학교 급식에 대한 불만 사항들이 반영되지 않는 것도 이에 해당됩니다.

이렇게 학생 전체에게 해당되는 명백한 침해도 있지만 다른 것들도 존재하지요. 처벌받을 때 학생들이 정확하게 자신의 상황을 변호하는 권리가 명백하게 부여되지 않기도 해요. 성적을 우선시해서 대표 학생을 선발하는 것도 인권 침해 사례에 해당이 됩니다.

아이들은 이러한 사례들을 쉽사리 깨우치지 못하는 경우가 많아요. 당연히 예전부터 그래 왔기에 크게 문제점을 느끼지 못하는 것입니다. 분명 자신의 인권이 침해된 사례입니다. 이를 깨닫고 문제점을 개선하기 위해 노력할 수 있도록 알려 줘야겠지요.

극심한 인권 침해 사례의 경우는 국가인권위원회를 통한 진정이나 조정, 헌법재판소를 통한 헌법소원, 고소 또는 고발과 배상 청구를 통해 해결할 수 있습니다. 하지만 앞에서 예를 든 사례의 경우, 한 명을 대상으로 했다기보다는 은연중에 사회에 퍼져 있는 인식 전환의 문제지요. 이런 것들은 하루아침에 해결하기가 어렵습니다. 이의 해결을 위해 각 시에서는 학생인권조례를 제정해서 운영하고 있습니다. 폭력으로부터 자유로울 권리나 교육 활동, 학생 표현, 개성을 실현할 자유 등을 정해서 학생 인권 침해를 막기 위해 노력하고 있습니다.

## 권리를 알고 주장하는 것

인권 침해가 내 주변에서 심심찮게 일어난다는 것을 알게 되었다면 그야말로 매의 눈으로 지켜봐야 합니다. 내 인권을 지키기 위해서 사례를 찾아내고 바르게 주장할 수 있어야 합니다. 하지만 어른들이 개입되는 경우 버릇없다거나 이기적이라는 이유로 아이들의 주장을 바로 펼치지 못하는 경우가 많아요. 어른이나 관습의 벽을 넘고 뛰어 봐야 한다는 것을 아이들에게 알려 줘야 합니다.

성장하는 아이들은 어른들을 이겨 봐야 합니다. 그래야 어른들보다 더 나은 세상을 만들 수 있습니다. 가정에서부터 아이들이 부모를 이겨 보는 경험을 자주 하게 해 주세요. 버릇없게 군다거나 이기적으로 행동하는 것을 용인하라는 의미는 아닙니다. 아이가 정당하게 요구를 할 때 부모의 잘못을 인정하고 그것을 시정하는 경험을 자주 허용하라는 뜻이지요.

부모는 어른이라는 이유로 사과하지 않는 문화에 익숙합니다. 잘못했을 경우 어떤 어른이라도 사과하고 바로잡아야 합니다. 자신의 잘못을 인정하는 모습이야말로 진짜 멋진 모습이에요. 가정에서 그런 경험을 자주 가진 아이들은 세상에 나아가서도 당당합니다. 자신의 권리를 주장할 수 있는 아이가 될 것입니다.

요즘 세대 아이들은 '공정'에 매우 민감합니다. 그만큼 아이들이 자신의 권리를 주장하고 대우받는 것에 익숙하다는 뜻이지요. 아이들이 주장하는 '공정'이 힘을 얻기 위해서는 어른들이 새로운 세대의 주장을 인정해 주어야 합니다. 그것을 통해서 아이들이 더 나은 세상을 만들 것임을 믿어 줘야 합니다. 그래야 아이들은 더 성장할 수 있습니다.

가정에서부터 시작하십시오. 아이들을 낳고 기르며 더 나은 세상에 관심이 많아진 부모들이 참 많습니다. 내 아이만큼은 공정한 세상에서 살고 싶게 해 주고 싶잖아요. 그렇다면 가정에서 부모부터 본보기를 보여 줘야 합니다. 그것을 통해서 아이들은 자신의 권리를 바르게 주장하는 방법을 배워 나갈 것입니다.

## 나의 인권 지킴이 되어 보기

1. 한 인간으로서 인권을 침해당한 사례 나눠 보기
2. 어떤 점이 잘못되었는지 어떻게 개선되어야 할지 방향 정하기
3. 우리 가정에서 인권 보호를 위해 바꿀 수 있는 것 찾아 보기
4. 부모님과 토론을 통해 우리 집 인권 조례 제정하기

"어떡하지. 내가 너무나도 아끼던 게임기인데 잃어버렸어. 내가 분명히 가방 안에 잘 넣어 뒀는데. 도대체 어떻게 된 거지?"

유준이는 가슴이 콩닥콩닥 거렸다. 아끼던 게임기가 학원을 나와서부터 보이지 않았다. 집에서 분명히 챙겨왔다. 학원에 오면서 시간이 있어 잠깐 공원에 앉아서 게임 한판을 하고 왔으니까 말이다. 그런데 학원에서 수업을 마치고 보니 게임기가 사라졌다. 작년 어린이날 선물로 아빠를 엄청 조르고 졸라 받은 귀한 게임기였다. 유준이는 금세 눈물이 쏟아질 것 같았다. 심각한 표정을 하고 있는 유준이 앞에 연우가 다가왔다.

"유준아, 무슨 일 있어? 왜 그렇게 심각해?"

"내가 아끼는 게임기가 없어졌어. 어떻게 해. 큰일 났어. 엄마가 알면 엄청 화를 내실 텐데. 다시는 안 사줄 텐데 어떡하지."

연우 눈이 동그래졌다.

"뭐야? 너가 엄청 아끼던 그 게임기? 빌려주지도 않고 보물처럼 껴안고 다니던 걸 어쩌다가 잃어버렸대. 어디서 잃어버린 건데?"

유준이는 눈물이 글썽글썽해서 연우를 바라봤다.

"모르겠어. 학원 오기 전에 공원에 들러서 한판하고 왔거든. 가방에 잘 넣었는데 없어. 학원에서는 안 꺼냈단 말야."

연우가 탐정 놀이에 빠져 눈을 반짝이더니 말했다.

"그럼 공원에 가보면 되지. 거기 빠졌을 수도 있잖아."

둘은 부리나케 공원으로 달려갔다. 하지만 유준이가 앉았던 벤치에는 아무 흔적도 남아 있지 않았다.

"중간에 화장실 갔었어?"

유준이가 곰곰이 생각에 빠졌다.

"맞아. 오늘 공원에서 게임하려고 급하게 음료수를 먹고 뛰어 왔거든. 배가 아파서 화장실에 갔었어."

"그럼 화장실에서 빠졌나 보다. 공원 화장실에는 보통 cctv가 있으니까. 화장실을 찾아보고 없으면 경찰서에 가서 물어보자."

유준이는 놀란 눈이 더 동그래졌다.

"경찰서? 나는 정정당당하게 게임을 한 거야. 왜 경찰서에 가? 잘못했을 때나 가는 게 경찰서지."

유준이의 말에 연우는 피식 웃음을 터트렸다.

"무슨 소리야? 왜 경찰서를 잘못했을 때만 가? 화장실에 없는 것 같으니 경찰서에 가서 물어보자. 분실물로 들어온 것이 있을 수 있으니까. 일단 가까운 파출소부터 가보자."

연우는 씩씩하게 앞장서서 파출소로 향했다. 유준이는 우물쭈물하며 연우를 따라갔다.

"저 혹시 저 앞 공원에서 ax 게임기를 잃어버렸는데 분실물 들어온 게 있을까요?"

연우는 씩씩하게 안내 데스크에 가서 물었다.

"잠깐만 기다려 봐. 아까 들어온 게임기가 하나 있긴 해. 게임기 생김새가 어떻게 생겼고 어디서 잃어버렸니?"

유준이는 게임기를 잃어버린 상황과 게임기에 대해 자세히 설명했다.

"네 게임기가 맞나 보렴."

순경 누나가 건네준 게임기는 유준이의 것이었다. 신기했다. 잘못을 저지르면 가는 곳이 경찰서나 파출소인줄 알았는데 말이다. 유준이는 연우에게인지, 순경 누나에게인지 모를 고맙다는 인사를 세 번이나 하고 환하게 웃었다.

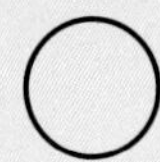

1. 만약 게임기를 잃어버린 게 아니라 누군가 훔쳐간 거라면 상황이 어떻게 달라졌을까?

2. 연우가 유준이의 게임기 찾는 걸 도와주지 않았다면 어떻게 됐을까?

3. 연우와 함께 파출소를 가보지 않았다면 파출소에 대한 유준이의 생각은 어땠을까?

4. 내가 국민으로서 누릴 수 있는 권리를 나는 충분히 누리고 있는가?

5. '내가 대한민국 국민이구나'를 느낀 경험이 있나요?

6. 내가 대한민국 국민으로서 권리를 누리기 위해서 나는 어떤 의무를 할 수 있을까?

7. 나에게 국적이 없다면 나는 어떤 기분일까?

8. 한 나라의 국민으로서 누릴 수 있는 권리를 갖는다는 것은 나에게 어떤 의미인가?

좋아요 **1004**개

우리는 한 나라의 시민으로서 누릴 권리가 있어요. 대한민국 국민으로서 내가 누릴 수 있는 권리는 교육의 권리가 있답니다. 국민으로서 초등학교, 중학교, 고등학교에서 교육을 받을 수 있는 권리지요. 또한, 일을 할 수 있는 권리도 있어요. 만약 일자리가 없다면 일자리를 찾아주고 그에 필요한 교육도 시켜 주지요. 또 경찰이나 소방서, 주민센터, 시청 등 공공기관에서 도움을 받을 수 있어요.

물론 그에 따라서 지켜야 할 의무도 있지만 여러분은 아직 의무를 지킬 나이는 안 되었어요. 성인이 되면 권리를 보장받은 만큼 의무도 지켜야 한답니다. 우리가 한 나라의 국민으로서 이러한 권리들을 당당하게 주장할 수 있을 때 국민으로서의 소속감을 느낄 수 있어요. 나는 나로서 소중하지만 한 나라의 국민으로서도 굉장히 소중한 존재임을 잊지 마세요. 각 나라에는 소중한 국민이 있기 때문에 나라가 존재하는 거니까요. 국민으로서 지켜야 할 권리를 당당히 주장해도 된답니다.

# 06

# 꿈을 찾기 위한 노력

## 삶은 꿈을 찾아가는 여정

아이들에게 꿈이 뭐냐고 물으면 아이들은 보통 희망 직업을 이야기합니다. 그도 그럴 것이 누군가 꿈꾸는 모습을 많이 접하지 못했으니까요. 자신의 직업에서 한 단계 한 단계 성공하고자 노력하는 주변 사람들을 보면서 아이들은 생각했을 겁니다. 꿈이란 자기 직업에서 성과를 이루고 한발 한발 나아가는 것이라구요. 과연 그게 꿈의 진짜 모습일까요? 우리가 아이들에게 주고 싶은 진짜 미래의 모습인지 생각해 봐야 합니다. 물론 자신이 좋아하는 일을 하면서 즐겁게 성과를 이뤄내는 모습도 좋습니다. 다만 직업은 그 꿈을 이뤄내는 한 가지 축에 불과하지요. 그것이 꿈의 모든 모습을 대변할 수는 없어요.

아이들이 자신의 미래의 모습을 전반적으로 그려볼 수 있도록 도와줘야 합니다. 자신이 원하는 것이 무엇인지를 알아서 그에 알맞은 것들을 마련해 가며 살아갈 수 있도록 말이죠. 그 안에 원하는 직업도 있을 것입니다.

미래의 모습을 그리기 위해서 가장 중요한 것이 가치관이겠지요. 내가 원하는 삶이 어떤 모습인지 말입니다. 이러한 생각을 끌어 내기 위해서 사용하는 것이 묘비명 만들기입니다. 내가 죽고 나서 나는 어떤 삶을 살았다고 기억되고 싶은지, 내 삶을 어떤 한 단어로 만들어 정리하는 것입니다. 아이들과 의미 있는 묘비명을 찾아보세요. 명언 중에서 내가 갖고 싶은 묘비명이 있는지 찾아 적어 보는 겁니다. 그 묘비명에 맞게 나는 어떤 인생을 살 것인지 전반적으로 그려 보게 하세요.

인생을 계획하고 설계하라고 하면 아이들은 너무나도 막막해합니다. 구체적인 문구를 주고 자신의 모습을 상상하다 보면 느낌이 올 겁니다. 자신이 어떤 삶에 가까운지 말입니다. 물론 이 생각은 자라면서 차츰 다듬어지고 변화될 것입니다. 이것 또한 자연스러운 현상이지요. 아이가 성장하는 만큼 아이의 꿈도 깊어지고 구체적으로 실현될 수 있도록 북돋워 주세요.

## 꿈을 구체적으로 그리려는 노력

아이가 자신의 미래 모습을 구체적으로 그릴 수 있도록 어떻게 도울 수 있을까요? 아이의 롤모델이 될 만한 사람을 함께 찾아보는 것이 도움이 될 것입니다. 아이가 좋아하는 유형의 인물들이 있을 거예요. 위인들의 삶을 공경한다거나 주위 사람들 중에도 특히 관심을 가지고 지켜보며 닮고 싶은 사람 말입니다. 그 사람의 삶을 롤모델로 살펴보도록 해 주세요.

그 사람이 위인이라면 전기를 통해서 어떻게 그 꿈을 이루었는지를 구체적으로 알아볼 수 있을 거예요. 주변 사람이라면 함께 이야기하는 시간을 통해서 꿈을 성취해 나가는 과정을 배울 수 있겠지요. 주변에 부모 말고도 이런 어른이 있다면 정말 좋아요. 특히 사춘기의 아이들은 부모에게 거리감을 두고 싶어 하잖아요. 부모가 하는 이야기들을 잔소리로 생각하기도 하구요. 부모 대신 주변에 배울 만한 어른이 있다면 아이들의 정서에도, 꿈을 형성하는 데도 큰 도움이 될 거예요.

그런 어른이 없다고 하지 말고 이모나 작은아빠, 큰아빠, 고모 등 엄마 아빠와 비슷한 정서를 가진 분들부터 만나게 해 주세요. 부모와 비슷한 애정을 가지고 있으면서 좋은 롤모델이 되어 줄 수 있는 사람이 분명 존재할 거예요. 그분들의 삶의 이야기와 고민들을 나누면서 아이들은 자신의 꿈을 구체적으로 그려 나갈 수 있을 겁니다.

연예인이나 아이돌 중에서 롤모델을 삼는 아이들이 흔하지요. 그 사람들이 마치 단번에 스타덤에 올랐다고 생각이 되어서죠. 쉽게 따라 할 수 있을 거라 생각하기도 하구요. 관련 영상이나 인터뷰 등을 통해 얼마나 많은 노력을 통해서 자신의 꿈을 이뤘는지 경험하게 하세요. 스타가 된 것이 꿈의 완성이 아니라 계속해서 고민이 이어지고 있음을 알아보는 것도 필요해요.

요즘 아이들은 부모의 관심과 사랑 속에 자란 탓에 연약한 면이 있는 게 사실이에요. 스스로 고통스러운 환경에 부딪혀 본 경험이 적어요. 어려움을 이겨 나가고자 하는 의지도 약한 편이지요. 조금만 노력하면 한 방에 무언가를 이룰 수 있다는 생각은 굉장히 위험하다는 것을 느끼게 해 주세요. 타인이 이뤄낸 성취는 쉬워 보이죠. 아무것도 아닌 것처럼 여겨지기도 하구요. 세상에서 꿈을 이루는 데는 남보다 더한 꾸준한 노력이 있다는 것을 알게 해 줘야 합니다. 화려한 꿈의 성취 뒤에 얼마나 큰 노력이 필요한지 유명인의 이야기를 통해 간접 체험하게 해 주세요. 아이들이 쉽사리 무언가를 얻겠다는 마음에 도움이 될 거예요.

## 꿈을 만들어 가기 위해선 지금부터 시작해야 해요.

주변 인물이나 위인을 통해서 자신의 미래 모습, 꿈꾸는 모습을 그리는 방법을 배웠다면 조금씩 실천해 봐야겠죠. 나의 미래 모습을 이루기 위해서 어떤 노력을 해야 할까 생각해 볼 시간이요. 아이들은 꿈을 이루기 위해 노력이 필요하다는 것을 알았다면 첫 번째 단계로 무언가를 생각했을 거예요. 그것을 잘 이루어 나가도록 지금부터 격려해 주세요. 아름다움을 표현하는 삶을 살고 싶은 아이가 있다고 쳐요. 그러면 아름다움을 탐구하는 자세가 필요하겠지요. 매일 그림으로 혹은 글로 자신이 느끼는 아름다움을 찾아가는 연습을 해 보는 거죠. 공부할 시간도 없는데 무슨 그림이냐고 윽박지르면 곤란합니다.

아이가 공부를 하는 이유도 결국에는 꿈을 이뤄내기 위한 과정이잖아요. 과정과 목적이 혼동되어서는 안 되니까요. 아이가 꿈을 이뤄가는 과정에서 공부가 도움이 된다는 것을 스스로 느끼게 해 주세요. 아름다움의 세계를 탐구하기 위해서는 인문학적 지식과 소양이 필요하잖아요. 인문학을 이해하기 위해서 지금 배우는 교과목들이 도움이 될 거예요. 든든한 바탕이 되어 줄 거라는 걸 아이가 깨닫기 시작하면 자연히 수업 시간이나 학교 공부에 집중할 거예요.

너무 뜬구름 잡는 이야기 같으신가요? 아닙니다. 오히려 '공부해라, 공부해라.' 잔소리할 때보다 훨씬 효과가 클 거예요. 실제로 해 보세요. 너의 꿈을 이루어 가는 과정이라고 분명하게 알려 주세요. 그래야 그 과정이 덜 힘들게 지나갈 수 있답니다. 공부는 목표를 이루기 위한 과정입니다. 요즘 이슈가 되고 있는 청소년 진로 찾기에서 강조하는 점도 이것이지요. 진로의 방향성을 정하고 공부를 할 때 더 쉽게 성과를 이룰 수 있다는 점을 잊지 마세요.

## 닮고 싶은 사람을 통해 미래 설계하기

1. 아이와 롤모델이 될 만한 위인 찾아보기
2. 가족이나 친척 중에서 롤모델이 될 만한 사람 찾기
3. 위인이 힘든 상황에서의 대처법 알아보기
4. 주변의 롤모델이 성공을 이룬 사례 들어 보기
5. 내가 살고 싶은 삶에 대한 큰 계획 세우기

채린이는 장래 희망이 교사다. 화가다. 아니 작가다. 아이들을 가르치는 것도 그림을 그리는 것도 글 쓰는 것도 잘하고 싶다.

'한꺼번에 여러 직업을 가지는 게 가능한 시대가 올 거라잖아. 한 사람의 일생에서 직업을 열 번 정도는 바꿀 수 있다고 하니 가능하지 않을까?'

채린이는 꿈에 부풀어 있다. 그래서 선생님께 제출하는 희망 직업을 적는 난에 뭘 적을까 고민이 한가득이다.

'도대체 희망 직업을 뭐라고 써야 하는 거야? 나는 하고 싶은 일이 너무 많아.'

채린이는 고민에 빠졌다.

"뭐해?"

고민스러워 보이는 채린이를 보고 엄마가 다가왔다.

"희망 직업을 적는 칸이 있어서 고민하고 있었어. 엄마도 알다시피 나는 하고 싶은 일이 많잖아. 뭘 적어야 하나 싶어서 말야."

"멀티엔터테이너라고 적어. 평생 열 가지 직업을 갖고 싶다며…"

"너무 잘난 척하는 것처럼 보이지 않을까?"

채린이는 엄마를 물끄러미 바라보며 물었다.

"그걸 보고 잘난 척한다고 생각하진 않을 거 같은 걸. 다만 그것을 이루기 위해서 어떤 노력을 하고 있을까? 하는 의문 정도는 갖겠지."

엄마의 말에 채린이는 뭔가 크게 한 방 얻어맞은 기분이었다.

'맞네. 꿈은 많은데 그 꿈을 이루기 위해서 어떤 노력을 하고 있느냐. 그게 중요한 거였어. 나는 실상 어떤 노력은 하지 않으면서 막연히 그렇게 되겠거니 생각하고 있었어.'

채린이는 볼이 불그레해졌다. 급하게 자기소개서를 접고 연습장을 꺼내 들었다.

"엄마 말이 맞아. 나는 노력도 하지 않으면서 꿈만 거창하게 꾸고 있었던 것 같아. 이제 구체적으로 내가 꿈을 이루기 위해서 할 수 있는 것들을 적어 봐야겠어."

채린이의 눈이 반짝반짝 빛났다. 채린이의 어깨를 토닥이며 엄마가 말을 보탰다.

"우리 딸 좋은 생각인걸. 막연히 생각만 한다고 해서 꿈의 세상으로 누가 널 데려다 주진 않지. 구체적으로 어떤 노력을 할지 생각해 보면 진짜 좋겠다."

엄마는 엄지척을 보이며 거실로 나갔다. 채린이는 연습장에 일단 자신이 되고 싶은 희망 직업을 모조리 적었다. 교사, 화가, 작가. 이들에게는 어떤 능력이 필요할까? 각각의 직업에 필요한 능력들을 마인드맵으로 써 내려갔다. 마인드맵을 정리해서 필요한 능력들을 열다섯 가지로 정리했다. 리더십, 협동심, 창의력 등등 많은 능력이 필요했다. 채린이는 능력별로 자신이 할 수 있는 노력들을 하나하나 적어 내려가기 시작했다. 연습장 가득 필요한 노력들이 적혀 내려갔다. 제법 갖춘 능력들도 있었고 많은 노력이 필요한 것들도 보였다.

'이 정도면 됐다. 이것들을 정리해서 하나씩 하나씩 채워 가면 되겠어. 이러한 노력들을 하다 보면 언젠가 이 직업이 나에게 맞을지 안 맞을지 생

각할 수 있겠지. 노력하다 보면 아마 길이 보일 테니까. 오늘부터 차례차례 하나씩 연습해 봐야겠어.'

채린이는 노트 앞장에 제목을 적었다. 〈채린이의 꿈 채움 노트〉 노트를 바라보는 채린이의 눈빛이 보석처럼 반짝였다.

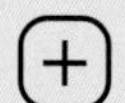

1. 나는 희망 직업을 어떻게 적었을까?

2. 내가 하고 싶은 일이 많을 경우 나는 그 일을 어떤 기준에 따라 선택할까?

3. 내가 하고 싶은 일이 없을 때 나는 꿈을 찾기 위해 어떤 노력을 할까?

4. 꿈을 위해 노력해야 할 일들이 산더미처럼 쌓여 있다면 나라면 어떻게 할까?

5. 나의 희망 직업에는 어떠한 노력이 필요할까?

6. 나는 희망 직업을 이루기 위해 어떤 노력을 하고 있나?

7. 내가 생각하는 희망 직업이 어떤 부분에서 나와 맞고 맞지 않을까?

8. 내가 희망 직업을 가졌는데 나와 맞지 않아 힘들다면 나라면 어떻게 할까?

좋아요 **1004** 개

꿈이 뭐냐고 물으면 우리는 너무 쉽게 희망 직업을 이야기합니다. 주변에서 겪은 직업이나 엄마 아빠에게서 자주 노출된 직업 등을 고르죠. 하지만 그 직업을 이루기 위해서 어떠한 노력을 해야 하는지 아나요? 그것이 나에게 맞는 직업이 무엇인지를 생각해 보는 기회는 많지 않은 거 같아요. 막연히 좋아 보이는 직업이나 친숙한 일들을 고르는 것보다는 그 일이 과연 나에게 맞는 일일까를 생각해 보는 게 필요해요. 그 직업을 위해 갖춰야 할 능력들을 생각해 보고 직접 준비해 보는 게 도움이 되겠지요. 막상 부딪혀 보면 생각했던 것과는 다른 능력이나 노력이 필요해서 포기하는 직업도 있을 거예요. 혹은 준비하는 과정에서 또 다른 흥미와 욕구를 느끼는 일도 있을 거구요.

우리는 성장하는 과정에 있으니 이일 저일 부딪혀 보면서 정말 나에게 맞는 일이 무엇일까 많이 고민해 볼 필요가 있어요. 막상 별 고민 없이 직업을 갖게 되면 바꾸기도 어려워요. 그간의 노력들이 물거품이 된다면 아쉽기도 할 거구요. 머릿속에서 상상으로만 직업을 찾기보다는 실제 그 직업을 갖고 있는 사람과의 인터뷰나 자료 들을 확인해 보세요. 정말 나에게 맞는 직업일까 생각해 보는 시간을 가졌으면 해요. 그런 과정 안에서 내가 잘하는 것과 못 하는 것, 나의 강점과 약점을 찾을 수 있을 테니까요. 직업을 준비하는 과정이 '진짜 내 모습'을 찾아가는 과정이 되도록 노력해 보면 어떨까요.

# 07

# 필요한 것과 원하는 것

## 필요한 것을 구분하는 능력의 필요성

살면서 꼭 필요한 것을 어떻게 구분할 수 있을까요? 아이들에게 그것을 구분하라고 하지만 애매하긴 합니다. 어떤 것이 꼭 필요한 것인지 구분하기는 쉽지 않으니까요. 흔히 의식주와 관련된 것은 꼭 필요한 것이라고 하잖아요. 그것도 순간순간의 판단력이 흔들릴 때가 있습니다. 옷은 몇 벌이 꼭 필요할까요? 계절별로 위아래 옷 하나씩이면 충분할까요? 요즘은 사계절이 뚜렷하지 않으니 봄옷과 가을옷은 굳이 나누지 않고 한 계절로 봐도 될까요? 어떻게 정해야 할지 난감합니다. 먹을 것은 또 어떤가요? 1,000원짜리 삼각김밥부터 50,000원짜리 한정식까지 정말 많은 종류가 있잖아요. 집밥으로 친다고 해도 어떤 반찬을 얼마나 차려 놓고 먹는지에 따라서 그 차이가 어마어마합니다. 집도 마찬가지지요. 옥탑방이나 반지하 방도 살기에 많이 부족하지 않을 수 있습니다. 어떤 가족에게는 20평대 아파트도 너무 비좁아서 30

평 이상은 되어야 한다고 느낄 수도 있지요. 필요한 것을 정하는 것이 이렇게 어렵습니다. 어른인 우리도 어려운데 아이들은 오죽할까요?

기준을 어떻게 정할 수 있을까요. 아이들과 깊이 있게 이야기를 나눠 봐야 할 것입니다. 그것이 없다면 최소한 인간다운 생활을 이어가지 못하는 것을 꼭 필요한 것이라고 가정해 봅시다. 아이와 함께 필요의 바운더리를 정해 보는 겁니다. 공부를 하려면 샤프도 있어야 하고 연필도 있어야 하지만, 최소한 무엇이 필요한지를 이야기해 봐요. 최소한만 구매하도록 하는 거죠. 연필 한 자루나 지우개 하나를 기본 단위로 정하고 시작할 수 있겠지요.

이때 아이가 느끼는 불편함과 어른의 기준이 차이가 있을 수 있음을 잊지 말아야 합니다. 그래야 그 기준을 정하는 과정에서 아이를 비난하지 않을 수 있습니다. 우리가 자랄 때와는 환경이 훨씬 더 풍부해졌다는 것을 고려하세요. 그 방향에서 꼭 필요한 것의 기준을 정하세요. 우리에겐 너무나 간절했던 것이 지금 아이들에겐 기본이 되어 있는 경우를 꽤 많이 발견하게 될 것입니다. 세대 차이입니다. 그 차이를 받아들이는 것부터 시작하세요.

## 아이의 취향을 존중해 주어야 합니다.

최소한의 생계 유지를 위해서 필요한 것을 정한다는 것이 참 어렵습니다. 거기에 취향까지 가미가 된다면 판단은 더 난관에 처하지요. 꼭 필요한 것만 소비하며 살 수는 없는 노릇이니까요. 어떤 아이는 시험 기간에 열심히 공부한 것을 칭찬하는 의미로 시험이 끝난 후 좋아하는 아이돌 음반을 삽니다. 요즘 음반은 포토북을 포함해서 여러 가지 형태의 기프트가 포함됩니다. 가격도 2~3만 원대로 적은 돈이 아니에요. 부모가 보기에 물론 꼭 필요한 것이 아닙니다. 요즘은 음반으로 노래를 듣기보다는 인터넷 스트리밍을 통해서 들으니까요. 굳이 음반이 필요하지 않습니다. 하지만 기존에 나와 있지 않은 특이한 선물 형식의 포토나 이벤트 참여권 등을 포함한 음반은 아이들에게 특별한 선물입니다. 이를 꼭 필요하냐 하지 않느냐의 기준으로 따지기는 쉽지 않습니다. 그것을 통해서 아이가 그동안 받았던 시험 스트레스에서 벗어날 수 있다면 낭비보다는 투자에 가깝다고 생각하겠지요. 아이가 그 음반이 그만큼의 값어치를 한다고 생각하면 의미를 지니게 되니까요.

아이의 취향과 필요를 어른의 기준으로 판단하기는 어렵습니다. 다만 아이가 보상을 꼭 물질적인 것으로만 채우려는 생각은 잡아 주는 것이 좋습니다. 자신에게 필요한 충분한 휴식을 주는 것, 명상의 시간을 갖는 것 등의 무형적인 활동으로도 채울 수 있습니다. 이런 부분에 대해서 아이가 느끼고 체험할 수 있게 해 주면 좋습니다. 아이는 물질적인 것으로만 자기를 위해 주는 것에서 벗어날 수 있습니다. 자신을 가치 있게 대하고 귀하게 대접하는 것만으로도 자신의 필요를 채울 수 있음을 알려 주세요.

## 소비와 낭비, 투자를 구분 지을 수 있게

아이들이 필요한 것과 원하는 것을 구별하게 하기 위해서 소비와 낭비, 투자를 알려 줘야 합니다. 소비란 필요한 것들을 구매하는 것이에요. 낭비란 필요하지 않은 것을 사는 것을 의미합니다. 투자란 더 나은 결과를 위해서 지금 당장 투입하는 것이구요. 여기서 소비와 낭비를 구분할 수 있어야 합니다. 내가 스트레스를 풀기 위해서 음반을 사지만, 그 음반을 듣지도 않고 포토북도 한 번 보고 넣어 둔다면 그것은 낭비에 가깝습니다. 그 물건을 살 수 있는 자기 자신을 잠깐 즐기는 행위일 뿐이죠. 그 물건이 계속해서 나의 정신적 필요를 충족해 주지 못한다면 크게 의미가 없습니다. 순간적인 소비로 자신의 기분을 채우는 일을 줄여 나갈 수 있도록 해야 합니다. 아이들은 아직 판단 기준이 애매합니다. 돈의 크기에 대한 개념이나 의미도 잘 모릅니다.

용돈 교육을 통해서 이를 가르쳐 줘야 합니다. 용돈을 받으면 무조건 며칠 안에 다 쓰는 아이들이 있습니다. 먹고 싶은 것을 사 먹는 데 쓰기도 합니다. 다음 달까지 기다리지 못하고 엄마를 조릅니다. 용돈을 가불해 달라고도 하지요. 이때 단호하게 끊으셔야 합니다. 이번 달 용돈을 아껴 썼을 경우 다음 달 용돈에 조금 더 붙여 주는 방법을 쓰면 좋습니다. 아이가 낭비를 줄여 돈을 모으는 재미를 알게 됩니다. 그 돈으로 주식 투자를 한다거나 저축하는 행위를 통해서 투자에 대해서도 배울 수 있습니다. 소비를 적당히 조절하고 낭비를 줄이며 투자하는 방법을 어릴 때부터 알려 주세요. 아이들이 자신의 필요와 취향을 잘 알고 쓰임새를 조절할 수 있습니다.

## 나의 소비 성향 파악하는 법

1. 지난 주 용돈과 쓰임새 써 보기
2. 소비와 낭비, 투자로 구분해 보기
3. 내가 할 수 있는 소비와 낭비 구분 방법
4. 낭비를 줄일 수 있는 방법 찾아보기
5. 10대가 투자할 수 있는 것들 찾아보기

"어린이날 선물을 뭘로 할까? 뭐 받고 싶은 거 있어?"

아빠가 식탁에 앉으며 물었다.

"잘 모르겠어. 요즘에 스마트워치가 유행이라는데 그거나 할까?"

채린이는 스마트폰 화면만 보며 대답했다.

"그게 꼭 필요해?"

딸의 눈빛을 따라가며 아빠가 다시 묻는다.

"다들 갖고 있으니까 뭐 있으면 좋지."

가볍게 대답하는 딸의 스마트폰 화면을 손으로 가리며 아빠가 다시 묻는다.

"핸드폰 그만하고 아빠하고 이야기 좀 해 보자. 너 스마트워치가 특별히 필요해? 아니면 간절히 원해? 그런 게 아니고 그냥이라니 그게 뭐야. 물건을 살 때 꼭 필요한 건지 생각을 하고 구매해야지 무작정 사겠다는 거야?"

아빠의 말투에 불편함이 묻어났다. 아빠는 여전히 스마트폰만 보고 있는 딸의 스마트폰을 뺐었다. 갑자기 스마트폰을 빼앗긴 채린이는 눈이 동그래졌다.

"아빠, 왜 그래."

"아빠가 말하는데 핸드폰만 보고 있어? 버릇없이. 아빠 이야기 듣고 있는 거야?"

아이의 눈에 눈물이 글썽거렸다.

"그렇다고 핸드폰 보고 있는데 뺐으면 어떻게 해? 아빠 이야기 듣고 있었어. 아빠는 매번 똑같은 방식으로 말해, 왜? 꼭 필요한 것을 사라는 건 알겠어. 꼭 필요한 것을 어떻게 알아? 기준이 있어? 필요하지 않지만 갖고 싶은 게 있을 수도 있잖아. 그건 사면 안 되는 거야?"

아빠는 말문이 턱 막혔다. 채린이의 태도가 마음에 들지 않았지만 뭐라고 딱히 반박할 말도 생각나지 않았다.

"방법이 어디 있어. 원하는 게 꼭 필요한지 생각하면 될 거 아냐."

"아빠는 그게 말이 된다고 생각해? 원하는 건 꼭 필요하다는 생각이 드는 건 당연한 거 아닌가? 살면서 꼭 필요한 게 뭐가 있을까? 의식주 말고 좋아하는 물건은 그럼 전혀 살 수 없는 거 아냐? 꼭 필요한 걸 아빠는 어떻게 선택해? 기준이 있으면 말해 봐."

채린이는 따지듯 아빠를 빤히 쳐다본다.

"잘 생각해 봐야지. 그건 네가 원하는 것과 필요한 것의 차이를 찾아야지 스스로."

화내듯 말을 마무리하며 아빠는 집 밖으로 슬그머니 나가 버렸다.

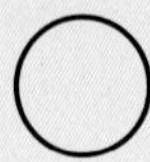

1. 말을 걸었는데 스마트폰을 하면서 답변을 하면 어떤 기분일까?

2. 스마트폰을 하다가 갑자기 빼앗겼다면 어떨까?

3. 아빠나 엄마가 매번 같은 방식으로 결정을 강요한다면 어떨까?

4. 부모님에게 딱히 반박할 말이 생각나지 않을 때는 어떻게 할까?

5. 내가 아빠였다면 꼭 필요한 걸 선택하는 기준을 뭐라고 말했을까?

6. 나는 유행을 따르는 편인가? 소신을 따르는 편인가?

7. 물건을 살 때 나는 무엇을 중요하게 생각하는가?

8. 꼭 필요한 것이 원하지 않는 것이라면 어떻게 할까?

9. 내가 원하는 것이 꼭 필요하지 않은 것이라면 어떻게 할까?

10. 아빠나 엄마가 자신도 지키지 못하는 원칙에 대해 강요할 때 나라면 어떻게 할까?

좋아요 **1004** 개

필요한 것과 원하는 것을 구분하는 것에 대해서 우리는 어떤 기준을 갖고 살아갈까요? 아빠가 건넨 질문에 딸은 재질문을 던집니다. 도대체 어른인 아빠는 기준을 아느냐고 말이죠. 아빠는 대답할 말이 없어 슬그머니 자리를 피하고 마네요.

부모님은 우리를 정말 사랑합니다. 좋은 것만 주고 싶죠. 그 욕심이 지나쳐서일까요? '라떼는 말이야' 또는 공자왈 맹자왈 이야기만 하게 되는 것 같아요. 그럴수록 엄마 아빠랑 이야기하고 싶은 생각이 사라지는 것 같아요. 살다 보면 엄마 아빠도 잘 구분하기 어려운 삶의 가치관에 관한 문제조차 욕심을 부리세요. 아이들이 우리보다 나았으면 하고 바랄 때도 있지요. 그래서 그런 것을 강요하기도 하구요. 그때 채린이처럼 아빠에게 돌직구로 재질문을 던진다면 뭐라고 대답할 수 있을지 모르겠어요. 어른인 당신은 제대로 살고 있느냐고 따지고 묻는다면 뭐라고 답할 말이 없을 것 같기도 해요.

아이에게 좋은 삶을 선물하고 싶다면 말보다는 행동으로 보여 주면 좋겠지요. 굳이 말로 하지 않아도 부모의 행동을 보고 우리도 느낄 수 있답니다. 어떻게 인생을 살아가야 하는지를 말입니다. 그렇기 때문에 스스로 대답할 수 있도록 질문만 던져 주면 되지요. 협력적 소통 대화를 하는게 도움이 될거예요. 너는 어떤 게 진리라고 생각하느냐구요. 내가 대답할 수 있을 때 스스로의 정답을 찾을 수 있지 않을까 싶습니다. 이 책으로 부모님도 배우실 수 있을 거예요.

# 08

# 내 마음과 네 마음 구분하기

## 친하다고 마음까지 같은 것은 아니다.

아이가 어렸을 때는 부모와 자신을 동일시합니다. 부모가 좋아하는 것을 자신도 좋아한다고 생각합니다. 그것이 당연하다고 믿습니다. 그런 관계를 유지한 아이들은 타인의 다양한 취향을 잘 이해하지 못합니다. 비슷한 취향의 부모와 비슷한 호불호를 가지고 살아왔으니까요. 생각의 확장이 안 된 것이지요.

그러다가 아이들에게 좋아하는 친구가 생깁니다. 아이는 자신이 좋아하는 친구도 당연히 같은 취향을 가졌을 거라고 생각합니다. 좋아하기 때문에 내 마음과 비슷한 마음결을 가졌을 거라고 여깁니다. 하지만 좋아하고 끌리는 데는 이유가 있습니다. 같은 모습을 한 친구보다도 다른 기질을 한 친구에게 더 끌리기 마련입니다. 자신과 다른 기질의 친구의 취향을 이해하기에 아직 아이의 세상이 좁지요. 친구 때문에 속상해 하는 경우가 많습니다.

내가 좋아하는 것을 주지만 친구가 시큰둥해 합니다. 혹은 싫어하는 경우도 있어요. 자신은 마음을 써서 주었는데 거절당할 경우 아이는 너무 마음 아파합니다. 마음에 상처를 받고 끙끙 앓을 수도 있습니다. 부모는 뭐 그런 걸 가지고 실망하느냐고 아이를 나무라겠지요. 세상 살다 보면 얼마나 상처받을 일이 많은데 그 정도로 그러느냐고 말입니다. 아이가 마음이 큰 사람이 되기를 바라며 아이를 꾸짖는 마음도 이해합니다. 아직 아이가 다양성에 대해서 이해하기에는 경험이 부족하다는 사실을 잊지 마세요. 우리도 어른이 된 후에 나와 다른 타인의 모습을 인정하기 시작했다는 것을 기억하자구요.

## 내 마음과 네 마음 구분하기

내 마음과 타인의 마음이 다를 수 있음을 알았으면 나와 타인을 구별해서 생각할 줄 알아야겠지요. 상처받지 않기 위해서 아이는 연습해야 합니다. '그건 내 마음이고, 이건 네 마음이야.' 구별할 줄 알아야겠습니다. 어떤 활동을 통해서 상대방의 마음을 인정하는 연습을 할 수 있을까요?

다양한 생각들을 나누는 토론 활동을 통해서 가능할 것입니다. 한 가지 주제에 대해서 다른 생각이 존재함을 알게 되는 것이죠. 토론의 주제는 첨예하지 않은 것이 좋습니다. 방안에 커튼 색상이라든지 이불을 골라 보는 것으로 시작해 볼 수 있습니다. 나를 사랑하고 나에게 귀한 존재인 엄마이지만 나와 다른 생각을 가질 수 있다는 것을 경험하는 거죠. 나는 떡볶이를 먹고 싶지만 엄마는 피자를 먹고 싶을 수 있다는 걸 알아야 합니다. 왜 그 선택지를 골랐는지 이야기를 나눠 보는 거예요. 처음엔 이렇듯 가벼운 주제로 시작합니다.

이야기를 나누다 보면 상대방의 의견을 존중할 수 있게 됩니다. 다른 의견을 내더라도 그것을 기분 나쁘게 생각하지 않고 상처받지 않을 것입니다. 연습이 쌓이게 되면 이제 범위를 넓힙니다. 찬반 토론이라든지 민감한 시사 문제를 가지고 의견을 나누는 것입니다. 신문이나 칼럼을 통해 다른 의견들을 읽어 보게 해 주세요. 세상엔 수많은 사람이 있고, 그 사람들이 모두 다른 생각과 가치관으로 살아간다는 것을 배울 수 있습니다. 나와 다른 의견이 존재하고 선택지는 다양하다는 것을 배우는 것입니다. 아이의 세상 공부가 시작됩니다. 아이가 넓고 깊고 다양한 사고관을 가지길 원한다면 이 연습부터 반드시 시작해야 합니다.

## 나와 마음이 같지 않아도 인정!

좋아함에도 내 마음과 네 마음이 다를 수 있음을 인정할 줄 알아야 합니다. 다른 의견을 내는 것이 나를 싫어해서가 아님을 받아들이는 것입니다. 아무리 친한 관계의 사람일지라도 토론을 하거나 의견을 나눌 때 날카롭게 자신의 의견을 제시해야 합니다. 상대방의 의견을 비난하지 않고 비판할 줄 알아야 하죠. 아이들은 나와 마음이 같지 않아도 인정할 줄 아는 자세를 배우게 됩니다.

토론이 끝난 후에는 또다시 절친의 위치로 돌아갈 여유가 생깁니다. 의견은 의견일 뿐 감정을 개입하는 것과는 전혀 다르죠. 아이는 그것을 구분할 줄 알게 됩니다. 토론의 대표자가 되어 보면 더더욱 좋습니다. 공적인 나의 의견과 사견을 구분할 줄도 알게 되지요. 이러한 경험들이 쌓일 때 나와 다른 세상의 다양한 식견을 인정할 줄 아는 어른으로 성장합니다.

먼저 부모가 아이의 의견을 충분히 존중해 주는 것이 우선이 되어야겠지요. "네가 무슨 세상을 안다고 그래?"와 같은 편협한 시선으로 아이를 보면 곤란합니다. 좁은 식견을 가진 아이의 의견이 못마땅할 수 있어요. 부모 마음에 안 찰 가능성이 큽니다. 아이는 부모 품에서 실컷 신나게 실패를 경험해 봐야 합니다. 밖에서 쓰디쓴 실수와 실패를 맛보기 전 예행 연습으로 말이죠. 의견을 내보고 자기 주장대로 이끌어 봤는데 실패했을 때 무엇이 잘못인지를 분석하며 아이는 성장할 것입니다. 그 성장을 지켜봐 주고 그 아픔을 함께 견뎌내는 것이 부모 아닐까요?

지금 탄탄대로나 안전한 길만 걷는 것을 원해서는 안 됩니다. 커서 그런 길을 가기 위해서 지금은 진흙길도, 비탈길도 다 걸어 봐야 합니다. 부모의 울타리 안에 있을 때 충분히 그 경험을 만끽하게 해 주세요. 실패를 통해 자기 생각이 또렷해지고 다양성을 통해 타인의 의견을 인정하는 아이로 자란다면 더 편안한 길로 걸을 가능성이 커지지 않을까 하고 믿어 봅니다.

## 집에서 토론해 볼 수 있는 주제는?

1. 하루 한 꼭지 뉴스 읽고 이야기 나누기
2. 우리 집에서 결정할 일들(주말 스케줄, 여행 일정 짜기 등)
3. 형제자매 싸움의 이유와 해결책
4. 부모님과 자녀에게 서로 바라는 점 나누기
5. 학교와 직장의 경험에 대한 찬반 토론

"민준이는 채린이를 좋아한대요. 좋아한대요."

석현이가 큰 소리로 교실에서 민준이를 놀리기 시작했다. 민준이는 얼굴이 빨개져 석현이의 입을 막으려 안간힘을 썼다. 둘이 한바탕 엎치락뒤치락 몸싸움이 벌어졌다. 뜻하지 않게 이름이 불린 채린이는 얼굴이 빨개진 채 어쩔 줄을 몰랐다. 무슨 구경거리인가 싶어 아이들이 하나둘 몰려들었다.

"이 자식 가만두지 않겠어."

민준이는 씩씩거리며 석현이에게 소리쳤다.

"왜? 내가 내 입 가지고 말하는데 그것도 안 되니? 나는 무슨 말이든 할 수 있는 자유가 있어."

민준이를 요래 저래 피해 다니며 석현이가 메롱 거렸다.

"너희들 뭐하는 거야?"

반장이 선생님을 모셔왔는지 화장실에 가셨던 선생님이 교실로 들어오셨다.

“민준이랑 석현이, 둘 다 잠깐 따라 나와 봐.”

씩씩대던 민준이와 석현이는 선생님을 따라 밖으로 나왔다.

“민준이는 왜 화가 났는지 알 거 같은데, 석현이가 왜 그랬는지 선생님은 너무 궁금해. 민준이는 여기 앉아서 마음을 좀 가라앉혀. 석현이 이리와 봐.”

석현이와 선생님은 저만치 운동장 끝에 앉아 이야기를 시작했다.

“석현아. 아이들 많은 데서 왜 민준이랑 채린이 이야기를 했어?”

고개를 푹 숙인 채 석현이는 말이 없었다. 선생님이 한참 동안 그런 석현이를 기다려 주고서야 석현이는 입을 열었다.

“채린이가 민준이를 좋아하나 봐요. 민준이한테만 편지를 줘서 화가 나서 그랬어요.”

“그래? 민준이랑 채린이 문젠데 왜 석현이가 화가 났을까? 혹시 석현이도 채린이 좋아하니?”

석현이의 얼굴이 빨개졌다. 대답 대신 얼굴만 봐도 석현이의 마음을 알 수 있을 것 같았다.

“그랬구나. 샘이 나서 그런 거구나. 석현이의 이런 속상한 마음을 선생님이 그러지 마라. 채린이 별로다. 그러니 마음 접어라. 이러면 석현이 마음이 어떨까?”

석현이는 가만히 선생님을 올려다봤다.

“이상하네. 내 마음인데 왜 선생님이 이래라저래라 하나 싶지? 채린이랑 민준이도 마찬가지일 거야. 채린이 마음은 채린이 거니까 자기 마음대로 하는 거겠지? 석현이가 화를 낸다고 채린이가 너를 좋아하는 쪽으로 마음을 바꾸지는 않잖아. 자기 마음은 자기가 주인인 거지. 내가 조절할 수 있는 건 내 마음뿐이야. 그렇지? 다른 사람의 마음도 내 마음대로 좌지우지할 수 없어. 속상하겠지만 채린이가 너를 좋아하게 하는 방법이 이건 아닌 것 같은데, 어때 석현아? 다른 방법을 찾아볼까? 민준이에게도 정중히 사과하고 말이야."

석현이는 눈에 눈물이 맺힌 채 선생님을 바라보았다. 석현이의 다짐이 눈에 보이는 것 같았다. 선생님은 석현이의 어깨를 토닥토닥 다독여 주었다.

1. 채린이가 석현이를 좋아하고 있었다면 어떤 일이 일어났을까?

2. 선생님이 다툼을 말리지 않았다면 어떻게 되었을까?

3. 민준이와 석현이가 선생님에게 대들고 싸움을 계속했다면 어땠을까?

4. 채린이가 민준이에게 편지를 준 이유는 뭐였을까?

5. 나를 좋아해 달라고 석현이가 편지를 써서 채린이에게 줬으면 어떻게 됐을까?

6. 자유가 있다고 내 마음대로 행동한다면 어떨까?

7. 내가 석현이었다면 어떻게 내 마음을 표현했을까?

8. 내가 말하고 싶은 대로 다 말할 경우 어떤 일이 생길까?

9. 질투 나는 마음을 건강하게 표현할 수 있는 방법은 뭐가 있을까?

10. 내 마음을 잘 알 수 있는 방법은 무엇일까?

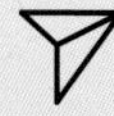

좋아요 **1004**개

다른 사람과 잘 지내기 위해서 가장 먼저 필요한 것이 자신의 마음을 아는 것입니다. 내가 어떤 것을 좋아하고 어떤 것을 싫어하는지 알아야 다른 사람의 기호도 알 수 있습니다. 나와 다른 사람의 기호를 맞춰서 나와 맞는 사람을 찾을 수 있습니다. 내가 좋아하는 것을 같이 좋아하고, 싫어하는 것을 싫어하는 사람을 알아볼 수 있습니다. 하지만 내가 내 마음을 모른다면 어떻게 될까요? 나의 호불호와 취향과 상관없이 다른 사람에게 나를 맞추려고 하겠죠. 그때 어떤 마음이 들까요? 불편할 거예요.

가장 먼저 알아야 할 것이 나의 마음입니다. 나를 알려고 하는 노력이 우선되어야 타인과도 잘 지낼 수 있습니다. 마음은 누구의 명령대로 되는 게 아닙니다. 그래서 옛날부터 가장 얻기 어려운 것이 사람의 마음이라고 하잖아요. 우리 모두는 내 마음에 대해 관심을 가져야 합니다. 그래야 타인의 마음도 알아챌 수 있습니다. 좋아하는 사람이 생기면 그 사람에게 다 맞춰 주고 싶잖아요. 내가 가장 좋아하는 사람이 나라면 어떨까요? 나에게 가장 잘 맞춰 줄 수 있겠지요. 그것이 모든 인간관계의 시작입니다. 나를 귀하게 여기고 나의 마음을 가장 최우선으로 두는 것 말이에요.

타인에게 모두 각자의 마음이 있으니 그 마음을 내 멋대로 조종하고자 하는 생각도 없애야 해요. 누가 나를 그렇게 조종한다고 생각하면 좋지 않을 테니까요. 그 사람 마음은 그 사람 몫이니 마음의 주인에게 맡겨 주세요. 각자의 마음을 본인이 가장 소중하게 여기고 존중할 때 비로소 제대로 된 인간관계를 열어 갈 준비가 되었다고 할 수 있습니다.

# CHAPTER 3

# 자기 관리 기술과 심미적 감성

아이를 선택의 들판으로 초대하세요.
결과 예측도, 선택도, 실패도
모두 아이의 몫으로 돌려주셔야 합니다.
그 과정에서 아이가 뼈아픈 경험을 하게 되더라도
묵묵히 곁에 있어 주십시오.

# 01

# 자기 관리하기

## 내 마음과 네 마음 구분하기

아이는 어떨 때 가장 행복할까요? 혹은 어떨 때 기분이 나빠질까요? 아이는 자신의 마음 변화에 대해서 얼마나 아나요? 자신의 감정을 제대로 읽고 있을까요?

어느 날 아이가 멍하니 앉아 있습니다. 무슨 일이 있느냐고 물었더니 아이가 눈물을 뚝뚝 흘립니다. 자초지종을 들어 보니 아이가 학교에서 친구들에게 따돌림을 당했다는 거예요. 아이는 그때 자기 기분을 몰랐답니다. 친구들이 자기와 안 놀고 슬슬 자신을 피하는데 어찌해야 할 줄 몰랐답니다. 그래서 집에 와서도 힘이 없었던 거지요.

그때 어떤 감정을 느꼈냐고 물으면 아이는 의외로 심플하게 대답합니다. "어떻게 해야 할지 몰라서 가만히 있었어요." 이것은 행동이지 감정이 아닙니다. 조금 더 깊이 있게 아이에게 물어보면 아이는 어려워합니다. 어렵게 한참 생각한 후에 꺼내 놓은 감정이 몇 가지 안 됩니다. 화가 났다거나 슬펐다거나 하는 것이 고작이지요. 아이들은 생각보다 감정의 종류를 잘 모릅니다. 흔히 알고 있는 희로애락 정도를 알지요. 자신의 감정에 대해 큰 관심도 없습니다. 다양한 감정을 나타내는 단어를 통해 아이와 감정에 대해 이야기를 나누면 좋습니다. 사실 부모인 우리도 감정에 대해 익숙하지 않습니다. 부모 세대 또한 감정을 받아 주고 존중해 주는 삶을 살지 못했거든요. 울면 운다고 혼났고, 웃으면 시끄럽다고 야단을 맞았습니다. 남자는 태어나서 세 번 운다는 말도 안 되는 이야기들을 강요했지요. 감정을 표현하지 못하는 것에 익숙해져 버렸습니다.

그래서일까요. 아이들에게 감정을 묻고 인정해 주는 연습이 어색합니다. 감정을 나눈다는 것 자체가 어색한 일이지요. 나처럼 내 감정을 속이는 아이로 키우지 않기 위해서는 아이의 감정을 마음껏 표현할 수 있게 해야 합니다. 감정 단어를 통해서 연습하다 보면 내가 느꼈던 이름 모를 감정에 대해서도 같이 정리할 수 있는 기회가 될 거예요.

## 감정에 이름 붙이기

**[감정 목록]**

| | | | | |
|---|---|---|---|---|
| 걱정스럽다 | 막막하다 | 서럽다 | 어색하다 | 지루하다 |
| 곤란하다 | 못마땅하다 | 서운하다 | 어이없다 | 짜증스럽다 |
| 괘씸하다 | 무섭다 | 속상하다 | 억울하다 | 창피하다 |
| 괴롭다 | 무안하다 | 슬프다 | 외롭다 | 허무하다 |
| 귀찮다 | 분하다 | 실망스럽다 | 우울하다 | 허전하다 |
| 난처하다 | 불만스럽다 | 약오르다 | 원망스럽다 | 혼란스럽다 |
| 답답하다 | 불안하다 | 얄밉다 | 원통하다 | 후회스럽다 |
| 두렵다 | 불편하다 | 민망하다 | 조급하다 | 화나다 |
| 긴장되다 | 당황스럽다 | 부끄럽다 | 샘나다 | 힘들다 |
| 맘이 아프다 | 떨리다 | 자신감 있다 | 안타깝다 | 활기 있다 |
| 가엾다 | 미안하다 | 뿌듯하다 | 유쾌하다 | 통쾌하다 |
| 기대되다 | 든든하다 | 사랑스럽다 | 다정하다 | 행복하다 |
| 간절하다 | 만족스럽다 | 생기 있다 | 다행스럽다 | 흥미롭다 |
| 감격스럽다 | 편안하다 | 상쾌하다 | 자랑스럽다 | 홀가분하다 |
| 감사하다 | 반갑다 | 설레다 | 자유롭다 | 후련하다 |
| 고맙다 | 벅차다 | 시원하다 | 재미있다 | 흐뭇하다 |
| 기쁘다 | 부럽다 | 신나다 | 즐겁다 | 흡족하다 |
| 놀랍다 | 열중하다 | 안정되다 | 짜릿하다 | 황홀하다 |

여기 제시된 감정 카드를 보세요. 오늘 아이는 몇 가지의 감정을 느꼈을까요? 감정 카드를 프린트해서 한쪽에 붙여 보세요. 하루 일을 이

야기할 때 감정으로 골라서 설명해 보게 합니다. "나는 오늘 점심에 먹은 음료수가 황홀하게 맛있었어.", "오늘 수학 시험에서 96점을 맞아서 짜릿했어."와 같이 자신의 감정을 넣어서 일을 설명해 보는 겁니다. 자신의 마음에 대해서 알게 된 순간 아이는 조금 더 편안해질 수 있어요. 다양한 감정을 느껴도 괜찮은 거라는 걸 알게 됩니다. 감정의 변화 때문에 힘들어하는 일이 줄어들게 되지요.

특히 사춘기의 아이들은 감정의 소용돌이 속에 휘말리게 되잖아요. 무엇 때문에 마음이 불편했는지 알게 되면 의외로 기분이 쉽게 풀립니다. 자신이 경험했던 일마다 하나씩 감정을 붙여서 설명해 보는 거예요. 아이의 정서 안정에 큰 도움이 됩니다. 일하는 부모님이라서 자주 그럴 수 없는 상황이라면 감정 일기를 나눠 봐도 좋습니다. 노트 한 권을 마련해서 하루 일과 중 한 가지 일에 대해서 감정을 정하고 이야기를 해 보는 것입니다. 나는 오늘 '벅찼다'고 감정을 선택하고 그 일에 대해서 나누는 것이지요. 부모님과 교환 일기를 통해 가족 모두 일기장에 감정을 써 보세요. 글로 표현하면 훨씬 더 섬세하게 감정 표현을 할 수 있습니다. 만나서 대화하는 것만큼이나 감정이 정화되는 일이니까요. 시간 없다고 말씀하시지 말고 한번 꼭 시도해 보세요. 감정을 알아 가고 보듬어 주는 일은 자신을 알아 가는 첫걸음이랍니다.

## 감정을 풀어내는 방법

아이들이 감정에 대해서 이름 붙이고 상태를 알게 되었다면 그다음은 감정을 풀어내는 방법을 찾아야겠지요. 앞에서 말씀드린 대로 자신의 감정을 이야기하거나 글로 쓰는 것만으로도 어느 정도 감정이 해소됩니다. 아주 강렬한 감정은 그것만으로 부족할 수 있어요. 그럴 때는 자신만의 감정 해소법을 찾을 수 있도록 도와야 합니다. 사람마다 감정을 해소하는 방법이 다르니까요. 어느 아이는 실컷 맛있는 것을 먹는 게 감정 해소 방법이구요. 다른 아이는 잠을 자는 것으로 감정을 해소합니다. 각자 감정을 조절하고 안정시키는 방법이 다르니 그걸 찾아 나가는 것도 해 주세요. 여러 방법을 적용해 보시구요. 가장 마음이 쉽게 안정되는 방법을 활용할 수 있도록 도와주세요. 산책이 도움이 된다면 산책할 수 있도록 공간과 시간을 배려하는 것처럼 말입니다.

추천하고 싶은 방법이 있는데 바로 운동입니다. 운동을 통해서 긴장되어 있는 몸의 호르몬을 정상화시키는 것입니다. 스트레스를 받고 감정 수치가 오르면 뇌가 과부화될 수 있습니다. 이때 신체 움직임을 통해서 균형을 맞춰 주는 것이 좋습니다. 특히 사춘기 아이들의 경우 '건강한 신체에 건강한 정신이 깃든다.'는 말은 진리입니다. 정신적 스트레스가 심해지고 호르몬의 변화가 커지는 만큼 신체 활동을 통해 균형을 맞출 수 있어야 합니다. 청소년 시기가 되면 학업량의 증가로 운동을 못하는 아이들이 많아지는데요. 평소에 운동을 자주 할 수는 없더라도 감정적으로 격양되었을 때만이라도 몸을 움직일 수 있는 운동 하나쯤 만들어 두면 좋습니다. 아이가 힘들 때마다 찾아 기댈 수 있는 오아시스 같은 활동이 될 테니까요. 아이에게 운동을 권해주고 좋아하는 운동을 만들어 두는 것을 소홀히 하지 마십시오.

## 오늘 하루 내가 느낀 감정은 ( )

감정을 느꼈던 사건에 대해서 설명하기

내가 매일 느끼는 감정 분류하기

- 희
- 로
- 애
- 락

"아이, 참 또 늦었네."

채린이는 부리나케 현관으로 뛰어간다.

"한입만 먹고 가. 채린아."

엄마가 김에 밥을 싸서 달려보지만 이미 채린이는 현관문을 나간 뒤였다.

"일찍 자고 일찍 일어나면 좋잖아. 아침마다 시간에 쫓겨서 밥도 못 먹고 가니 어쩌면 좋아."

채린이가 그대로 남긴 밥을 보며 엄마는 한숨을 쉬었다. 어젯밤에도 숙제를 하다 12시가 넘어서 겨우 잠들었다. 아침에 일찍 일어나서 여유롭게 책보다가 학교 가는 게 소원인 채린이지만 일찍 일어나는 일이 거의 없다.

"채린아. 오늘은 공부를 일찍 시작해 보면 어때?"

하교 후 들어오는 채린이를 보며 엄마가 이야기했다.

"아침도 맨날 못 먹고 여유로운 아침 시간도 못 보내잖아. 일찍 자고 일찍 일어나면 아침 시간도 여유롭고 성장도 잘된다던데 어때?"

매번 하는 잔소리 시작이다.

"알았어. 오늘은 일찍 자도록 노력해 볼게."

대답은 했지만 자신은 없었다. 온종일 학교에서 긴장하고 이제 돌아왔다. 오자마자 숙제 이야기를 꺼내는 엄마가 마음에 들지 않았다. 학교 갔다 왔으니 쉬어야지 싶어서 카톡을 확인한다. 친구들이 집에 가자마자 카톡방이 뜨겁게 달아오르기 시작한다. 학교에서 있었던 일들, 오늘 숙제 등

등 아이들 카톡을 읽다 보면 시간 가는 줄 모른다. 게다가 오늘은 담임 선생님 인스타 아이디가 올라왔다. 선생님 인스타에 가보니 반 친구들이 줄줄이 댓글을 남겼다. 친구들 인스타에 들어가서 팔로우도 하고 게시글도 보았다. 반에서 보던 모습과 색다른 모습들이 눈에 띄었다. SNS를 여기저기 기웃거렸다.

"채린아. 저녁 먹어야지. 벌써 일곱 시다. 학교 숙제는 다 했어?"

또 시작된 엄마의 잔소리!! 대충 그렇다고 얼버무리고 저녁을 먹는다. 학교에서 있었던 이야기들, 수업 시간에 재미있었던 이야기 몇 마디 하지도 않았는데 한 시간이 훌쩍 지났다. '이제 숙제를 시작해 볼까.' 하고 책상에 앉았다. 학원 다녀온 친구들의 카톡이 다시 시작된다. 눈은 교과서에 가 있지만 단톡방에서 무슨 이야기가 오가는지 신경이 그쪽으로만 몰린다. 카톡 몇 개 확인했을 뿐인데 엄마가 방문을 열고 들여다본다.

"벌써 열 신데 마무리하지?"

'시간이 이렇게 됐어. 핸드폰 조금 봤을 뿐인데 뭐야. 엄마가 알면 폭풍 잔소리다. 빨리 시작하자.'

열 시가 다 되어 시작된 숙제는 열두 시가 넘어도 끝나지 않는다. 오늘도 또 늦게 잘 듯하다. 내일 아침은 또 패스인 건가. 숙제를 하는 채린이가 하품을 연달아서 하며 교과서를 들여다본다. 자꾸만 눈이 감겨온다.

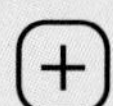  

1. 늦게 잤는데 엄마가 아침밥 때문에 일찍 깨웠다면 어떨까?

2. 아침에 일찍 일어나서 저녁에 숙제도 하기 전 졸립다면?

3. 카톡을 보고 싶은데 참고 숙제를 해야 하는 상황이라면?

4. 시간 관리를 못 해서 해야 할 숙제를 다 못하고 학교에 가야 한다면?

5. 엄마와 약속을 했지만 하고 싶은 일이 많을 때 나의 선택은?

6. 시간 관리가 왜 중요할까?

7. 시간 관리를 위해서 내가 중요하게 생각하는 것은?

8. 시간 관리를 위해 가장 먼저 조절해야 할 것은 무엇일까?

9. 시간 관리를 못하면 어떻게 될까?

10. 시간 관리가 어렵다면 어떤 도움을 받을 수 있을까?

좋아요 **1004**개

매일 우리가 시달리는 것이 한 가지 있습니다. 바로 엄마의 잔소리죠. 엄마의 잔소리는 뭐였나요? 바로 "빨리 빨리"였을 거예요. 엄마는 얼마나 시간을 재촉하는지 모릅니다. 학교 다녀와서 나도 쉬어야 하잖아요. 검색도 하고 싶고 친구들이랑 수다도 떨고 싶은데요. 도대체 시간이 왜 이렇게 빠른지 모르겠습니다. 친구랑 몇 마디 나눈 것 뿐인데요. 한 시간이 훌쩍 지나갑니다. 엄마의 폭풍 잔소리가 시작되지요. 시간이 얼마나 소중한 줄 아느냐고 엄마는 이야기합니다. 사실 잘 모르겠어요. 수업 시간에는 지루하고 하품만 나고 시간이 잘 가지도 않는데요. 재미있는 시간은 금방 가니까요.

세상 사람 누구에게나 똑같이 주어지는 것이 24시간이지요. 그 시간을 어떻게 쓰느냐는 사람마다 다를 테구요. 그 시간이 모여서 나의 하루, 일 년, 나의 일생을 만들 거예요. 시간 관리에 앞서 가장 먼저 생각할 것이 나의 인생을 어떤 시간으로 채울 것이냐 하는 것입니다.

내가 살고 싶은 인생의 모습이 있나요? 그렇다면 그 모습을 위해 시간을 알차게 계획할 수 있겠지요. 목표가 있으면 시간을 의미 있게 쓰고 싶을 테니까요. 아직 우리가 시간의 소중함을 모르는 것은 하고 싶은 일과 살고 싶은 삶에 대한 생각이 부족하기 때문일 거예요. 그 부분을 깊이 생각하다 보면 시간이 아깝구요. 계획적으로 쓰고 싶다는 생각이 들 거예요. 공부 또한 내 삶을 위한 준비 과정이기에 힘겨워도 참아낼 수 있을 거구요. 이제부터는 시간 관리를 하기에 앞서 내 인생을 어떻게 채우고 싶은지부터 생각해 보세요. 시간의 소중함을 자연스럽게 알게 될 것입니다.

# 02

# 개인 위생 관리

## 나 자신을 귀하게 여기는 사람

자신을 귀하게 여기는 사람은 어떤 특징이 있을까요? 무엇보다 자기 자신을 돌볼 줄 압니다. 몸을 깨끗하게 관리하고 자신에게 어울리는 스타일로 자신을 꾸밉니다. 시간과 장소, 때에 맞게 자신을 가꿀 줄 아는 것은 자기 관리의 시작이지요. 아이가 어릴 때는 엄마가 씻겨 주고 입혀 줍니다. 엄마가 이벤트로 남자 아이에게 머리를 묶이거나 치마를 입히기도 하지요. 장난으로 여자아이를 남자아이처럼 꾸며서 다니기도 합니다. 아이가 어릴 때만 가능한 일입니다. 아이가 성장할수록 자신의 몸을 스스로 돌보게 되지요. 하지만 아직은 위생 개념이 확실하지 않습니다. 손톱이나 발톱을 길게 하고 다니거나 머리를 자주 감지 않아요. 아이는 아무렇지도 않습니다. 부끄러운 줄 모릅니다.

물론 보이는 모든 면으로 사람을 판단하면 안 되겠지요. 그렇지만 보이는 모습이 깔끔할 때 자신의 내면을 보여 줄 기회도 생깁니다. 아이들은 이것을 알지 못합니다. 무엇이 중요하고 무엇에 중점을 두어야 할지 아직은 잘 판단이 되지 않습니다. 외모를 화려하게 꾸미라고 알려 주라는 뜻이 아닙니다. 비싸거나 화려하지 않더라도 괜찮습니다. 자신에게 맞는 스타일로 깔끔하게 자신을 관리하도록 알려 주어야 합니다.

아직은 선택이 정확하지 않아 자신의 스타일에 맞지 않는 차림새를 고집할 수도 있습니다. 그럴 때는 사진을 찍어 두는 것이 좋습니다. 아이는 말보다 행동과 감각을 통해서 배우지요. 몇 달 지나서 자신의 룩북 사진을 찍어 둔 걸 보며 아이도 느낄 겁니다. 자신의 패션이 촌스럽다거나 자신과 어울리지 않는다는 것을 말이죠. 그때 여러 가지 스타일의 룩북을 보면서 자신의 이미지에 맞는 모습을 찾아나갈 겁니다. 아이의 하루하루를 사진으로 저장해 두세요. 조금 더 크면 사진 찍는 것도 거부합니다. 몇 달 지나서 봤을 때 금세 자란 아이의 모습이 하루하루 아쉽고 시간이 아깝지요. 현재의 아이 모습을 담아 두는 것은 추억 쌓기와 더불어 아이의 스타일을 잡아나가는 데도 도움이 될 것입니다. 외모 관리를 통해서 자신을 귀하게 대할 줄 아는 아이로 자라게 해 주세요.

## 사춘기가 되면 외모 관리가 반드시 필요합니다.

사춘기가 가까워지면 아이들은 더더욱 외모 관리에 신경 써야 합니다. 외모에 신경 써야 할 만큼 몸이 달라지기 때문입니다. 빠른 남자 아이들은 수염이 나기도 합니다. 수염 관리법을 알려줘야지요. 남성 호르몬이 늘어나는 만큼 몸에서 강한 호르몬 냄새가 납니다. 샤워도 더 자주 해야 합니다.

여자아이들은 더합니다. 머리카락에 유분이 많이 생기므로 머리를 더 자주 감아야 합니다. 생리 때 관리하는 방법이나 뒤처리 등도 연습해야 하지요. 또한, 여드름이 생겨서 피부 관리에도 신경 써야 합니다. 깨끗하게 자기 몸을 관리해야 할 시기입니다. 외부 시선에 신경 쓰는 시기라 몸을 깨끗이 씻는데 집착하는 아이들도 많아집니다. 물값이 많이 나오긴 하지만 그 정도는 괜찮습니다.

몸 관리를 다르게 하는 친구들이 등장합니다. 여자아이들 같은 경우 과한 화장을 한다거나 너무 외모에 신경을 쓰는 경우지요. 여드름이 난 상태에서 화장품을 바르는 것은 피부에 좋지 않아요. 하지만 아이들은 신경 쓰지 않습니다. 초등학교 고학년만 돼도 엄마 화장품보다 많은 아이들도 꽤 있습니다. 화장을 안 하고는 집 밖에 나가지 못하겠다며 자신을 꾸밉니다. 학생의 나이와 신분에 맞는 정도가 어느 정도인지 판단하지 못합니다. 엄마가 아무리 말리고 화장품을 버려도 소용이 없지요.

소셜 네트워크의 영향 때문에 외모에 신경을 쓰는 아이들이 많아졌어요. 타인에게 화려하게 보이는 SNS의 특성상 아이들은 자신의 외모 또한 과하게 꾸미고 부풀립니다. 초등학생인지 대학생인지 구분하기도 쉽지 않습니다. 업데이트하는 사진의 내용 또한 성인과 별반 다르지 않아요. 이러한 사진은 타깃이 되기도 쉽습니다. 한 번 업데이트한 사진은 어디엔가에 남습니다. 자신이 지운다고 해도 다른 사람이 저장하면 박제되지요. 나도 모르는 사이에 사진이 흘러가서 범죄에 악용되는 사례도 종종 있습니다. 좋은 모습만 보여 주려다 나쁜 어른들의 계략에 빠져드는 경우도 있습니다. 과도한 외모 지상주의가 만들어 낸 문제입니다. 아이들은 그것에 대한 판단을 못 하고 어른들의 문화를 비판 없이 받아들이지요. 이런 문제에 대해서 같이 생각해 보는 것이 필요합니다. 자신을 깔끔하게 꾸미는 것은 좋지요. 그것을 기록으로 남기는 것에는 조금 더 신중한 고민이 있어야 할 것입니다.

## 외면과 내면의 조화가 중요

사춘기 아이들에겐 외모가 굉장히 중요합니다. 자기 자신이 세상의 중심이고 주인공이라고 생각하는 자기 중심성이 발달하면서 더욱 그렇습니다. 요즘처럼 개성이나 자기표현이 늘어나는 세대에는 더 해요. 독특하게 자신을 표현하면서 우월감을 느끼는 아이들을 쉽게 잠재우기는 어렵습니다.

외면과 내면의 조화가 얼마나 중요한지 부모들은 알고 있지요. 공부 먼저 하라고 윽박지릅니다. 지성을 갖추고 나서야 외모가 필요한 거라구요. 아이들의 생각은 다릅니다. 수많은 SNS의 화려한 허상들을 보면서 그것을 따르고자 노력합니다. 팩트 체크가 필요한 순간입니다.

요즘 SNS의 진실이라는 사진들을 쉽게 찾아볼 수 있습니다. 사진 기술과 편집을 통해서 평범한 것들이 얼마나 화려하게 변신되는지 볼 수 있는 자료들이 있습니다. 아이와 함께 그 자료를 찾아보면서 생각을 나눠 보세요. 아이는 소셜 네트워크의 사진 속에 있는 것들이 진실이라고 믿는 경우가 무척 많습니다. 실상 그렇지 못한 내용들의 기사를 살펴보다 보면 아이도 느끼게 되겠지요.

아이가 한 번쯤은 진실을 마주하는 것이 필요합니다. 세상의 모든 것이 진실이 아닐 수도 있음을 느껴야 해요. 그래야 인생을 살면서 그 부분을 놓치지 않게 됩니다. 잘 알지 못하는 사람에 대해서 무조건 믿지 않고 한 번은 의심해 볼 수 있는 마음이 필요합니다. 아이들의 마음의 판단 기준을 잡아 주기 위해서 반드시 그러한 과정을 거쳐 주세요. 아이가 겉으로 보이는 것이 다가 아님을 알게 될 것입니다.

## 매주 아이 스스로 청결도 체크하기

☑ 머리 감은 횟수와 머리 상태

☑ 손톱 상태, 발톱 상태

☑ 샤워 횟수

☑ 옷의 청결 상태

☑ 전반적인 차림새

"아얏"

채린이가 날카로운 소리를 질렀다.

"왜 그래?"

아이들의 시선이 일제히 채린이에게 날아들었다. 채린이 손등에서 피가 나고 있었다. 아이들이 하나둘 채린이에게 몰려들었다.

"채린아, 피나잖아. 왜 그래? 날카로운 거 보니까 손톱에 긁힌 거 같은데 괜찮아?"

나현이가 채린이를 보며 걱정스러운 얼굴로 물었다.

"내가 내 손톱으로 잘못 긁었나 봐. 아무것도 아니야. 괜찮아."

친구들을 겨우 돌려보내고 채린이는 교실 밖으로 빠져나왔다. 보건실로 향하는 길에 누군가 뒤에서 따라오는 소리가 들렸다. 건우였다.

"채린아, 괜찮아? 미안해."

건우는 기어들어가는 목소리로 말했다. 채린이는 뒤를 돌아다보며 건우를 바라봤다.

"건우야. 괜찮아. 나 혼자 보건실 가도 되니까 걱정하지 마."

채린이는 잰걸음으로 보건실로 뛰어갔다. 건우의 얼굴이 노을처럼 붉어졌다.

'어떡하지. 채린이가 나 때문에 다쳤어. 엄마가 손톱 잘 깎으라고 할 때 말 들을걸.'

건우는 자신의 긴 손톱이 너무 원망스러웠다. 손톱 밑에는 때까지 까맣게 끼어 있었다.

'설마 이 손톱의 때를 채린이가 본 건 아니겠지? 채린이한테 노트를 전해 준다는 게 그만. 채린이가 나를 싫어하는 거 아닐까? 나 때문에 다쳤으면서도 나를 보호해 주려고 혼자 다쳤다고 말했나 봐. 미안해서 어떻게 해.'

건우는 보건실 앞에서 고개를 푹 숙인 채 채린이를 기다렸다. 한참 만에야 채린이가 보건실에서 나왔다.

"괜찮아?"

채린이를 똑바로 보지도 못한 채 건우가 물었다.

"응. 손톱에 독이 있어서 그런지 상처가 꽤 깊다고 하셔. 오후에 병원에 다시 가 봐야 할거 같대."

채린이는 속상한 듯 조그맣게 말했다.

"내가 일부러 그런 건 아니야. 하지만 정말 미안해."

채린이는 건우의 말을 듣고 대꾸도 하지 않고 교실로 돌아갔다. 친구들에게 친절하고 인기도 많은 채린이지만 당황스럽고 속상한 것 같았다.

'바보 같은 놈. 손톱 관리도 못 하는 놈이 누굴 좋아한다는 거야. 나 같이 지저분한 놈을 누가 좋아하겠어.'

건우는 애꿎은 실내화만 구겼다 폈다 했다. 등 뒤로 감춘 손을 꺼내 놓을 수가 없었다.

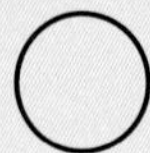

1. 내가 채린이였다면 왜 피가 났다고 말했을까?

2. 채린이가 건우 때문에 피가 났다고 말했다면 어땠을까?

3. 건우의 손톱을 다른 친구들이 보게 되었다면 어땠을까?

4. 건우가 손톱을 짧게 자르고 왔었다면 어땠을까?

5. 오늘 일로 둘의 관계는 어떻게 달라질까?

6. 내가 나의 몸을 깨끗이 관리하지 않았을 때 어떤 일이 생길까?

7. 나도 깨끗하지 않아서 부끄러운 적이 있었나?

8. 친구의 불청결한 모습을 보았을 때 어떻게 달라질까?

9. 내가 좋아하는 친구의 더러운 손톱을 봤다면?

10. 친한 친구에게서 머리 냄새가 난다면 어떻게 할까?

11. 나의 청결 관리 점수는 몇 점일까? 바꿀 수 있는 습관은 무엇이 있을까?

좋아요 **1004** 개

좋아하는 친구를 정돈하지 못한 손톱으로 긁고 말았군요. 얼마나 후회가 되고 창피스러웠을까요. 아마 다음부터는 다시는 긴 손톱을 하지 않으리라 다짐했을 거 같네요. 이미 좋아하는 친구가 더러운 자기 모습을 봐 버렸으니 환상이 깨졌을 거 같은데 어쩌죠.

우리는 겉모습이나 외양적인 것으로 사람을 판단하곤 해요. 예쁘거나 잘생긴 사람을 좋아하죠. 얼굴의 생김새보다 더 중요한 것이 깔끔한 외모입니다. 건우처럼 손톱 정리가 안 되어 있다거나 머리를 감지 않아 냄새가 나는 친구에게 호감을 갖기는 쉽지 않아요. 비호감이 되겠죠. 옆에 앉기 싫어하는 일이 생길 수도 있답니다.

외모를 가꾸는 것은 깔끔하게 자기 관리를 하는 것부터 시작이에요. 자신의 몸을 깔끔하게 하는 것이 자신을 사랑해 주고 귀하게 여겨 주는 첫 번째 단계랍니다. 거기서부터 당당한 자신의 매력을 발산할 수 있을 거예요. 타인과 친해지기 위해서 가장 먼저 자신의 몸을 단정하고 깔끔하게 정돈하세요. 그리고 소중하게 다뤄 주세요. 자신이 소중하게 다루는 친구를 보고 함부로 대할 수 있는 사람은 없답니다. 내 몸 사랑은 깔끔한 자기 관리에서부터 시작한다는 것 잊지 마세요.

# 03
# 문제 해결의 단계 알기

## 의사소통에도 순서가 있다.

의사소통에도 순서가 있죠. 흔히 '티키타카'라고 하잖아요. "왜"라고 물으면 "왜냐하면"이라고 대답할 수 있어야겠죠. 요즘 아이들은 그 순서를 무시하거나 건너뛰는 경향이 있어요. 어떻게 해야 할지 막막할 경우 문제를 무시해 버려요. 아무것도 아닌 것처럼 덮어 버리죠. 그런 태도로는 문제를 해결할 수 없지요. 관계가 나빠지고 꼬이기만 할 뿐입니다. 아이들은 그 심각성을 모릅니다. 왜냐하면 스스로 문제를 해결해 본 경험이 적기 때문이에요.

모든 게 부모 탓이라는 이야기는 아닙니다만, 부모가 아이의 문제를 해결해 줬던 경험이 많아진 건 사실이에요. 그런 차원에서 보면 부모도 참 어렵습니다. 자신 앞에 산재한 문제도 많고 복잡한데 아이들 문제까지 신경 써야 하니까요. 이는 딱히 부모의 문제라기보다는 사회의 전반적인 분위기가 달라진 이유입니다. 예전에는 조부모나 친척,

이웃, 형제, 친구들이 함께 부모 역할을 나눠 주었죠. 핵가족 시대 아이가 기댈 곳은 부모뿐입니다. 아이들도 부모들도 더 힘이 듭니다. 아이 일을 상의할 다양한 자원은 없고, 문제를 제대로 해결해 주지 못한 채 자란 아이들은 정서적 결핍 상태가 되니까요.

정서적으로 자신을 지지해 줄 지지층도 약하고 문제를 해결해 본 경험이 없는 아이들은 어떻게 판단할까요? 문제 상황에서 자신의 느낌만을 믿습니다. "너는 절대 손해 보지 마. 양보하지 마. 네 것을 챙겨." 라는 부모의 가르침을 기억해 내고 자신이 손해 보지 않는 방법을 선택합니다. 앞뒤 전후 상황 따져 보지 않고 자신의 관점대로 밀고 나갑니다. 문제는 더 꼬여 버리고 복잡해집니다. 어떻게 하면 아이들이 문제 상황을 해결할 수 있는 힘을 기를 수 있을까요?

## 순서와 규칙 지키기

문제 해결을 위해서 아이들이 차례대로 하나씩 해결해 나가는 것을 알려줘야겠습니다. 문제 발생 시 가장 중요한 것이 의사소통이라는 것을 말이죠. 의사소통에도 순서와 규칙이 있다는 것을 알게 되면 해결이 조금 더 쉽죠. 이것을 경험하게 해 주는 겁니다. 가정에서 발생하는 문제부터 연습하면 좋겠습니다. 가정에서 실제로 발생하는 문제 상황으로 연습하는 거죠. 문제 상황을 굳이 만들 필요는 없습니다. 의사소통을 하고 결정을 하는 과정을 통해서도 충분히 배울 수 있으니까요.

요즘 아이들은 스스로 결정해 보는 일이 아주 적습니다. 대학생이 되어도, 군대에 가서도 엄마에게 다음 스케줄을 물어볼 정도라고 하니까요. 그만큼 심리적으로 지지해 줄 사람과 다양한 선택의 기회가 줄어들었습니다.

게다가 문제가 발생하게 되면 아이는 이제껏 해왔던 방식대로 해결하고자 합니다. 뇌는 게으르거든요. 해왔던 방식을 선호합니다. 새롭게 방향을 바꾸고 고민하자면 에너지가 드니까요. 비상사태를 대비해 남겨 놓은 뇌의 에너지를 새롭게 쓰는 것을 싫어하죠. 그래서 아이들은 해왔던 대로 해결하려고 합니다.

그렇다면 해 오던 방식을 바꿔 주는 게 도움이 되겠지요. 아이에게 판단의 기회를 주는 겁니다. 해결할 수 있는 시간 동안 기다려 주세요. 어설프게 마무리 짓고 보완해야 할 부분이 보여도 지적하지 말고 격려해 주세요. 그때 아이의 판단력과 해결력이 성장해 갈 테니까요. 세 번 칭찬하고 인정했으면 한 번 정도만 개선점을 부드럽게 제안해 주세요. 아이가 성장할 것입니다. 그 지지와 믿음 아래 성장한 아이는 순서와 규칙의 중요성을 저절로 깨닫게 될 거예요. 자신이 직접 그 일을 해결해 나가면서 문제점을 느끼고 배웠을 테니까요. 집에서 많이 연습하게 해 주세요. 이때만큼은 엄마가 부족해 보여도 괜찮습니다. 의외로 부모가 믿어 주면 아이는 정확하게 문제를 바라보고 해결책을 말해 줍니다. 깜짝 놀라실 수도 있어요. 그럴 땐 놀란 마음도 가감 없이 표현해 주세요. 아이의 성장과 역량을 인정해 주는 겁니다. 아이들이 자신감 있게 다음 문제를 해결하는 발판이 될 거예요.

## 문제를 해결하는 과정 중의 기다림

문제를 해결하면서 필요한 것이 기다림이죠. 순리라고 하잖아요. 내가 서두른다고 꼭 해결이 되는 건 아니에요. 무르익을 대로 무르익어야죠. 내가 잘못한 부분이 있어 해결하기 위해 사과를 했다고 합시다. 상대방이 용서해야 해결이 되는 거잖아요. 상대방이 결코 용서하지 않을 수도 있구요. 그 과정을 기다려야 합니다.

요즘 아이들은 참을성이 많지 않아요. 쇼트폼(shortform) 영상과 짧은 메시지, 빠르게 변화하는 세상에 익숙해져 있기 때문이죠. 그래서 기다림이 더 가치 있는지도 모르겠습니다. 그 기다림을 통해서 자기 성찰을 할 수 있는 기회가 주어지니까요. 상대방의 용서를 기다리는 동안 아이가 받게 될 후회와 고통은 아이를 그만큼 성장시킬 겁니다. 괴로운 만큼 자랄 거예요. 옆에서 지켜 보기 안쓰러우시더라도 기다림이 온전히 아이의 몫이 되게 해 주세요.

이 과정에서 아이는 알게 될 것입니다. 모든 문제가 좋게 마무리 되지는 않는다는 것을 말이죠. 찝찝하게 마무리되더라도 그대로 마무리를 해야 한다는 것을 배우게 됩니다. 그 과정에서 아이와 타인의 감정을 분리하는 방법을 알려 주세요. 타인이 나를 결코 용서하지 않거나 해결되지 않았다고 생각하더라도 그것은 그 사람의 몫입니다. 내가 어찌할 수가 없지요. 타인의 마음을 좌지우지할 수 없으며 내 뜻대로 안 돼서 마음이 아플 수도 있다는 것을 아이는 알아야 해요. '그럼에도 나는 최선을 다 했으니 되었다'고 털고 나올 줄 아는 지혜가 필요합니다. 그 안에서 헤어 나오지 못하고 허덕이는 것은 자신에게 도움이 되지 않아요. 그렇게 한다고 타인이 아이의 마음을 알아주는 것도 아니지요. 그런 경험을 통해 타인에게서 상처받는 변수를 조금씩 줄여 나갈 수 있을 거예요.

한 가지 더. 아이에게 문제가 발생했을 때 너무 마음 아파하지 마세요. '왜 우리 아이만 이럴까? 내가 아이를 잘못 키운 걸까?' 같은 자기 탓은 하지 마세요. 역설적이게도 문제가 생겼을 때 아이가 성장할 기회가 생깁니다. 당장은 상처 입어서 속상할 수 있지만 담대하게 생각하세요. 이 과정에서 아이가 배우는 점이 있고 성장할 수 있다고 믿으세요. 문제 없는 삶은 성장도 배움도 일어나지 않습니다. 부모의 그런 굳건한 믿음이 있어야 아이 옆에서 든든하게 버틸 수 있답니다. 엄마 먼저 마음이 흔들리면 아이는 더 많이 아파요. 외강내유하는 부모의 모습을 보여 주세요. 우리도 많은 난관을 겪고 살아왔지만 그 경험 덕분에 이만큼이나마 성숙한 인간이 되었다는 사실을 잊지 말자구요.

## 문제 상황 해결하기

### 1. 문제 상황 육하원칙으로 정리하기

- 누구에게
- 언제
- 어디서
- 무엇을 하다가
- 어떤 일이
- 어떻게
- 왜 일어났나

### 2. 문제 상황을 해결하는 방법

- 문제 해결 순서
- 문제 해결 방법

"책상 위에 둔 방탄 지민 사진이 사라졌어요. 어제 다영이가 준 건데 아무리 찾아봐도 없어요."

채린이가 울면서 선생님에게 달려왔다. 교실에서 물건이 없어진 일이 한 번도 없었다.

"주위를 한 번 더 찾아봐. 채린아. 어디 두고 온 건 아닌지 곰곰이 생각도 해보렴."

울먹이는 채린이를 달래며 선생님이 차근차근 설명한다.

"아무리 찾아봐도 없어요. 분명히 한 시간 전까지 있었어요. 너무 아끼는 건데 어떡해요?"

선생님은 채린이와 함께 자리에 가서 지민 사진을 찾기 시작했다. 방탄소년단을 좋아하는 채린이는 지민 사진을 무척이나 아꼈다. 반에서 그 사실을 모르는 친구가 없을 정도로 방탄 사랑이 지극한 아미였다. 채린이가 그렇게 아끼는 물건을 함부로 만질 친구도 없는데 이상했다. 선생님과 채린이 그리고 주변의 친구들이 몰려들어 지민 사진을 찾기 시작했다. 시작종이 울리고 밖에 나갔던 친구들이 하나둘 돌아왔다.

"무슨 일이야?"

채린이에게 지민 사진을 준 다영이가 화장실에 다녀오며 물었다.

"다영아. 네가 어제 채린이에게 준 지민이 사진이 사라졌대. 그래서 찾고 있었어."

“그거. 나한테 있는데?”

친구들과 선생님이 일제히 다영이를 쳐다봤다.

“생각해 보니까 지민이 사진을 사촌 동생이 너무 갖고 싶다고 해서요. 채린이 책상에 있길래 가져왔어요. 원래 내 거니까 가져와도 괜찮잖아요. 말하려고 했는데 채린이가 자리에 없길래 그냥 가져왔어요.”

다영이는 친구들과 채린이의 반응이 이상하다는 말투로 분해하며 대답했다.

“원래 다영이 거였다고 해도 한번 친구한테 줬잖아. 그럼 그걸 취소하고자 할 때도 절차가 있는 거야. 채린이한테 미안한데 못 주겠다고 말하고 가져왔어야지. 일에는 순서와 차례가 있는 거란다.”

“나중에 말하면 되잖아요. 원래 제 건데 눈치 보고 가져와야 해요?”

“원래 다영이 네 거 맞아. 하지만 채린에게 줬으니까 이제 채린이 소유가 되었잖니. 다시 돌리고 싶다면 유감의 마음을 표현해야지. 그리고 채린이도 괜찮다고 할 때 가져오는 게 맞아.”

다영이의 얼굴이 빨개졌다.

“저는 원래 제 거라서 상관없다고 생각했어요. 나중에 채린이 만나면 말하면 될 줄 알았죠. 미안해. 채린아. 이거 못줄 거 같아. 동생이 너무너무 원하더라고. 그애는 지민이 사진이 한 장도 없대. 너는 사진 많으니까 양보해 줄 수 있지?”

“그랬구나. 같은 아미로서 당연히 양보할 수 있지. 다영이 네가 준 건데 잃어버리면 미안해서 더 열심히 찾은 거야. 그래 내가 양보할게.”

다영이는 채린이에게 지민 사진을 다시 돌려준 다음 공손하게 반절을 하고 사진을 돌려받았다. 사진 속 지민이 더 밝게 웃는 것 같았다.

1. 채린이가 실수로 잃어버렸다면 어땠을까?

2. 만약 다른 친구의 소지품에서 사진이 나왔다면?

3. 채린이가 지민 사진을 돌려주는 대신 다른 걸로 보상을 하라고 했다면?

4. 채린이가 사진을 줬다 가져가는 게 어디 있느냐고 화를 냈다면 어땠을까?

5. 다영이가 끝까지 자기 사진이라고 우기며 사과를 안 했다면 어땠을까?

6. 내가 친구에게 준 물건을 다시 돌려받고 싶다면 어떻게 할까?

7. 친구가 준 물건을 다시 가져가고 싶다고 했는데 그걸 허락할 수 없다면 어떻게 할까?

8. 친구가 말도 없이 줬던 물건을 가져갔다면 어떨까?

9. 내가 좋아하는 물건을 다른 사람이 나눠 달라고 하면 어떻게 할까?

10. 다른 사람의 허락을 받지 않고 내 마음대로 하고 싶을 때 어떻게 할까?

좋아요 **1004**개

모든 일에는 순서와 차례가 있습니다. 하지만 해결하고자 하는 마음이 앞 설 경우 그 순서를 무시하게 되는 경우가 있지요. 다영이도 빨리 사진을 가져오고 싶은 마음에 채린이의 허락과 양해를 구하는 순서를 무시하고 말았습니다. 원래 자기 소유였다고 해도 친구한테 주었다면 소유권이 친구에게 있죠. 돌려받고 싶다면 유감의 마음을 먼저 전달해야 해요. 그다음 친구의 판단을 기다려야겠죠. 다시 돌려줄 것인지, 돌려주지 않을지는 친구 마음이죠. 기다림의 시간이 괴롭고 처음부터 내 거였는데 왜 그래야 하는지 이해가 안 될 수도 있을 거에요. 처음부터 물건을 주는 일은 신중해야 해요. 다시 돌려받으려면 줄 때 처음에 좋았던 기분이 상할 수도 있답니다. 돌려주고 싶지 않다고 말하면 속상할 수도 있고요. 그래도 그 지루하고 어려운 시간을 이겨내야 문제가 순서대로 해결이 된답니다. 나 혼자서 급한 마음에 서두른다고 해서 해결되는 게 아니에요. 때로는 기다림과 인내가 필요한 일이 있어요. 때론 기다려도 좋은 결과를 얻지 못할 때도 있답니다. 좋지 않거나 원하지 않는 결과에 대해서도 받아들일 줄 알아야 해요. 세상일이 내 마음대로, 내 원하는 대로만 되지 않거든요. 그걸 받아들이고 인내할 때 우리는 한 뼘 더 성장하게 된답니다.

# 04

# 감정과 행동 통제하기

## 감정이 생기는 것은 당연한 일

아이가 발을 동동 구르고 손을 흔들며 앉아 있습니다. 무슨 일이냐고 물으니 알 듯 말 듯 한 미소를 보냅니다. 친구에게 친하게 지내자는 카톡을 보냈는데 답장을 기다리고 있는 중이라네요. 가슴이 콩닥거리고 시간이 너무 길게 느껴진다며 야단법석입니다. 아이는 처음으로 친구에게 사교의 카톡을 보냈다며 떨리는 목소리입니다. 과연 답장이 어떻게 올지 기대하고 있는 눈치입니다. 한참 동안 아이의 카톡은 읽씹 상태입니다. 친구 녀석 답장이나 해 주지 왜 아이를 기다리게 하는지 원망스럽습니다. 한참 있다 아이 얼굴이 어둡게 변합니다. "……" 말없음표 답장이 왔다며 실망한 눈치입니다. 눈에 눈물이 한가득 고여서 말합니다. 긍정의 답이 아닌 걸 보니 이건 부정의 답장인 거 같다고요. 처음으로 용기를 내어 친구에게 적극적으로 다가갔는데 결과가 좋지 않아 많이 서운한 모양입니다. 큰 눈망울을 굴리며 엄마를 쳐다

봅니다.

“친구는 자연스럽게 사귀는 거지. 무슨 친하게 지내자 하면 금방 친구가 되는 게 아니야. 벌써 쓸데없는 데 얼마나 시간을 보낸 거야. 어서 가서 공부나 해.” 아이는 엄마의 말을 듣고 더 속이 상한 눈치입니다. 자신의 마음을 친구와 부모가 알아주지 않았으니까요. 흐르는 눈물을 손등으로 훔치며 한마디 내뱉습니다. “내가 얼마나 속상한데 왜 말을 그렇게 해.” 아이의 눈물을 보며 엄마는 한마디 더 보탭니다. “속상해? 네가 뭐가 부족해서 야단이야. 밥을 굶어. 잠자리가 없어. 친구 하나 때문에 울기나 하고 한심하다 한심해.”

아이는 떨어지는 눈물을 참지 못하고 방안으로 들어가 버립니다. 자신의 호의를 거절한 친구보다도 자신의 슬픈 마음을 알아주지 않는 엄마가 더 야속하게 느껴집니다. 엄마에게 어떤 얘기도 절대 하지 않으리라 다짐합니다.

## 감정을 자연스럽게 수용하지 않을 때

감정이 생기는 것은 너무나 자연스러운 일입니다. 하루에도 희로애락의 감정 안에서 자신을 조절하면서 산다고 해도 과언이 아닐 정도니까요. 그런데 말입니다. 안타깝게도 우리는 감정을 다루는 데 참 익숙하지 않습니다. 나의 감정을 존중받았던 경험이 많지 않기 때문이지요. 어릴 때 울면 혼났던 기억이 한 번쯤 있으실 겁니다. 자신의 감정을 드러내는 것이 부끄러운 행동이라고 교육받고 자랐습니다. 우리 부모 세대야 감정을 받아줄 정도로 여유롭지 않았던 것은 이해합니다. 우리의 감정까지도 누르고 참으라고 했던 부분은 안타깝습니다. 어른이 되었어도 자기 감정에 서툰 사람들이 많아요. 내가 슬픈지 기쁜지도 잘 모릅니다. 그게 느껴진다 해도 누군가에게 말하거나 풀지 못합니다. 꽉꽉 마음속에 싸매고 있지요. 이렇듯 감정을 공감받지 못한 채 자란 우리가 아이들의 감정에 어떻게 공감할 수 있을까요? 우리가 받아 왔던 교육처럼 그저 감정은 별것 아닌 거라고 생각하고 말하고 있지요. 실제적으로 내 마음을 표현할 줄도 모르는 우리니까요.

그렇기에 아이들의 마음을 읽어 주려는 노력을 억지로라도 해야 합니다. 그 안에서 내 감정을 풀어내는 법을 배워야 합니다. '나는 그렇게 자라지 못했으니 너도 그럴 수 없어.'라는 생각은 버려야 합니다. 내가 그렇게 자라지 못했다면 그 미숙한 내 모습은 지워 버리세요. 그 자리에서 다시 시작하는 겁니다. 아이에게 감정을 허락하고 판단하지 마세요. 자연스럽게 감정을 읽어 주세요. 감정의 이름을 규정지어 주세요. 그 마음을 알아주고 묵묵히 함께해 주는 겁니다. 그것만으로도 아이는 수용받았다는 느낌을 받게 되요. 위의 예시 같은 상황에서 아이의 감정을 묵살하고 공부 이야기를 꺼낼 게 아니죠. 아이의 속상함을 먼저 알아주세요. "용기 내서 말했는데 친구가 거절한 거 같아서 속상했구나." 해결해 주려고 하지 않아도 됩니다. 해결은 아이의 몫입니다. 평생 아이 곁에서 아이 감정을 풀어 주고 해결해 줄 게 아니라면 혼자서 감정을 풀어내도록 기다려 주세요. 속상함을 알아주고 쏟아내는 것만으로도 충분합니다. 아이에게 자연스럽게 감정을 인정해 주고 표현할 수 있는 기회를 주세요. 꾹꾹 누르면 아이는 우리 같이 내 마음도 모르는 어른으로 성장하게 될 것입니다. 그러면 너무 슬프지 않겠어요.

## 감정은 감정대로, 행동은 행동대로

감정을 수용해 줬더니 안하무인으로 행동하는 친구들도 있습니다. 화가 났다는 이유로 물건을 던지거나 부수는 아이들 말입니다. 힘들다고 술을 마시거나 담배를 피우는 어른들과 같은 유형입니다. 폭력은 결코 좋은 결과를 낳지 못하지요. 아이들도 감정이 생겼다고 해서 그것을 모두 과격한 행동으로 옮겨야 하는 것은 아닙니다. 아이들은 자제력이 부족하지요. 한창 자제력을 키우고 있는 시기니까요. 이럴 때는 행동으로 어떻게 발산할 수 있는지를 보여 주는 게 좋습니다. 건강한 행동요법으로 말이죠.

건강하게 발산하는 것이 무엇일까요? 흔히 말하는 실컷 자거나 먹거나 놀거나 하는 방법이 있겠지요. 하지만 이것은 건강한 방법은 아닙니다. 생활 리듬을 깨트리고 생활 사이클에 방해가 될 수 있습니다. 중독에 가까운 정도의 방법이잖아요. 자주 권하지는 않습니다. 이것 말고 건강한 방법이 존재하니까요.

'숲멍'이라고 하지요. 정신적 스트레스를 받았을 때 좋은 것이 몸을 움직이는 것입니다. 몸의 움직임으로 정신의 피로를 날리는 방법입니다. 숲을 거닐며 피톤치드와 함께 감정을 순화하는 방법을 추천합니다. 아이에게 몇 번 경험하게 해 주세요. 다만 손에 휴대전화는 들지 않아야 합니다. 방해가 되니까요. 숲을 걸으며 초록초록한 나뭇잎과 함께 자연을 호흡하게 해 주세요. 한결 기분이 좋아질 겁니다. 종교가 있다면 기도를 하는 것도 좋습니다. 기분 나빴던 일들과 자신의 감정을 종이 위에 잔뜩 쏟아내는 것도 좋지요. 그 종이를 찢어서 버리는 겁니다. 내 감정도 함께 종이에 실어서요. 이러한 행동요법을 아이와 함께해 보세요. 부모가 스트레스받았을 때 즐기는 방법이라고 소개하면서요. 아이가 자신의 감정을 인식하고 풀어내는 데 분명 도움이 될 거예요. 과격한 행동만이 답은 아닙니다. 감정을 신체 활동을 통해서 풀어내는 것이 도움이 된답니다.

## 감정과 행동 구분하기

### 1. 내가 감정을 느낄 때 행동 패턴 파악하기

- 내가 즐거울 때

- 내가 화날 때

- 내가 슬플 때

- 내가 행복할 때

### 2. 나의 행동 패턴 분석 및 변화

- 나의 행동 패턴의 문제점 인식하기

- 행동 패턴 변화 약속하기

"선생님, 유준이가 저를 밀었어요. 제가 가만히 있었는데 저를 팔꿈치로 툭 치고 지나갔어요."

씩씩거리며 희율이가 달려왔다. 업무를 보던 선생님은 눈이 동그래져서 희율이를 바라봤다.

"무슨 일로 이렇게 희율이가 많이 흥분했을까. 희율아 일단 앉아 봐. 마음을 진정시키고 천천히 말해 보자."

선생님은 의자를 내어주며 희율이를 앉히려 했다. 희율이는 선생님의 손을 뿌리치며 더 큰 소리로 흥분하기 시작했다.

"유준이 먼저 혼내 주세요. 열받아 죽겠네."

희율이는 발까지 쿵쾅쿵쾅 굴러가며 자기 분을 누르지 못하고 고함을 질렀다. 선생님은 희율이의 양팔을 꼭 붙잡고 눈을 바라보았다. 화가 가득 찬 이글이글 타오르는 눈동자가 보였다. 선생님은 희율이의 눈동자를 바라보며 조용하고 차분한 말투로 말했다.

"황희율, 선생님 봐. 자, 선생님 따라서 숨을 쉬어 보는 거야. 들이마시고 내쉬는 거야. 같이 해보자."

반항하던 희율이도 선생님의 힘센 팔을 어쩌지 못하겠는지 움직임이 조금 느려졌다.

선생님이 아주 가까이에서 희율이의 얼굴을 바라보고 있었기에 눈을 피할 수도 없었다.

"희율아. 어서 해봐. 숨을 들이마시고 숨을 내쉬고. 하나, 둘, 셋"

희율이는 선생님을 따라 숨을 들이쉬고 내쉬면서 차차 안정을 찾았다. 한참을 그러고 나서 의자에 앉아 이야기를 시작했다.

"제가 앉아 있는데 유준이가 제 팔을 치고 갔어요. 너무나 화가 욱하고 났어요. 유준이는 사과도 안 하고 사라졌어요."

"그래 희율아. 차분히 이야기하니까 어떤 상황인지 알겠다. 유준이를 불러서 이야기해 보자."

유준이가 선생님 앞으로 나왔다. 상황 이야기를 하자 유준이는 놀란 토끼 눈으로 선생님을 바라봤다.

"제가 화장실이 급해서 빨리 뛰어가느라 그랬나 봐요. 희율이 팔을 친 줄도 몰랐어요. 희율아 미안해. 배탈이 났는지 배가 너무 아파서 급하게 나가느라 몰랐어."

희율이는 유준이의 사과가 어처구니없었다. 이렇게까지 화를 낼 일도 아니었는데 왜 그렇게 순간 화가 났을까 부끄러운 생각도 들었다.

"희율아. 유준이가 갑자기 팔을 쳐서 당황스럽고 화가 났을 수 있어. 그 마음 충분히 이해해. 화부터 내기 전에 어떻게 된 상황인지 알았으면 좋았겠다. 유준이가 화장실에서 돌아올 때까지 기다려서 어떻게 된 건지 물었으면 좋았잖아. 다음번에는 자초지종을 알아보고 화를 내야 할 상황이 분명하면 화를 내면 어떨까? 화를 참는 건 좋지 않아. 화를 내야 할 부당한 상황이면 화를 내는 게 맞지. 진짜 유준이가 너를 칠 마음이 있었는지 정도는 알아보고 화를 냈으면 좋았겠는데, 어때?"

희율이는 갑자기 욱하고 화를 낸 자기 모습이 조금 부끄럽게 여겨졌다.

"그러게요. 죄송해요. 제가 왜 그렇게 욱하고 화가 났는지 모르겠지만 다음부터는 좀 더 알아볼게요."

무슨 큰일인가 싶어 몰려들었던 아이들도 제자리로 돌아갔다. 선생님은 조용히 희율이의 머리를 쓰다듬어 주었다. 희율이는 멋쩍은 듯 머리를 긁적거리며 제자리로 돌아갔다. 쉬는 시간, 다시 평화가 찾아들었다.

1. 만약 유준이가 일부러 희율이의 팔을 친 거라면 희율이의 반응이 어땠을까?

2. 자기를 오해하고 화를 내는 희율이를 보고 유준이도 같이 화를 냈다면?

3. 선생님이 과도하게 흥분하는 희율이에게 화를 내고 이야기를 들어 주지 않았다면?

4. 희율이가 진정하지 않고 끝까지 화를 냈다면 어떻게 됐을까?

5. 만약 희율이가 잘못을 인정하지 않고 선생님에게 사과를 안 했다면?

6. 내 판단으로 기분 나쁜 상황이 되었을 때 어떻게 해결하는 게 좋을까?

7. 판단과 맞게 기분 나쁜 상황이라면 어떤 감정을 드러내는 게 좋을까?

8. 불편한 감정을 드러내는 가장 좋은 방법은 무엇일까?

9. 판단과 다르게 기분 나쁜 상황이 아니었다면 어떻게 마음을 다스릴까?

10. 감정을 다루면서 내 마음대로 되지 않아 어려웠던 적은 없었나?

좋아요 **1004** 개

우리는 감정이라는 것을 매일 느낍니다. 하지만 감정을 제대로 표현하고 있는지는 고민해 봐야 할 문제입니다. 희율이가 유준이에게 화가 난 이유는 '유준이가 나를 때렸다'는 판단이 있었기 때문입니다. 그 판단으로 기분이 나빠졌고 욱하고 소리를 지르게 되었지요. 하지만 판단은 판단으로 끝나야 합니다. 유준이가 나를 때렸다-왜 때렸을까? 이유를 찾아보고 말을 들어 봤다면 어땠을까요. 발을 동동 구를 정도로 화를 내지 않았을 겁니다. 유준이가 실수로 밀쳤다는 것을 알았을 테니까요. 상황을 알아보지 않고 자신만의 판단으로 감정을 결정해 버렸습니다. 부끄러운 한바탕 소동이 일어났지요. 그렇게까지 화를 내서 나쁜 에너지를 발산하지 않았어도 되었을 텐데 말이죠.

나 혼자만의 판단이 감정을 휘두르지 않도록 우리는 조심해야 합니다. 잘못된 판단일 수도 있어요. 순간 분위기에 휩쓸린 판단일 수 있으니까요. 상황을 알아보고 나서 부당한 대우를 받았을 때 자신의 감정을 내비쳐도 늦지 않습니다. 내가 지금 기분 나쁜 상황이 진짜 감정이 상한 건지, 내 판단 때문인지 냉철하게 생각해 보세요. '저 사람이 나쁜 의도로 나를 때렸다', '무시당했다'라는 판단을 하기 전에 상대방의 상황에 대해 알아보세요. 알아보고 그 판단이 맞았다면 그때 행동을 해도 늦지 않습니다. 화를 내는 것이 나쁜 것이 아니라 상황도 알아보지 않고 감정을 쓰는 것이 잘못된 것입니다.

# 05

# 선택하기

## 선택을 해야 하는 상황

우리는 하루에도 몇 번씩 선택의 상황을 마주하게 됩니다. 아침 몇 시에 일어날지, 무엇을 먹어야 할지, 아침을 먹을지 말지, 이는 얼마나 오랫동안 닦을지 선택의 연속입니다. 아주 어릴 때부터 선택에 선택을 거듭해 왔지요. 도대체 얼마나 자주 선택을 하고 있는지 모른 채 선택을 하고 있습니다. 선택의 과정에 있다는 것을 깨닫지 못할 뿐이지요. 찰나의 순간에 어떤 선택이 나에게 최선일지 더더욱 생각하지 않습니다. 순간순간의 감정에 따라서 행동을 결정하고 결과를 받아들이게 되지요.

아이들은 더욱 그렇습니다. 부모님이 길을 알려주는 것에 익숙합니다. 눈치를 보며 선택하거나 자신이 선택을 하고 있는지조차 인식하지 못해 하던 대로 하려는 경향이 있습니다. 일어나던 시간에 일어나고 먹던 것을 먹습니다. 선택의 양을 줄이려는 노력이지요. 조금이라도 뇌를 덜 쓰기 위해서 말이에요. 그런 선택의 순간들이 모여서 '습관'이라는 것을 만듭니다. 사소한 나의 생각들이 만든 습관으로 나의 삶이 결정되지요. 그것을 인식하지 못한 채, 하던 대로만 하려고 한다면 발전이 없겠지요.

아이들에게 매 순간 선택이 이뤄지고 있다는 것을 깨우쳐 줘야 합니다. 선택을 해야 하는 상황에서 자신의 선택을 고민할 수 있어야 합니다. 그 선택의 순간들이 모여 나라는 사람을 이루어 나간다는 것을 알아야죠. 그러면 아이들도 조금 더 생각하게 됩니다. 쉽사리 본능이나 감정에만 이끌려서 하는 선택을 줄이게 될 것입니다.

이러한 작은 선택의 상황들을 자꾸 인지하게 하는 것은 가정에서 가장 잘할 수 있는 일입니다. 아침의 일과를 예를 들어보면 엄마가 학교 갈 시간에 깨워 주지 않는 거예요. 어려서부터 알람을 맞춰 깰 수 있도록 습관을 들이세요. 알람이 울리는 순간 바로 일어날지, 십 분을 더 누워 있을지 아이의 선택이지요. 몇시에 일어나든 그냥 두세요. 늦게 일어나서 지각할 상황이 되면 정확히 말해 주세요. 네가 늦게 일어나길 선택해서 이런 결과가 나온 거라구요. 앞으로도 네가 너의 삶을 선택할 거고 그 결과가 네 인생을 결정할 거라고 말입니다. 그렇게 작은 것부터 스스로 결정하는 연습하기 시작해야 해요. 작은 결정이 쌓여서 큰 결정을 스스로 할 수 있는 역량도 키울 수 있답니다.

## 합리적인 선택의 기준

합리적인 선택의 기준은 아이에게 알려 줘야겠지요? 합리적인 선택의 기준을 혹시 알고 계신가요? 늘 우리는 스스로 합리적으로 선택한다고 믿고 있습니다. 하지만 자신의 선택에 합리성을 덧입혀서 자기 위안을 하고 있지 않은지 생각해 볼 필요가 있습니다. 내가 건강한 선택을 하지 못하고 있는 상황에서 아이에게 합리적인 방법을 제시할 수는 없습니다. 내가 오락가락하고 망설이면서 아이에게는 확실한 결단을 내리라면 어불성설이지요. 우리 또한 합리적인 선택이 무엇인지 공부하고 고민하는 과정이 필요합니다.

합리적인 선택을 위해서는 선택지를 정리할 수 있어야 합니다. 최선의 선택지를 위해서 두세 가지로 선택지를 줄이는 게 필요하죠. 너무 많은 선택지는 혼란만 가중시키니까요. 선택지를 고르는 기준은 어떤 것이 있을까요? 내가 좋아하는지, 싫어하는 일인지가 아주 중요한 선택의 포인트가 됩니다. 하고 싶은지, 해야만 하는 일인지도 저울질해 봐야겠죠. 긴급한지 혹은 여유가 있는지, 꼭 해야 하는지의 여부도 생각의 기준을 맞춰 줍니다. 이런 것들을 기준으로 선택지를 골라 보는 겁니다.

이런 기준들에 따라서 결정을 하고 나서 실제로 많은 실행을 해봐야 해요. 이론상으로는 최선의 선택이였지만 실제 실행 과정에서 오류를 일으키기도 하니까요. 많은 실패와 시행착오를 거쳐서 좀 더 나은 선택으로 나아갈 수 있음을 느끼도록 해야 합니다. 아이들은 이론상으로 아무리 설명해도 그것을 온전히 받아들이고 이해하기 힘들어요. 직접 부딪혀 봐야 하죠. 그래서 알람에 맞춰 일어날 것인가, 10분 더 잘 것인가를 선택할 때도 여러 번 반복해서 선택을 하게 해 보는 것이 좋습니다. 알람에 맞춰 일어나더라도 그 후에 식사나 이닦기, 숙제 여부에 따라서 선택의 결과는 달라집니다. 늦게 일어날 때도 마찬가지구요. 여러 가지 가정을 하고 변수가 생기는 상황에서 판단을 해 보게 하세요. 여러 번의 선택과 결과를 볼 때 아이는 느낍니다. "이렇게 하면 되겠구나."라구요. '아하!'의 순간이 올 수 있도록 되도록 많은 판단을 아이에게 맡겨 보세요.

처음부터 기준에 맞춰서 선택을 하는 것보다 스스로 하는 것이 더 느릴 수도 있습니다. 직접 몸으로 많이 부딪혀서 깨달은 나만의 노하우는 쉽게 무너지지 않습니다. 그 과정들을 통해서 단단해지고 더 합리적인 선택을 할 수 있는 성인으로 자라날 수 있습니다. 선택의 기회는 많이, 실패의 경험 또한 다양하게 겪게 하는 것이 스스로 합리적인 선택을 할 수 있는 힘을 길러줄 것입니다.

## 최선의 선택지 앞에서 망설여질 때

늘 최선의 선택을 하고 싶지만 그렇지 못할 경우가 참 많습니다. 최선의 선택을 못한 결과는 자신의 몫입니다. 뼈아프게 그것을 느끼고 결과를 받아들여야 할 때 아이들은 많이 아파합니다. 후회하기도 하지요. 그 아픈 순간에 아이가 훌쩍 자랍니다. 그 경험을 교훈 삼아 훗날 선택의 기준으로 삼습니다. 선택의 실패는 오히려 많이 할수록 좋습니다. 아이들 같은 경우는 더 그렇지요.

애석하게도 요즘의 아이들에게는 이런 경험이 너무나 부족합니다. 스스로 경험해 보기에 자원도 기회도 한없이 적습니다. 과도한 입시 경쟁에 아이들은 놀이와 경험을 반납하고 있지요. 혼자서 새로운 상황을 경험하기에 너무 위험한 요소가 많기도 하구요. 부모도 아이에게 실패와 경험의 기회를 많이 주고 싶지만 세상이 그렇게 여유를 주지 않습니다.

언제나 최선의 선택을 하고 싶지만 불가능하지요. 무엇이 최선의 선택인지 우리는 알지 못합니다. 그저 내가 할 수 있는 선택지 중에서 최선을 선택하는 것이지요. 내가 놓친 선택지에 대해서는 후회가 있을 수 있지만 과감히 포기할 줄도 알아야 합니다. 후회만 하다가 귀한 시간을 놓쳐 버리면 안 된다는 것을 아이들에게 알려 주세요. 소극적이고 결정을 쉽게 내리지 못하거나 완벽주의여서 자기 판단에 힘을 싣기 어려운 경우는 더욱 그렇습니다. 지금의 작은 실패가 최선의 선택을 위한 연습의 과정임을 잊지 말아야겠습니다. 지금 최선을 선택하지 못했더라도 이 일을 기회로 더 나은 선택을 할 수 있도록 아이를 격려해 주세요. 아이의 선택을 지지해 주는 유일한 방법입니다.

## 선택의 상황, 나는 무엇을 선택할 것인가?

1. 나의 삶의 장면에서 선택할 상황 골라 보기
2. 어떤 선택을 할 수 있을지 나눠 보기
3. 내가 하고 싶은 선택과 필요한 선택 구분하기
4. 선택 상황에서 내가 가장 중요하게 고려하는 것 생각하기
5. 스스로 선택지를 고르고 판단하기

이번 주 토요일은 채린이의 생일이다. 손꼽아 매일매일 기다리던 생일이다. 일 년에 선물을 받을 수 있는 몇 안 되는 날 중의 하나다. 채린이는 이번 생일 선물을 뭐로 받을까 며칠 전부터 고민에 또 고민이다.

"선물은 정했어? 갖고 싶은 게 뭐야?"

아빠가 물었다.

"갖고 싶은 게 너무 많아서 고민이지. 지난번 과학 시간에 현미경 관찰하기를 했었거든. 현미경 렌즈를 친구들이 잘못 맞춰서 내가 맞췄어. 그런데 너무 재미있더라구. 그래서 현미경을 찾아봤지. 근데 가격이 너무 비싼 거야. 비슷한 망원경을 살펴보고 있는 중이야. 또 친구가 얼마 전에 스마트워치를 차고 왔더라고. 그것도 탐나. 두 개 중에 고민하고 있어."

"그래? 더 갖고 싶은 거나 잘 활용할 수 있는 게 뭘까? 또 가격도 살펴봐야지. 요즘은 가성비라고 하잖아. 가격 대비 성능이 괜찮은 것도 염두에 둬야겠다. 너의 생일 선물 선택 기준은 뭐야?"

엄마가 대화에 슬며시 끼어들며 물었다.

"생각해 본 적 없어. 둘 다 갖고 싶긴 한데 말야. 현미경은 너무 비싸니까 패스한 거긴 한데 잘 활용할지도 의문이긴 해. 그런 차원에서 생각하면 망원경도 그렇지. 오페라 같은 공연이나 넓은 대자연을 볼 때 필요한 건데 얼마나 활용이 될까 싶네. 스마트워치는 기능이 다양해. 건강 체크도 해주고 음악 제어 기능도 있고 날씨도 알려 준대. 가지고 있으면 유용할 거 같긴 해. 가격도 비싼 것부터 싼 것까지 다양하고 말야. 근데 내가 학교에 있는 시간이 대부분이잖아. 시계 이외의 기능을 다양하게 쓸 수 있을까 고민이긴 해. "

채린이의 설명을 들으며 엄마 아빠는 고개를 끄덕였다.

"우리 딸이 굉장히 합리적으로 선물을 고르려고 노력하는 게 보이네. 대견하구만. 얘기하다 보니까 정리가 되지? 뭐가 좋을 거 같아?"

아빠와 엄마가 궁금한 눈으로 채린이를 쳐다보았다. 한참을 고심하더니 채린이는 입을 열었다.

"스마트워치가 괜찮을 거 같아. 주중에는 잘 못 쓰지만 주말에는 활용할 수 있잖아. 이제 그 많은 스마트워치에서 어떤 종류를 고를까가 고민인데 말야. 가격대가 천차만별이더라구."

"이번엔 선택 기준이 뭐야?"

"일단 가성비를 봐야지. 정품 스마트워치는 너무 비싸니까 저렴이 중에서 찾아야지. 모양도 중요하니까 디자인도 봐야지. 기능도 조금 더 다양하면 좋을 거 같아. 무엇보다 내 마음에 들어야겠지. 검색을 꼼꼼하게 하고 후기도 찾아봐야겠다."

엄마와 아빠는 채린이의 결정에 박수를 보냈다.

"우리 딸이 가성비를 넘어서 가심비(가격 대비 만족도)까지 따지게 되었다니 정말 훌쩍 컸는 걸. 여보 이제 우리도 어떤 케익을 합리적으로 선택할지 결정해 봅시다."

아빠가 생긋 웃으며 엄마를 바라봤다. 세 식구의 얼굴에 웃음꽃이 활짝 피었다.

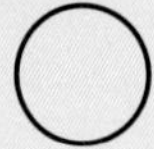

1. 부모님이 상의도 없이 현미경을 생일 선물로 정했다면 어땠을까?

2. 채린이가 두 개 다 사 달라고 졸랐다면 어떻게 됐을까?

3. 채린이가 선택할 때 엄마 아빠가 훈수를 두었다면 어떻게 달라졌을까?

4. 채린이가 가성비는 낮지만 마음에 꼭 드는 망원경을 선물로 골랐다면 부모님의 반응은?

5. 채린이가 정품 스마트워치를 고집한다면 어땠을까?

6. 나의 생일 선물 선택 기준은 무엇인가?

7. 내가 물건을 구매할 때 가장 중요하게 생각하는 것은 무엇인가?

8. 누군가 내 판단에 개입해서 선택 기준을 강요한다면?

9. 내 삶에서 가장 어려웠던 선택은 무엇이었나?

10. 4번 문제에서 다른 선택을 했었다면 결과가 어떻게 달라졌을까?

좋아요 **1004** 개

우리는 인생을 살면서 정말 많은 선택을 하게 됩니다. '지금 물을 마실까 조금 있다 마실까.'와 같은 아주 단순한 문제부터 시작해서 인생을 결정할 수 있는 중요한 문제까지 정말 많은 판단이 필요하죠. 선택 앞에서 사람은 늘 고민을 할 수밖에 없지요. 이 선택이 어떤 결과를 가져올지 결과를 예측할 수 없기 때문이에요. 더더욱 선택에 신중할 수밖에 없는데요. 큰 결정에서 중심을 잘 잡으려면 작은 선택부터 꼼꼼히 따져 보는 연습이 필요해요. 채린이처럼 작은 선물 하나를 고르더라도 다양한 경우의 수를 예측해 보는 거죠. 좋은 점과 나쁜 점을 따져 보고요. 다양한 관점에서 선택지를 비교해 보는 겁니다. 그런 연습들이 아주 중요해요. 작은 선택들이 모여서 자신의 인생을 완성해 나가게 되니까요.

선택에 앞서 내가 중요하게 생각하는 가치가 무엇인지 생각을 해 봐야 합니다. 때로는 큰 필요가 없어도 내 마음이 편안해지는 선택을 할 필요도 있어요. 냉철하게 가격과 성능을 따져 보고 선택해야 할 수도 있지요. 다양한 선택지 앞에서 자신만의 기준을 따져 이것저것 골라 보는 연습을 자주 해 보세요. 그 결과가 자신에게 어떤 영향을 주는지도 판단해 보세요. 자신의 선택의 힘을 키워 줄 수 있는 자양분이 되어 줄 거예요. 인생에 있어 아주 중요한 결정을 해야 하는 날. 그 작은 선택의 경험들이 현명한 선택을 분명 도와주게 될 거랍니다.

# 06

# 선택에 따른 후속 결과 예측하기

## 선택에 따른 결과 예상하기

내가 무언가를 선택할 때 그 선택에 따라서 결과가 어떻게 달라질지를 예상해야 합니다. 당장 좋아하는 것만 고른다거나 남의 시선을 의식해서 선택하는 경우는 원하지 않는 결과로 힘들 수 있어요. 아이들은 눈앞의 이익이나 판단에만 신경 쓰는 경우가 많습니다. 미래를 예측해서 그 결과까지 생각해서 판단하는 것이 쉽지 않지요. 아이들에게 그 부분을 연습시켜 주면 좋습니다. 내가 A를 선택했을 경우 후속 결과에 대해서 예측해 보는 연습입니다.

내가 화가 난 상황이 있다고 가정해 봅시다. 그대로 화를 분출하고 싶은 마음이 클 거예요. 아이들은 감정 조절에 서툰 편이니까요. 자신이 좋아하고 원하는 방향으로 화를 냈을 때 어떤 결과가 나올지 써 보는 거예요. 화를 내는 방법도 여러 가지예요. 욕을 했을 경우, 물건을 집어 던졌을 경우 어떤 결과가 나올지 생각해 보는 겁니다. 화를 냈을 경우 후속 결과를 본인이 감당할 수 있을지 없을지를 생각해 봐야 해요. 이런 판단에는 지금까지의 경험이 기본 자원이 되겠지요.

자신의 경험을 총동원해서 화를 내지 않고 푸는 방법을 검토해 보는 겁니다. 음악을 듣는다거나 산책을 하는 경우 화가 풀릴지 생각해 보는 거죠. 그 과정에서 문제는 없을지를 꼼꼼히 생각하게 도와주세요. 다만 경험을 너무 확장해서 그것이 진리인 것처럼 생각하는 것은 위험해요. 자신의 경험은 미약하고 평균을 내기에는 너무 적으니까요. 상황에 따라서 그 결과치도 달라질 수 있다는 것을 알려 주는 겁니다. 그런 과정에서 아이는 선택에 대한 책임과 무게에 대해 생각하게 됩니다.

## 바람직한 대처 행동 선택하기

시간이 지나면 여러 가지 선택을 해 보고 결과를 예측해 보는 과정이 쌓이게 되겠죠. 아이는 선택지마다의 바람직한 대처 행동에 대해서 정리할 겁니다. 자신의 행동을 루틴화 하겠죠. 화가 날 때는 바로 화를 내지 않구요. 나만의 스트레스 해소법, 화를 가라앉히는 방법을 쓰는 것이 유익하다는 결론을 내리게 될 것입니다. 그렇게 여러 번 해 보겠지요. 그러면서 자신의 행동 패턴이 결정이 될 것입니다. 이 과정을 아이가 오롯이 경험할 수 있게 해 주는 것이 중요해요.

어른이 사사건건 개입해서 선택을 강요하게 될 경우 아이는 경험의 기회를 놓치게 돼요. 실수하더라도 아이는 스스로 부딪혀 보고 싶어 합니다. 자신의 인생이니 당연한 거겠지요. 부모는 아이가 바람직한 길로 갔으면 좋겠지요. 조금이라도 고생을 덜하구요. 내가 했던 시행착오를 건너뛰었으면 해요. 아이에게 이리 가라 저리 가라 강요하기 쉽습니다. "내가 해 봤는데 그건 별로야."라면서 한 가지 길을 강요한 적이 있을 겁니다. 특히 자신이 많이 아팠던 경험은 더 그렇지요.

하지만 아이는 스스로 자신의 감각으로 느끼고 배우고 싶습니다. 자신이 아파하면서 가슴에 새기고 싶어해요. 섣부른 선택의 결과가 쓰려도 말입니다. 아이의 선택을 존중하세요 아이의 인생을 대신 살아 줄 수는 없습니다. 모든 선택의 순간에 부모가 개입할 수는 더더욱 없지요. 아이를 선택의 들판으로 초대하세요. 결과 예측도 선택도, 실패도 모두 아이 몫으로 돌려주셔야 합니다. 그 과정에서 아이가 뼈아픈 성장을 하게 되더라도 묵묵히 곁에 있어 주십시오. 너무 힘들어하면 응원하고 기대는 정도는 도와줄 수 있겠지요. 그 이상은 해 주지 마세요. 아이가 스스로 자라고 성장하도록 응원하는 것, 그것이 부모가 해 줄 수 있는 최선의 선택입니다.

## 좋아하는 걸로만 선택할 경우

아이들은 생각보다 꽤 단순합니다. 무언가를 골라야 할 경우 좋아하는 것을 선택하는 게 기본이죠. 이 선택이 어떤 결과로 이어지게 될지를 모릅니다. 이렇게 좋아하는 것을 선택하는 것이 여러 번 쌓이면 어떻게 될까요? 뒷감당을 할 수 없을 만큼 안 좋은 결과가 생기겠지요. 식사 시간마다 좋아하는 인스턴트 음식이나 피자, 치킨 같은 것만 먹는다면 어떨까요. 비만이나 건강을 해치는 결과를 낳게 되겠죠. 그래서 부모가 아이들에게 선택을 못 맡기는지도 모르겠어요. 그 결과가 어떻게 이어질지 짐작이 되니까 말이죠. 그런 이유로 자꾸 간섭하게 되고 선택을 존중하지 않으면 관계에 문제가 생길 수 있습니다.

아이들에게 작은 선택을 자주 경험하게 해 주세요. 좋아하는 것을 선택하게 하는 거죠. 그것이 쌓여 어떤 결과를 만들어 내는지 직접 느끼게 하는 겁니다. 이것은 가정생활에서 중대하지 않은 결정을 할 때 경험할 수 있습니다. 아이가 점점 나이를 먹게 되면 한 가지 선택이 영향을 주는 파장이 커지게 될 겁니다. 어려서 자주 경험하게 해 주세요. 아이의 선택으로 아이의 인생을 망치는 일이 없도록 말입니다. 어릴 때 하는 작은 선택은 그럴 가능성이 적으니까요. 충분히 기회를 주시고 결과에 책임을 지게 하세요. 아이도 알게 될 겁니다. 선택의 중요성과 무게를 말입니다. 아이에게 적당한 범위를 제공하면서도 자유를 허락하는 연습을 부모도 할 수 있게 될 거예요. 그를 통해 아이와 좋은 관계를 쌓아갈 수 있습니다.

## 선택의 결과 예측하기

1. 내가 제일 많이 하는 선택 알아보기
2. 내가 좋아하는 선택과 싫어하는 선택의 유형 체크하기
3. 내가 선택을 회피하는 이유는?
4. 내가 선택한 것들의 결과 찾아보기
5. 선택의 결과 예상하고 선택하기 연습

다음 주 목, 금요일은 엄마 휴가다. 일이 바빠 한동안 늦은 퇴근을 하던 엄마가 어렵게 휴가를 냈다. 유준이는 너무너무 신이 났다. 오랫동안 기다렸다. 휴가에는 당연히 학교는 체험학습을 내고 쉬었다. 이번에도 그럴 생각을 하니 유준이는 기분이 무척 좋았다.

"엄마, 다음 주 목요일이랑 금요일에 나 학교 안 가는 거지? 체험학습 낼 거지?"

얼굴에 웃음이 가득한 채로 엄마에게 물었다.

"유준아. 그래도 괜찮을까? 저학년 때는 아무 문제가 없었는데 이제 고학년이잖아. 괜찮을까 조금 걱정이 되네. 지난번에 누나도 체험학습 썼다가 빠진 수업 메꾸느라 혼났던 거 너도 알지? 괜찮겠어?"

유준이의 얼굴이 순간 일그러졌다.

"그러네. 누나 그때 일주일 동안 학교 빠진 거 학습지 몽땅 받아 왔었잖

아. 빠진 부분 숙제도 다 하라고 했었지. 일기랑 독서록 쓰는 것도 빼먹지 말라고 했었잖아. 우리 선생님도 그러시려나?"

유준이는 골똘히 고민에 빠졌다.

"체험학습 내고 엄마랑 놀고 싶은데. 이틀 정도 빠져도 괜찮지 않을까?"

엄마는 유준이를 물끄러미 바라봤다.

"그건 네가 판단해. 일단 나라면 그날 시간표를 확인해 보겠어. 학습량이 많은 수업이 있는지 살펴보는 게 우선이니까 말야. 전에 체험학습 낸 친구들한테 슬쩍 물어봐. 다녀와서 숙제 그대로 했었는지. 네가 감당할 수 있겠다 싶으면 체험학습 내는 것도 나쁘지 않을 거 같아. 네 생각은 어때?"

유준이는 노트를 꺼내 자신이 체크해 봐야 할 것을 차곡차곡 적었다.

"좋아. 엄마는 네 판단에 맡긴다 이거지. 만약 체험학습 내고 집에서 쉬게 되면 매일매일 해 오던 내 공부는 어떻게 하는 거야? 책 읽기랑 단어 외우기, 수학 문제 풀기 같은 거 말야."

"그건 평일이니까 계속해야지. 주말에만 그 공부는 쉬기로 약속했었잖아."

유준이는 얼굴이 심각해졌다.

"어릴 때는 그 공부도 양이 적어서 괜찮았지. 이제 그것까지 염두에 두고 판단해야 한다고? 쉽지 않네."

유준이의 심각한 얼굴을 바라보며 엄마가 유준이의 머리를 쓰다듬었다.

"그래서 어릴 때가 좋은 거란다. 자랄수록 책임져야 할 일이 점점 많아진단다. 엄마를 보렴. 얼마만의 꿀 같은 휴가인데 네 숙제 걱정까지 함께 하고 있잖니."

엄마와 유준이는 마주 보며 멋쩍은 웃음을 웃었다.

"어른이 되면 좋을 줄 알았는데. 어른 싫다. 안 될래 싫어."

"그러게. 엄마도 어른 싫다. 우리 아들만 좋다."

둘은 빙긋 웃으며 서로를 바라봤다. 유준이는 체험학습 선택을 위해 노트를 펼치고 살펴봐야 할 것들을 차근차근 노트에 적기 시작했다.

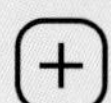  

1. 내가 누나였다면 유준이의 체험학습을 찬성했을까?

2. 체험학습을 한 날 빠졌던 공부를 메꾸지 않는다면 어떻게 될까?

3. 체험학습 때는 매일 공부를 빼달라고 유준이가 조른다면?

4. 자신이 책임져야 할 일을 하고 싶지 않다면?

5. 체험학습에 빠진 만큼 자신의 혼자 공부를 안 하고 싶다면 어떻게 할까?

6. 놀고 싶은 마음과 공부해야 할 의무가 부딪힐 때 나의 선택은?

7. 나라면 엄마 휴가 날 체험학습 낼까? 학교에 갈까?

8. 학교 공부를 하는 대신 매일 공부를 줄여 달라고 엄마를 설득하려면 어떻게 할까?

9. 편한 선택을 하고 싶지만 그에 따르는 책임은 지고 싶지 않다면?

10. 내가 선택하는 판단의 기준은 무엇인가?

좋아요 **1004**개

인생은 선택의 연속입니다. 어릴 때는 선택할 것의 종류도 적고 책임도 없습니다. 점점 책임이 커지는 선택이 생기게 되지요. 어릴 때 단순히 사탕을 먹을까, 과자를 먹을까 선택하던 것들과는 다른 결정을 해야 할 텐데요. 그럴 때마다 무엇을 기준으로 어떤 선택을 해야 할지 어렵습니다. 그 선택으로 자신의 하루하루가 달라지고 인생이 달라져요. 그래서 우리는 선택에 좀 더 신중하고 망설이기도 합니다.

무언가를 선택할 때 기준이 될 만한 것이 무엇이 있을까요? 긴급성과 중요성을 생각할 수 있을 것입니다. 제일 먼저 선택할 수 있는 것이 긴급하고 중요한 일입니다. 그다음 선택은 중요하지만 긴급하지 않은 것과 중요하지 않지만 긴급한 것 순이 되겠지요. 마지막으로 긴급하지도 중요하지도 않은 일은 선택할 수 있을 것입니다. 자신이 무언가를 선택해야 할 때는 이 기준에 맞춰서 선택을 해 보세요. 그 선택을 했을 때 결과도 함께 살펴보면 더욱 좋습니다. 선택의 결과에 대해서 내가 책임질 수 있어야 합니다. 결과를 감당하지 못할 경우는 선택하지 않는 것이 좋습니다. 일단 작은 선택부터 결과를 미리 예측하세요. 긴급성과 중요성을 판단한 후 선택해 보세요. 결과가 나온 후에는 내 선택이 적절했는지 다시 한번 체크도 해 보고요. 선택의 기술이 점점 늘어날 거예요.

# 07

# 심미적 감성과 여가 시간 즐기기

## 다양한 여가 활동 즐기기

부모가 되고 보니 가장 중요한 게 여가 생활이라는 사실이 와닿습니다. 아이를 키우고 일을 하는 것도 보람 있지만 일한 후에 나만을 위한 취미나 여가를 잘 활용해야 건강한 삶을 유지할 수 있더라구요. 에너지를 쏟고 집중해서 일할 때와 쉴 때 에너지가 다른 것 같아요. 건강한 여가를 가져야 일할 때 에너지도 향상되는 건 당연한 이치구요.

아이도 마찬가지죠. 요즘 아이들은 무척 스트레스가 많아요. 경쟁도 심하잖아요. 어려서부터 제대로 놀지 못하며 자라니까요. 형제나 친구가 많아서 자신의 고충을 털어놓을 존재를 찾기도 힘들어요. 여가라도 충분히 있어야 할 텐데 그것도 아니죠. 학교 끝나자마자 학원 순례를 다녀야 하니까요. 중학생만 되어도 주말에도 학원 스케줄이 가득해서 더 안쓰러워요. 여가의 필요성은 증가하지만 그 기회가 줄어든 아이들을 위해서 어떤 것을 해 줄 수 있을까요?

아이들이 여가의 의미와 필요성, 무엇보다 즐거움을 알아야 할 거예요. 여가의 다양한 종류에 대해서도 경험해 보면 좋겠지요. 그 과정에서 내가 무엇을 했을 때 이완되고 편안한지 알게 될 거예요. 아이들이 제일 좋아하는 여가에는 뭐가 있을까요? 뭐니 뭐니 해도 게임이 있겠지요.

요즘 아이들은 너무 게임을 많이 해서 부모님들이 걱정이 많지요. 게임을 통해서 아이가 어떤 스트레스를 풀고 어떤 감정들을 해소하고 있는지 알아보셔야 해요. 마음대로 나오지 않는 성적 때문에 자신이 노력한 결과가 눈에 보이는 게임으로 그 감정을 해소할 수도 있어요. 때로는 친구들과 함께 보낼 수 없는 아쉬움을 단체 게임을 통해서 풀기도 하지요. 전화나 만남보다 톡으로 대화하는 것이 편한 아이들 세대의 특성도 있어요. 게임에서 채우는 것들을 다른 여가 활동으로 대체할 수도 있을 거지요. 영화 관람이나 그림 그리기, 음악 감상, 노래방 가기, 웹툰이나 웹소설 읽기, 유튜브 보기도 많이 할 거예요. 아이들이 즐겁게 하고 있는 여가 활동이지요. 무턱대고 비난만 하기 전에 생각해 보세요. 한정된 공간과 시간을 활용해서라도 여가 활동을 즐기고 있는 아이들이 안쓰럽잖아요. 안쓰럽게 생각하는 마음이 필요할 거예요. 아이들도 어떻게든 숨을 쉬려고 자기들만의 방법을 찾고 있는 거니까요.

## 나에게 맞는 여가 활동 선택하기

많은 여가 활동 중에서 자신에게 맞는 활동을 선택해야겠죠. 일단은 다양한 활동을 경험하는 게 좋습니다. 그래야 각 여가 활동의 장점과 단점을 파악할 수 있으니까요. 많은 경험을 하게 되면 다양하게 여가를 즐길 수 있어 좋습니다. 여가의 폭이 넓어지는 만큼 여러 분야에서 다양한 방식으로 스트레스를 해소할 수 있죠. 나는 감상 쪽은 별로라든가 외부에서 하는 활동은 싫다는 식의 규정을 하지 않도록 해 줍니다. 다양한 활동에는 활동 나름의 장점과 재미가 있잖아요. 해 보지도 않고 거부하는 활동이 없도록 가족이 다양한 여가를 함께 즐겨 보세요. 가족과 함께하는 추억도 쌓이고요. 아이에게도 다양함을 선물할 수 있어 도움이 되지요.

그러다 보면 자연스럽게 자신에게 맞는 여가 활동을 찾을 수 있을 거예요. 자연스럽게 끌리고 재미를 느끼는 분야가 생길테니까요. 그 부분은 시간과 돈을 들여서 전문가 수준으로 할 수 있도록 도와주세요. 한 분야에서라도 특출하게 잘하는 게 있으면 좋습니다. 아이들의 자신감을 키워 주는 데 도움이 되지요. 아이들은 어디서든 존재감을 드러내고 싶어 해요. 특히 사춘기에는 자신만의 독특함을 가지고 싶어 하죠. 한 분야에서 전문적으로 잘하는 분야가 생기면 그 자신감을 갖는 데 좋아요.

여가를 즐기면서 좋은 점과 나쁜 점을 나눠 보세요. 후기 같은 걸 나누는 거죠. 그렇게 하다 보면 아이가 좋아하는 여가의 몇 분야를 골라낼 수 있을 거예요. 자신에게 맞는 여가 생활 분야를 가지고 있다는 것은 성인이 되어서도 아이에게 아주 큰 힘이 될 것입니다. 지금부터 함께 많이 경험하며 찾아보세요.

## 건전한 여가 활동

아이가 즐기는 여가 활동이 건전했으면 좋겠지만 아이들은 그렇지 않아요. 사춘기에 특히 그렇죠. 이 시기가 특히 중독에 빠지기 쉬운 나이라서 더 그럴 거예요. 한번 빠져들면 몇 시간이고 그 활동을 즐기느라 시간 가는 줄 모르죠. 새벽까지 게임을 하거나 웹툰을 보는 아이들 때문에 고민이신 부모님이 많으시죠. 우리 아이가 무슨 문제가 있나 걱정되시겠지만 그건 아니에요. 한 곳에 빠져서 헤어나오지 못하는 경우가 딱 10대에 많지요. 우리 아이만 그런 것 같다고요. 옆집 아이는 그렇게 모범적일 수가 없는데 말이죠. 이것은 내 자녀에 대한 욕심을 가진 부모들의 흔한 착각입니다. 내 아이가 이미 어느 정도 잘하지만 부모는 만족이 안 되죠. 내 자식이니까 더 잘했으면 하는 바람이 있는 거예요. 아이들이 잠깐 중독적으로 게임에 빠져든다고 해도 너무 염려는 마세요. 눈이 너무 나빠지거나 자세가 안 좋아지는 점만 잡아 주세요. 언젠가는 그 몰입에서 빠져나올 거예요. 자기 할 일을 다하고 나서 즐기는 잠깐의 시간은 허락하세요. 규제만 하면 더 하고 싶은 게 사람 마음이니까요.

게임이나 웹툰, 웹소설 말고 좀 더 건전한 여가를 주고 싶다면 기꺼이 운동을 추천합니다. 약간 힘든 운동을 하면 엔도르핀이 많이 분비된다고 해요. 엔도르핀은 뇌의 마약이라고 불릴 정도로 사람을 행복하게 해 주죠. 운동을 하면 도파민도 많이 나와요. 기분이 상쾌해지고 머리가 맑아지죠. 집중력과 상상력을 높이는 아세틸콜린도 나옵니다. 30분 이상 유산소 운동을 하면 성장 호르몬도 분비된다고 해요. 청소년 시기의 스트레스 해소와 이완을 돕는 데 운동만큼 알찬 것이 없답니다. 아이들이 운동 하나쯤은 꾸준히 하게 해 주세요. 한 종목에 딱히 흥미가 없다면 다양하게 체험시켜 주세요. 중학생만 되어도 운동할 시간이 줄어들어요. 여자아이들 같은 경우 잘 움직이려고 하지도 않지요. 이럴 때는 친한 친구와 함께 배울 수 있는 운동을 권유해 주세요. 움직일수록 뇌도 건강해지고 기분도 좋아집니다. 운동을 통해 건전하게 여가도 즐기고 건강도 키울 수 있도록 도와주세요.

## 나에게 맞는 여가 찾기

1. 내가 해 본 여가 활동 분류하기
2. 가장 좋아하는 여가 분야 고르기
3. 여가 활동마다 좋은 점과 어려웠던 점 생각하기
4. 나에게 가장 맞는 여가 선택하기
5. 재미있는 운동 분야와 이유 탐색하기

"아! 눈 아파. 주말인데 아무것도 안 하고 있으려니 좀이 쑤신다. 핸드폰 보는 것도 눈 아파. 엄마 뭐 신나는 일 없어요?"

채린이와 유준이가 엄마 침대 옆에 누우며 물었다.

"그러게. 엄마도 이렇게 화창한 토요일에 드라마 돌려보기나 하고 있으니 답답하긴 하다. 신나고 재미있는 일 없을까? 매주 뭐 할까 정하는 것도 힘들다. 이번 주에는 너희들이 한번 정해 보면 어때? 주말 스케줄을 스스로 정하는 거야."

채린이와 유준이는 갑자기 주어진 미션에 약간 당황스러웠다. 못할 것도 없었다. 둘이 스마트폰을 꺼내 검색을 하기 시작했다. 이번 주말에 가볼 만한 곳, 전시, 행사, 놀이터 등을 열심히 검색했다.

"누나 뭐 있어?"

"갈 만한 공연이나 전시가 많지는 않네. 날씨가 좋아서 야외에서 활동하는 사람이 많아서 전시나 공연은 비수기인가 봐. 스마트폰만 찾지 말고 너랑 나랑 하고 싶은 것 먼저 이야기해 보면 어떨까? 너는 뭘 하고 싶니? 뭘 하면 재미있을 것 같아?"

채린이가 동생을 바라보며 물었다.

"나는 야외에 나가고 싶어. 같이 운동했으면 좋겠어. 배드민턴이나 자전거 타기 하고 싶어. 가족끼리 게임도 하고 싶어. '오징어 게임'이나 '무궁화 꽃이 피었습니다' 같은 게임 말야. 누나는 어때?"

"오랜만에 서점에 가고 싶어. 내가 서점을 얼마나 좋아하는지 알잖아. 공원에 가서 돗자리 펴고 책 읽으면서 여유롭게 지내고 싶기도 하네. 바쁘게 지낸 만큼 느긋하고 여유롭게 쉬는 것도 좋을 것 같아. 집에서 같이 책을 보고 이야기 나누는 것도 좋아."

둘은 서로 하고 싶은 것들을 종이 위에 적었다.

"모두 다 할 수는 없겠지. 제일 하고 싶은 것 두 개씩만 골라 보자. 그것들을 같이 할 수 있는 루트를 만들어 보자. "

둘은 하고 싶은 것을 두 개씩 종이에서 골랐다. 유준이는 자전거 타기와 가족 게임을, 채린이는 서점 가기와 돗자리 펴기를 골랐다. 그다음은 네 가족이 모두 모여 루트를 짜 보기로 했다.

"호수공원에 가서 돗자리를 펴면 어때? 호수공원까지 자전거를 타고 가면 되니까 말야. 가서 근처에 있는 서점에도 들리고 점심을 먹자. 그러고 나선 돗자리 위에서 간단한 게임을 하는 거지. 너희들이 원하는 네 가지를 할 수 있을 것 같은데 어때?"

순간 셋은 깜짝 놀랐다.

"아빠 진짜 대단하다. 너무 멋진 코스와 계획인걸. 나는 괜찮은데 아빠도 이 코스가 나쁘지 않긴 해?"

엄마가 아빠를 보며 물었다.

"물론이지. 가족끼리 즐겁게 지내는 건데 좋지. 아빠가 코스를 제안한 건데 내가 불만일 리가 있나."

아빠가 껄껄 웃음을 웃으며 가족들을 바라보았다. 채린이와 유준이는 지루했던 오늘과 다른 내일을 보낼 생각에 가슴이 두근거렸다.

1. 만약 오늘 야외에서만 여가를 보냈다면 내일의 일과가 어떻게 달라졌을까?

2. 날씨가 흐렸다면 어떤 여가 활동을 제안했을까?

3. 서로 하고 싶은 걸 하겠다고 자기주장만 내세웠다면 어떻게 되었을까?

4. 아빠가 아이들이 낸 의견을 무시하고 집에서 쉬겠다고 했다면?

5. 엄마가 자신의 주장대로 여가를 선택하고자 강요했다면 어땠을까?

6. 내가 여가를 계획하게 된다면 무슨 활동을 제안할까?

7. 나라면 전시나 공연과 가족 나들이 중 어떤 선택을 했을까?

8. 내가 주도해서 여가를 선택해야 한다면 어떤 어려움이 있을까?

9. 내가 여가를 선택할 때 어떤 것을 중요시하게 생각할까?

10. 가족끼리 여가를 선택했는데 그 활동이 마음에 들지 않는다면?

좋아요 **1004** 개

열심히 일하고 나면 즐겁고 편안하게 쉴 수 있는 여가가 우리에게 찾아옵니다. 일하는 것도 중요하지만 편안하게 쉴 수 있는 여유가 더 중요합니다. 다시 일할 수 있는 힘을 주니까요. 여가에는 많은 종류가 있습니다. 왁자지껄한 엑티비티 활동이나 조용히 혼자만의 시간을 보내는 것 등 상반된 종류의 선택지가 있습니다. 정신적인 에너지를 많이 쓴 경우라면 신체 에너지를 통해 스트레스를 발산시킬 수 있는 시간이 도움이 될 거예요. 유난히 신체 활동이 많았던 주였다면 주말에는 편안히 명상하거나 책을 읽으면서 정신적 에너지를 향상해 주는 게 좋겠지요. 우리 몸이 균형이라는 것을 찾을 수 있도록 여가를 선택해 보면 좋겠습니다. 나에게 지금 쌓인 스트레스가 무엇이냐에 따라서요. 활동을 결정할 수 있을 거예요.

여가를 선택하면서 또한 중요하게 생각할 것이 있습니다. 누구와 여가를 보내느냐 하는 것이지요. 좋아하는 사람, 소중한 사람과 함께 여가를 보낸다면요. 무엇을 하든 즐거운 시간이 될 거예요. 여가 시간을 선택할 때 어떤 선택이 되었든 누구와 시간을 보낼지도 중요하게 생각해 보세요. 누구와 함께인가에 따라 여가의 가치와 즐거움도 늘어날 테니까요.

# 08

# 상황에 맞는 대안 선택하기

## 피할 수 없는 문제 상황

아이들이 자주 만나게 되는 문제 상황에는 어떤 것들이 있을까요? 부모들은 문제라고 인식하지 못하는 것에 대해서 아이들은 어려워해요. 혼자 결정을 못 하는 경우도 많지요. 어려서는 언제나 부모들이 문제 해결을 도와주었기 때문에 어려움이 없었죠. 그런데 부모가 없는 상황에서 문제를 만나게 되면 당황합니다. 어디서부터 어떻게 실마리를 풀어나가야 할지 고민을 하게 되죠. 이런 순간이 하루에도 여러 번 있을 수 있어요. 그때마다 부모에게 전화해서 물어볼 수도 없는 노릇입니다. 스스로 해결하고 결정하기 위해서 대처 방법을 연습하게 해야겠죠.

아이들이 흔히 만나는 문제 상황에는 어떤 것들이 있을까요. 예를 들어 과제를 하다가 어려운 부분이 있어 혼자서 해결하지 못할 때가 있겠죠. 이때는 너무나도 쉽게 답지를 보거나 친구나 어른에게 묻는 방법이 있어요. 다른 해결책도 있지요. 혼자서 교과서를 다시 여러 번 보고 문제를 푸는 방법이 그것입니다. 타인에게 의지하는 해결책보다 스트레스가 많아요. 혼자서 해결해야 한다는 부담감도 있죠. 할 수 있을까 싶은 두려움도 생기지요. 아이가 망설일 거예요. 하지만 실패를 두려워하지 말고 도전해 보게 하세요. 이런 것을 해결해 보는 게 문제 해결하는 역량을 키우는 데 도움이 됩니다.

아이가 어려워할 때 무작정 도와주지 말고 혼자서 끙끙거릴 시간을 주세요. 뻔히 어려워하는 걸 알면서 모르는 척할 때도 있어야 합니다. 내가 해결해 주면 쉬운 길이 보이지만, 가만히 있어 주는 게 필요해요. 아이는 고민하고 스스로 문제를 해결해 보겠죠. 해결했을 때의 쾌감도 느끼게 될 거예요. 물론 단번에 해결되지 않을 수도 있어요. 이때는 좌절할 수밖에 없죠. 괜찮습니다. 인생을 좌우할 만큼 중대한 문제는 아니니까요. 이 외에도 혼자 있는데 아팠을 때라든가, 내 물건을 잃어버렸을 때, 갑자기 비가 왔을 때 등의 상황이 있을 수 있어요. 문제 상황이라고 하기엔 너무 작은 상황일지 몰라도 아이들은 어려울 수 있습니다. 이때 자신이 혼자서 경험해 본 아이는 문제 상황을 이겨 나가는 힘을 기르게 될 거예요.

## 문제 상황 대처 방법

실제 문제 상황을 만나지 않더라도 미리 연습해서 준비할 수 있겠지요. 한번 대안을 생각해 본 상황이라면 당황하지 않고도 문제를 해결할 수 있어요. 예를 들어 버스에서 갑자기 배가 아플 때 어떻게 해결할까요. 가족들이 돌아가며 의견을 내 보는 거예요. 부모님의 경우 이런 경험이 한두 번은 있을 거예요. 생생한 경험을 살려 설명을 해 주는 거죠. 아이들이 쉽게 상황을 상상할 수 있도록 말이에요. 함께 해결책을 나눠 보세요.

버스에서 내리거나 참거나 여러 가지 방법이 있을 거예요. 각각의 선택마다 장점과 단점을 찾아보고요. 어떤 방법을 선택하는 게 좋을지 의견을 나누는 겁니다. 물론 실제 상황에서는 다양한 변수가 있어요. 현실에선 결정이 달라질 수 있겠지요. 하지만 미리 시뮬레이션을 해본 경험이 있기 때문에 덜 당황할 수 있어요. 조금 더 나은 대안을 찾는 데 도움이 될 거예요.

중요한 물건을 잃어버렸다거나 길을 잃었을 때 등 문제 상황에 대해서 이야기를 나눠 보세요. 모든 상황에 모든 대안에 대해서 알려주고 고민할 수는 없지만 아이는 배우게 될 거예요. 내가 문제 상황을 해결할 수 있다는 것을 말이죠. 선택에 있어서 정답은 없지만 최선의 답을 찾아가기 위해서 고민할 수 있는 방법을 생각해야 해요. 이런 습관이 쌓여 아이들에게 도움이 됩니다. 이런 연습이 큰 문제를 결정할 때 냉철하게 문제 상황에 대비할 수 있는 힘을 길러 준답니다. 습관은 아주 작은 것부터 시작하는 것이 좋아요. 크고 거창한 것만 좋은 습관은 아니에요. 작은 것부터 직접 실천하는 좋은 습관이 모여 아이의 생애를 결정할 겁니다. 어려서부터 부모님과 함께했던 이 의사 결정의 과정들이 아이에게 큰 힘이 될 거예요.

## 상황에 맞게 대안 선택하기

상황마다 다른 대처 방안이 존재할 텐데요. 어떤 것을 선택하라고 말해 줘야 할지 고민되시죠. 작은 선택이라도 어떤 결과를 불러올지는 아무도 모릅니다. 선택 앞에서 우리는 망설이게 되지요. 특히 아이의 인생에 대한 선택은 더더욱 어렵습니다. 내 인생의 문제보다 더 고민하게 돼요. 자녀 문제에 있어서는 많은 게 어렵습니다. 더 잘해 주고 싶으니까요. 고민을 하면 할수록 문제 상황에서 헤어나오지 못하는 것 같습니다. 문제를 객관적으로 바라볼 수 있는 힘을 잃기 때문이지요.

복잡한 문제일수록 타자화해서 파악하는 것이 필요합니다. 나와 상관없는 타인의 문제라고 생각하고 객관적으로 답을 찾는 거지요. 오히려 쉽게 답이 보입니다. 너무나도 선명하게 떠오르지요. 아이들도 마찬가지입니다. 자신의 여러 욕망이 뒤섞여 선택이 어려워요. 그럴 때는 문제를 객관화시켜 보는 겁니다. 친구의 문제라고 생각하고 결정하는 거죠. 아이들이 어른의 문제의 대안을 더 객관적으로 파악합니다. 마찬가지로 자신의 문제가 아니라고 생각하면 훨씬 더 대안을 고르기가 쉬워질 거예요. 그 사실을 아이에게 알려 주세요. 신이 모든 순간에 있을 수 없어 엄마를 보냈다고 하지요. 하지만 엄마 또한 모든 순간에 아이와 함께할 수 없습니다. 자신이 중심을 잡고 대안을 찾고 해결하고자 할 때 그 누구의 판단보다 냉철한 답을 찾을 수 있을 것입니다.

## 상황에 맞는 대안 선택하기

1. 내가 만날 수 있는 문제 상황 생각해 보기
2. 대안 다섯 가지 찾아보기
3. 대안별 문제점과 좋은 점 찾아보기
4. 대안 순서 정하기
5. 문제 해결 방법 최종 선택하기

현관문 비밀번호 누르는 소리가 들렸다. 지금 시각이 오전 9시. 이 시간에 올 사람이 없는데 누구일까 궁금해진 엄마는 현관문을 빤히 쳐다보았다. 유준이었다.

"네가 이 시간에 무슨 일이야?"

유준이는 급하게 자기 방으로 뛰어 들어가며 말했다.

"국어 시간에 연극 수업이 있어. 재미있는 안경이 필요하다고 했었거든. 내가 가져간다고 했는데 깜빡했지 뭐야. 아무래도 안 되겠어서 가지러 왔어."

유준이는 책상 서랍을 열심히 뒤지고 있었다.

"지금 무슨 시간인데? 수업 시작했을 시간이잖아. 겨우 작은 준비물 가지러 집에 왔다는 거야?"

엄마는 유준이 방으로 쫓아 들어가며 기가 막혀 물었다.

"선생님한테 말하면 혼날 거 같아서 조회 끝나고 바로 뛰어왔지. 지금 몇 시야? 벌써 아홉 시잖아. 엄마 늦었다. 이따 갔다 와서 이야기해."

유준이는 안경을 챙겨 부리나케 빠져나갔다. 엄마는 무슨 일인가 싶어 한참을 멍하니 현관문만 바라보고 서 있었다.

저녁 식사 시간 모두 자리를 잡았다. 유준이는 오전의 해프닝은 까마득히 잊은 모양이었다. 고기반찬을 연신 집어 가며 맛있게 저녁을 먹고 있었다.

"유준아. 오늘 아침에 어땠어? 선생님께 안 혼났어?"

엄마는 유준이를 바라보며 물었다.

"무슨 일 있었어?"

아빠와 채린이는 일제히 유준이와 엄마를 번갈아 바라보았다. 엄마는 아침에 있었던 일을 간단히 설명해 주었다.

"혼났지. 말도 안 하고 사라져서 엄청 찾으셨나 봐. 다음부터는 준비물을 가져 오지 않았으면 선생님한테 먼저 말하래. 중간에 집에 가는 일은 없게 하라고 하셨어. 혼나긴 했지만 나는 다음에도 가지러 올 거 같아. 애들한테 준비물 안 가져왔다고 욕먹는 게 더 싫어."

유준이의 이야기를 들으며 엄마, 아빠, 채린이는 모두 의아한 눈으로 서로를 바라보았다.

"유준아. 네가 친구들과의 약속을 지키려 하는 것은 좋아. 그렇지만 상황에 맞게 대안을 찾아야지. 연극 수업하면서 생일 안경이 꼭 필요한 건 아니잖아. 있으면 더 분위기를 살리는 소품이었겠지. 그럴 때는 무엇이 더 중요한지 판단을 해야지 않을까? 친구들한테 미안하다고 말했으면 친구들이 괜찮다고 했을 수도 있어."

아빠의 말에 채린이도 말을 거들었다.

"선생님한테 사정 이야기를 했었으면 좋았겠다. 선생님이 대안을 주셨을지도 몰라. 선생님들은 웬만한 소품이나 준비물은 가지고 계시니까 도움이 될 수 있어."

누나의 말에 유준이는 눈이 동그래졌다.

"누나, 어떻게 알았어? 다른 조에서 생일 안경 안 가져온 팀이 있었거든. 선생님이 그걸 준비실에서 꺼내서 주시더라. 그걸 보고 괜히 헛고생했다 생각은 했지. 그래도 내가 가져오기로 약속한 건 가져가야지."

"이 녀석아. 그런 책임감을 가질 정도면 처음부터 준비물을 잘 챙기면 되겠네."

"네 알겠습니다. 어머니"

유준이는 입 안 가득 고기반찬을 집어넣으며 크게 대답했다. 유준이의 해맑은 목소리에 모두들 한바탕 크게 웃었다.

1. 유준이가 만약 선생님께 준비물 안 가져온 걸 말했다면?

2. 집에 와서 바로 안경을 찾지 못했다면 어떻게 되었을까?

3. 선생님께서 준비물을 안 가져왔을 때 화를 내고 대체품을 주지 않았다면?

4. 친구들이 준비물을 가져오지 않은 유준이를 비난했다면?

5. 다른 친구가 준비물을 안 챙겨 왔다면 유준이는 어떤 마음이 들었을까?

6. 내가 준비물을 안 챙겨 갔다면 나라면 어떻게 했을까?

7. 준비물 찾으러 집에 온 유준이를 엄마가 화가 나서 혼냈다면?

8. 집에 다녀온 유준이를 보고 선생님은 어떤 반응을 보였을까?

9. 준비물을 가져가는 것과 일과 시간 안에 머무는 것의 중요성을 판단하는 기준은?

10. 더 중요한 것과 중요하지 않은 상황을 판단하는 기준은 무엇일까?

좋아요 **1004**개

학교에 갔던 유준이가 준비물을 안 챙겨 가서 학교에서 돌아왔네요. 선생님에게 말도 하지 않고 왔다는데 일의 순서가 꼬인 것 같은 기분이지요. 우리가 문제 상황에 접했을 때 우리는 먼저 해결해야 할 일과 차차 해결할 일의 순서를 정해야 해요. 그 상황에 맞는 가장 합리적인 해결책과 대안을 선택해야 하죠. 그 합리적인 선택이 많이 어렵습니다. 때로는 실수하기도 하구요. 실수가 두려워서 그 선택을 미루기만 하면 안 됩니다. 그 선택을 가장 합리적으로 해결할 수 있는 대안을 다양한 각도에서 찾고 바라볼 수 있어야겠습니다. 그때 필요한 것이 다양한 상황에 노출되어 보는 거예요. 우리는 때로 문제 상황을 두려워합니다. 이렇게 했다가 잘못될까 봐 두렵지요. 이도 저도 못 하고 망설이는 경우가 너무 많지요. 망설이는 것은 성장에 전혀 도움이 되지 않습니다. 어떻게든 부딪혀 보고 선택하세요. 그 결과에 대해서 책임질 수 있을 때까지요. 고민하고 다시 선택해 보는 연습이 필요해요. 선택과 그에 따른 결과를 두려워하지 마세요. 어차피 인생에 정답은 없으니까요.

# CHAPTER 4

# 협력적 소통 능력

사춘기만큼 경험의 폭이 중요한 시기가 없습니다.
아이들이 스스로 바른 판단을 하기 위해서는
다른 상황을 다양하게 접해 봐야 합니다.
경험으로 아이들이 배워 나가고
바르게 가치관을 정립해 나가도록 도와주세요.

# 01

# 사회적 상호 작용 시작하기

## 관계의 시작

처음 만난 사람과 관계를 맺을 때 아이들의 반응 속도와 방법은 여러 가지입니다. 친밀감 형성을 위해서 조금씩 다가가는 아이도 있습니다. 소극적으로 보이고 오랜 시간이 걸리지만 관계를 못 맺고 끝나는 경우도 생깁니다. 혹은 굉장히 적극적인 아이도 있지요. 처음 만났는데도 자신을 스스럼없이 드러내고 적극적으로 표현합니다. 상대방이 무례하다고 느낄 수도 있고, 적극성을 거절 못 하기도 해요. 편안하게 받아들이는 반응도 생깁니다. 사람 사이의 케미스트리라고 하죠. 어떤 관계가 친밀해지는 것은 서로의 케미에 따라 달라집니다. 상대방의 관계의 시작 신호를 편안하게 받아들이는 정도는 사람마다 다릅니다. 정답은 없지요. 자신이 편한 방법으로 관계를 시작하면 됩니다. 최소한의 예의만 지켜 준다면 자신이 옳다고 생각하는 방식으로 다가가면 되지요.

케미가 잘 맞는 경우 친구 관계가 시작이 됩니다. 가끔은 어긋나기도 합니다. 모든 사람이 나의 표현 방식을 좋아하지도 않고 싫어하지도 않지요. 한 번에 맞는 사람을 만나기가 쉽지 않습니다. 비슷해 보여도 사람마다 차이점이 존재하기 때문이죠. 몇 번 관계를 시작하려는 노력을 했다가 실패한 아이들은 자신감을 잃기 쉽습니다. 아직 맞는 사람을 못 만난 것뿐이라는 것을 이해하지 못합니다. 성급하게 관계를 끝내거나 자신감을 잃고 시작하려는 시도를 그만둡니다. 하루아침에 멋진 결과물이 나오는 일은 흔치 않습니다. 그런 과정을 통해서 방법을 배운다는 것을 아이들이 알아야 합니다. 너무 쉽게 좌절하거나 포기하지 않도록 도와줘야 해요.

부모 나이가 되어서도 사람 관계가 가장 힘들다는 것을 말해 주세요. 관계 맺는 것을 아이만 싫어하는 것이 아닙니다. 모두가 힘들어하는 부분임을 받아들여야 합니다. 그래야 아이들이 관계를 가벼운 마음으로 시작할 수 있습니다. 실패하고 관계가 틀어지더라도 실망하지 않습니다. 맞는 사람을 찾아 다시 시작할 용기를 갖게 되지요. 평생 한두 명의 진짜 친구를 만나기 위해 우리는 수많은 관계를 시작하지요. 그 과정에서 때로는 상처받을 수 있다는 것을 알아야 합니다. 아이들은 내가 좋은 의도로 시작하면 결과가 좋을 거라고 믿어요. 하지만 사람 마음이 모두 같지 않지요. 타인은 나와 전혀 다른 존재임을 받아들여야 합니다. 그것이 건강한 관계의 시작을 준비하는 마음가짐이니까요.

## 적절하게 반응하기

관계를 시작하면서 처음에 필요한 것이 리액션입니다. 친하지 않은 사이에서는 적절하게 반응을 해 주는 것이 무엇보다 도움이 됩니다. 상대방이 민망하지 않도록 반응을 해 주는 겁니다. 무리해서 할 필요는 없지만 가만히 있어도 곤란합니다. 상대가 표현한 것에 대해서 알맞은 반응을 보여야 합니다. 그래야 관계가 다음 단계로 나아갈 수 있습니다. 때로는 내가 상황이 좋지 못하여 리액션을 못 할 수 있습니다. 어떻게 반응해야 할지 몰라서 가만히 있을 수도 있지요. 그런 상태가 반복되면 관계를 계속 이어나가기 어려울 수 있습니다. 연습을 통해서 리액션의 기술을 익혀 두면 좋습니다.

관계의 시작을 여는 것이 인사입니다. 인사를 통해서 서로가 반감이나 공격성이 없다는 것을 알게 됩니다. 관계를 부드럽게 열어 주는 역할을 하지요. 상대방이 인사를 했을 때 어떻게 반응하는 것이 좋을까요? 낯선 사람이 인사했을 때는 반응을 여러 가지로 제시해 주세요. 반갑게 악수를 할 수도 있고, 살짝 미소를 지어 줘도 좋지요. 목례를 통해서 자신의 인사를 전하는 것도 좋습니다. 아무 말도 하지 않고 가만히 있거나 못 본 척 눈을 돌리는 반응도 있습니다. 아이들의 경우에는 어떻게 해야 할지 몰라 이렇게 반응하는 경우가 꽤 많습니다. 낯선 관계를 맺는 것이 어색하기 때문입니다. 이런 리액션은 관계를 시작할 때 오해를 만들기 쉽습니다.

어떻게든 반응해서 상대방의 인사를 받아 줘야 한다고 알려 주세요. 과도하게 표현할 필요 없습니다. 자기가 표현할 수 있는 수준의 반응이 가장 적절하지요. 이것을 알려 주면 아이들이 편안하게 관계를 시작할 수 있습니다. 리액션의 정답은 없지만 내가 할 수 있는 것을 하면 된다는 자신감이 생기게 되니까요. 그런 자신감이 자연스럽게 다음 관계로 이어 주는 역할을 해 줍니다.

## 관계 맺기

서로의 자연스러운 상호 작용이 시작되면 본격적으로 관계를 맺기 시작합니다. 이럴 때는 어떻게 하는 게 좋을까요? 주제를 잘 선정해야겠지요. 한 번 인사를 나눈 사이인데 사적으로 은밀한 주제로 대화하는 것은 좋지 않습니다. 취향과 생각이 통해야 친구가 되잖아요. 친구에 대해 알아보기 위해서 취향과 생각을 표현할 수 있는 주제를 갖고 이야기를 시작합니다. 사적인 이야기는 아니면서 공통적으로 생각을 나눌 수 있는 주제 말입니다. 예를 들어 날씨 이야기 어떨까요? 계절에 대한 이야기는 누구라도 부담 없이 대화를 나눌 수 있는 주제입니다. 좋아하는 텔레비전 프로그램이나 영화 이야기도 좋겠지요. 아이들은 좋아하는 유튜버나 게임 이야기만 해도 쉽게 대화를 이어 나갈 수 있습니다. 이런 주제들에 대해서 자연스럽게 대화를 이어 나가면 됩니다. 학교 이야기나 좋아하는 과목, 선생님에 대한 이야기를 하면 쉽게 대화의 공통점을 발견할 수 있을 거예요.

이야기가 물 흐르듯이 흘러가면 뭐가 걱정이겠어요. 관계가 어려울 게 없겠지요. 하지만 서로 의견이 다를 수도 있어요. 이야기를 하다가 자신과 전혀 생각이 다를 경우 완곡하게 표현하는 방법도 알려 줘야 합니다. "그건 아니지."라고 너무 쉽게 이야기하지 않도록 말입니다. 자신의 의견을 숨기라는 게 아니에요. 반대로 생각할 수도 있어요. 하지만 그것을 표현하는 방법은 얼마든지 완곡하게 만들 수 있지요. 사람과 대화에서 어긋나고 마음이 상하는 경우는 대부분 메시지의 내용보다도 태도의 문제인 경우가 많아요. 말투나 몸짓에서 상대방의 의견을 너무 강하게 비난하고 반대하는 것이 드러나면 좋지 않습니다. 마음이 상하지요. 일단은 상대방의 생각을 존중해 주는 자세가 필요하죠. "네 생각은 그렇구나. 그럴 수도 있겠다. 그런데…"라는 완곡한 표현을 통해 나의 의사를 전달하는 방법을 알려주세요.

이것은 일상생활에서 부모가 본보기가 되어 시범을 보일 수 있습니다. 아이가 자신의 의견을 말했을 때 평소의 부모의 태도 말입니다. 아이가 의견을 낼 때마다 "그건 아니지. 네가 뭘 안다고 그래." 하면서 아이를 무시한다면 무척 기분이 상할 겁니다. 아이는 부모의 태도를 고스란히 따라 하겠죠. 아이가 상황에 맞지 않은 의견을 낸다고 해도 부모는 충분히 존중해 줘야 합니다. 아직 판단이 미숙한 아이인데 자신의 식견에서 낼 수 있는 최선의 방안을 제시했잖아요. 칭찬받아 마땅하지요. 아이의 의견을 존중하는 태도를 가르쳐 줄 때 아이들은 타인과의 관계에서 그대로 활용합니다. 관계를 잘 맺기를 원한다면 부모와의 관계를 좋게 만드는 것부터 시작하세요.

## 관계의 시작 기술

1. 대화를 시작하는 적절한 반응 정리하기
2. 자연스러운 대화의 주제 구분하기
3. 상대방을 불편하게 하는 반응 구분하기
4. 서로가 불편한 대화 주제 파악하기
5. 꾸준한 관계로 이어 가기 위한 노력 생각하기

"앗"

순식간에 일어난 일이었다. 계단을 조심해서 내려온다고 했는데 스텝이 꼬인 모양이었다. 도원이는 그만 발을 헛디뎌 복도 계단에서 넘어지고 말았다. 지나가던 친구들이 도원이의 넘어진 모습을 보고 순식간에 모여들었다. 발목에서 빨갛게 피가 나고 있었다. 놀라기도 했고 창피하기도 했다.

"거기 빨간 안경 쓴 친구 보건 선생님 좀 불러줘. 환자가 누울 수 있게 모여 있지 말고 흩어져. 그렇게 쳐다보고 있으면 얘가 민망하잖아."

도원이를 바라보더니 부드러운 목소리로 물었다.

"괜찮아? 걸을 수 있겠어?"

처음 보는 친구였다. 모여든 친구 중에 한 명에게 보건 선생님 호출을 부탁하고 찬찬히 도원이의 다리를 살펴보고 있었다. 다른 친구들이 가까이 다가오지 못하게 하고 편안하게 다리를 펼수 있도록 도와줬다. 잠시 후에 보건 선생님이 뛰어오셨다.

"괜찮니? 걸을 수 있겠어? 뼈에 이상이 간 건 아닌 거 같고 타박상인 거 같다. 걸어 보자."

보건 선생님이 도원이를 부축하는 동안 아까 그 친구가 떨어진 겉옷을 주워서 따라 오고 있었다.

"같은 반 친구니? 담임 선생님께 이야기해 줄래?"

선생님이 그 친구를 바라보며 말씀하셨다.

"같은 반은 아니고 우연히 넘어진 걸 봤어요. 이 친구가 몇 반일까요? 제가 가서 선생님께 말씀 드릴게요."

친구가 도원이를 바라보며 물었다.

"3반이야."

"저희 반 옆 반이네요. 가는 길에 선생님께 말씀드리고 갈게요."

친구는 믿음직스럽게 말하고 나서 교실 쪽으로 뛰어갔다.

"알던 친구 아니고 처음 만났니? 절친이나 할 수 있는 일을 해 주고 가네. 너 나중에 저 친구 만나서 고맙다고 인사해야겠다. "

보건 선생님이 말씀하시며 도원이의 다리를 치료해 주셨다. 다행히 상처는 커 보였지만 멍이 크게 들었을 뿐 크게 다친 것 같지는 않았다. 조금 안정을 취하고 나서 교실로 돌아왔다. 도원이는 이름도 모르는 나를 도와준 친구를 찾아 점심시간 옆 반을 어슬렁거렸다.

"아까 다친 친구네. 괜찮아?"

화장실에 다녀오던 그 친구는 도원이를 보자 한걸음에 다가왔다.

"덕분에 보건실에서 바로 치료받아서 괜찮아. 정말 고마웠어. 난 김도원이라고 해. 넌 이름이 뭐니?"

"내가 한 것도 없는데 고맙기는 뭘. 같은 학교 친구가 어려울 때는 도와주는 게 당연하지. 강유준이야. 빨리 낫길 바란다. 옆 반이니까 만나서 가끔 인사도 하고 그러자. 잡아 줄까? 걷기 괜찮아?"

유준이는 도원이의 걷는 것을 도와 도원이 반까지 데려다주었다. 유준이의 꼭 잡은 두 손이 어찌나 따뜻한지 도원이는 상처가 금새 나은 것 같았다.

'내가 힘들 때 이름 모를 나를 도와준 강유준. 잊지 않을게. 나도 너에게 그렇게 믿음직스럽고 좋은 친구가 되어 줄게.'

그날부터 도원이는 하교하고 매일 유준이 반을 찾아갔다. 유준이를 기다려 함께 집에도 가고 축구도 하러 갔다. 유준이는 처음 볼 때의 그 따뜻함을 간직한 멋진 친구였다. 유준이 곁에 머물며 도원이도 힘든 사람이 있을 때 기꺼이 도움을 줄 수 있는 멋진 사람이 되어야겠다고 다짐했다. 유준이는 그런 도원이를 늘 격려하고 지지해 주었다. 둘의 우정은 나날이 깊어만 갔다.

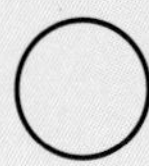

1. 만약 내가 복도에서 넘어졌다면 어땠을까?

2. 지나가다가 도원이처럼 잘 모르는 넘어진 친구를 본다면 어떻게 했을까?

3. 만약 도원이가 넘어졌을 때 모두 구경만 하고 있었다면?

4. 도원이가 유준이를 찾아갔을 때 유준이가 모르는 체하고 어색해했다면?

5. 도원이가 유준이가 도와준 것에 대해 감사 표현을 안 했다면?

6. 친구가 어려운 일을 당했을 때 나는 어떻게 도움을 주는가?

7. 내가 어려움을 당했을 때 누구에게 도움을 요청할까?

8. 도와 달라고 했는데 모르는 척하는 친구가 있다면?

9. 나와 상관없는 데도 어려운 상황에서 도와주는 사람이 있다면?

10. 나는 좋은 친구 관계를 맺기 위해 어떤 노력을 하는가?

좋아요 **1004**개

친구가 된다는 것은 무엇일까요? 친구란 부모님 이외에 아무 계산 없이 무조건적인 사랑을 줄 수 있는 관계입니다. 친구는 가족이 아닌데도 희생하고 기다려 줍니다. 나의 모습을 있는 그대로 받아들여 주고 사랑해 주지요. 친구 관계는 신비하고 놀랍습니다. 이러한 친구 관계의 시작은 무엇일까요? 누군가 가만히 내게 다가오기만 기다리는 친구들이 있습니다. 자신의 매력을 알아채고 적극적으로 다가오면 좋겠지요. 하지만 그렇지 않은 경우가 너무 많습니다. 내가 먼저 좋은 친구에게 적극적으로 다가가는 용기도 필요해요. 자신의 마음을 표현하는 용기 말이에요.

도원이는 유준이에게 그렇게 용기를 내서 자신의 감사함을 표현했죠. 유준이의 좋은 점은 배우고, 배려하며 친구가 되고자 노력했구요. 그래서 둘은 같은 반이 아닌데도 절친이 될 수 있었지요. 이렇게 때로는 자신의 마음을 적극적으로 표현해 보세요. 상대 친구가 원하는 친구상이 아니라서 나를 거부할 수도 있어요. 모두 내 맘과 같지는 않으니까요. 그럴 때라도 실망하지 말고 친구에게 적극적으로 다가가는 용기가 필요합니다. 유준이처럼 다가오는 친구를 수용하는 마음도 물론 있어야겠죠. 이런 관계 맺음을 통해서 우리는 '친구'라는 소중한 관계를 맺고 넓혀 나갈 수 있습니다.

# 02 친구 만들기

## 친구의 의미

가족도 아니면서 내 삶의 짐을 나눠지는 유일한 사람이 친구라고 했습니다. 그만큼 인생에서 자신을 지지해 주고 힘든 것을 나눌 수 있는 진정한 관계인데요. 특히 학령기 아이들에게 친구는 정말 중요합니다. 가족보다도 더 많은 비중을 차지하는 사이지요. 아이들이 가족보다 친구와 지내는 시간이 많은 경우도 허다합니다. 많은 시간을 지내는 것을 넘어서서 아이에게 그만큼 많은 영향을 줍니다. 사춘기가 되면 또래 관계만큼 아이를 흔드는 것이 없습니다. 또래에서 중요시하는 것들을 중요히 여깁니다. 친구들 사이에서 자신의 역할과 위치를 정말 중요하게 생각하지요. 무리에서 자신이 어떤 존재감을 갖고 있는지에 자신감의 크기가 달라질 정도입니다. 행여라도 친구 사이에서 문제가 발생할 경우 극단적인 감정에 휘말릴 정도입니다. 이렇듯 아이들에게 친구는 중요해요. 자신의 인생에서 가족 이외의 가장 가까운 관계로 처음 자리하는 게 친구니까요. 이 관계를 얼마나 잘 맺느냐에 따라서 아이의 사춘기와 일생을 어떻게 보내게 될지 결정될 정도입니다.

학령기의 친구는 동성뿐 아니라 이성 친구로 관계가 확대됩니다. 아이들에게 동성 친구와 이성 친구는 영향력이 다릅니다. 동성 친구에게서 채울 수 있는 부분이 자기 또래의 취향에 관한 것이라면 이성 친구는 다르죠. 거기서 자신의 성 정체성을 만들 수 있습니다. 또한, 나와는 다른 사고 체계를 가진 이성 친구를 통해서 더 넓은 사고관을 형성할 수 있습니다. 학령기에는 동성 친구뿐 아니라 이성 친구와의 관계도 잘 가져가는 것이 중요합니다. 이성 교제와는 조금 다른 맥락에서 말입니다.

요즘은 중학교에서 남녀 합반이 대부분입니다. 아이들이 동성과 이성 모두 자연스럽게 어울리면서 학교생활을 합니다. 친구 관계의 깊이가 깊어지는 중학교 시기의 남녀 합반이 늘어나는 것은 아주 이상적입니다. 아이가 동성 친구와만 어울리지 않고 이성 친구와도 자연스럽게 어울리도록 분위기를 만들어 주세요. 친구와의 모임이나 만남을 하게 될 경우에 이성 친구도 초대하는 식으로 말입니다. 이성 친구와의 대화나 만남을 이성 교제와 혼동하시면 안 됩니다. 아이가 다양한 이성 친구를 만나는 것을 충분히 격려해 주세요. 아이의 친구 스팩트럼을 넓히는 데 도움이 될 것입니다.

## 친구의 역할

아이의 가치관을 기르는데 다양한 유형의 친구를 만나보는 것은 매우 중요합니다. 세상에 나와 다른 사람이 존재한다는 것을 알게 되죠. 내가 최선을 다한다고 해서 모든 관계가 잘 형성되는 것은 아니라는 것을 배우게 됩니다. 배려받는 것에 익숙했던 가족 관계에서 확장되는 것이죠. 내가 배려받는 만큼 친구도 배려해야 한다는 걸 알게 됩니다. 그 과정에서 상처를 받게 될 수도 있습니다. 나는 충분히 배려했는데 상대편의 마음에 양이 안 찰 수도 있습니다. 조심한다고 했는데 상처를 주는 일도 생기지요. 오해가 생겨 관계가 틀어지기도 합니다. 이렇듯 다양한 친구 관계를 경험하면서 아이는 성장합니다.

친구 관계에서 처음으로 인간관계의 어려움을 직면하게 됩니다. 여자 아이들은 감정적인 면에서 트러블을 겪는 경우가 많아요. 친했던 친구가 이유도 모른 채 냉랭하게 반응합니다. 이럴 때 어떻게 대처해야 할지 난감하고 어려워합니다. 혼자서 풀어 보려고 온갖 노력을 다하지만 오해를 푸는 것은 상대편 마음입니다. 내가 최선의 노력을 다하면 풀리는 수학 문제보다 훨씬 어렵지요. 남자 아이들은 신체적으로 부딪히기도 합니다. 몸으로 표현하는 것을 좋아하는 남자 아이들의 특성상 신체적 대화를 하는 일이 많아요. 무심코 어깨를 툭 쳤는데 친구가 기분 나쁘다며 과격하게 주먹을 날립니다. 내내 괜찮았던 행동에 기분 나빠졌다며 욱하기도 하지요. 이럴 때 어떻게 반응해야 할지 난감해합니다. 때로는 이런 행동들이 쌓여서 학교 폭력 상황으로 진행되기도 합니다.

놀랍게도 친했던 친구에게서 이런 상황들이 더 자주 발생할 수 있습니다. 원래 갈등은 가까운 사이에서 발생한다는 것을 아이들이 배우게 됩니다. 갈등을 해결하기 위한 여러 방법을 알게 돼요. 자신이 모났던 부분을 깎아야지만 관계가 잘 형성된다는 뼈아픈 교훈을 얻기도 합니다. 이런 과정들을 통해서 아이는 관계 맺는 법을 배웁니다.

## 진정한 친구

부모는 아이가 친구가 많아도, 적어도 걱정입니다. 사람마다 관계를 맺는 용량이 다르지요. 부모는 용량이 큰 아이들은 줄이기를 바랍니다. 친구 관계에 너무 많은 시간과 에너지를 사용하게 되니까요. 용량이 적은 아이의 부모님은 반대입니다. 관계가 너무 소원해서 학교생활에 어려움을 걱정하게 되지요. 얼마나 많은 관계를 형성하느냐보다 중요한 것이 진정한 친구를 만나는 것입니다. 서툰 관계를 계속해서 반복하는 아이들이 있습니다. 했던 실수를 반복하기 때문에 관계에서 발전이 없어요. 이런 아이들은 어떤 태도에 문제가 있는지 알아내서 고쳐 줘야 합니다.

아이는 Classmate와 Friend를 구분할 줄 알아야 합니다. 아이들은 자신의 용량과 상관없이 무조건 친구가 많은 것을 추구하는 경향이 있습니다. 인기가 많은 친구라고 생각하고 추종하죠. 하지만 반의 모든 친구와 친하게 지낼 수는 없습니다. 학급의 모든 친구와 친해야지만 마음이 편안한 친구들이 가끔 있습니다. 그런 친구는 모든 친구의 욕구와 희망을 맞추느라 자신을 돌볼 겨를이 없습니다. 친구들의 고민만 들어 주다가 자신의 고민을 나눌 수 있는 친구는 찾기 어렵지요. 그래서 어느 정도의 친구와는 적당한 거리를 두고 Classmate로 지내도 괜찮다고 알려 주세요. 모두에게 인기를 얻기 위해 아이가 무리하지 않도록 말이죠.

진정한 친구에 대해서도 이야기를 해야 합니다. 어떤 아이는 친구를 사귀기 위해서 과자를 사 주는 것이 습관이 되었다고 합니다. 무언가를 사 줬을 때 친구들이 자신의 주변에 항상 머물렀던 기억이 좋았기 때문이죠. 용돈만 생기면 친구들에게 음식을 사 주었습니다. 어느 날 용돈이 떨어졌대요. 그날은 쓸쓸하게 혼자서 지냈다고 해요. 그 아이 주변에 머물렀던 것이 진정한 친구였을까요. 아니었겠지요. 아직 아이에게는 이런 관심과 사랑이 필요합니다. 가정에서 감정을 채우지 못할 경우 친구에게서 채우려는 욕구가 더 강해집니다. 진정한 친구는 물질로 통하는 친구는 아니라고 알려 줘야겠죠. 아이가 친구를 사귀는 패턴을 살펴보세요. 늘 아이들의 약속의 대상이 되지만 친구가 약속을 지키지 않아서 상처받는 아이가 있다면 거절의 기술을 알려 줘야 합니다. 아이의 패턴에서 문제점을 찾아 보완해 주세요.

서로가 자연스러운 상태에서 서로 배려해 주고 공감해 주는 것이 진정한 친구입니다. 그 사실을 알면 아이는 자신을 과장해서 보여 주지 않을 거예요. 편안하고 자연스러운 자신의 모습을 기꺼이 좋아해 주고 그대로 인정해 주는 것이 친구니까요. 그것을 알고 친구를 사귈 때와 그렇지 않을 때는 전혀 다릅니다. 관계에서 건강한 자아를 찾아갈 수 있도록 아이를 격려해 주세요.

## 진정한 친구와 Classmate 구분하기

1. 진정한 친구란 어떤 친구일까
2. 나의 Classmate는 나를 어떻게 대할까 생각하기
3. 친구 구별해 보기
4. 진정한 친구의 조건
5. 나도 상대방에게 진정한 친구인지 점검해 보기

"같이 무궁화꽃이 피었습니다 할 사람 있어?"

예주가 점심시간 친구들에게 물었다. 친구들이 서로 하겠다며 예주 곁으로 우르루 모여들었다. 윤아와 승주, 채민이도 갔다. 하지만 예지는 불만이 가득한 얼굴로 자리에 앉아 있었다.

"예지야 너는 안 할 거야?"

윤아가 물었다.

"난 별로야. 무궁화꽃이 피었습니다가 재미있니? 서로 '안 움직였다 아니 나는 봤다' 하면서 옥신각신하는 꼴이 나는 우스워. 난 별로야."

잔뜩 찌푸린 채 내뱉은 예지의 말에 한순간 분위기가 확 가라앉았다. 예주는 괜히 자기가 생트집 잡고 옥신각신하는 사람이 된 것 같아 기분이 좋지 않았다.

"무슨 말을 그렇게 해. 정직하게 자신의 양심에 손을 얹고 게임을 하면 그런 일은 없어. 재미로 하는 건데 누가 그렇게 우겨. 다들 모였으니 같이 게임하러 갈까?"

승주가 밝은 목소리로 말했다. 친구들은 잠시 망설이는 듯하더니 모두들 예주와 승주를 따라 교실 밖으로 나갔다. 채린이는 게임에 낄까 말까 한참을 망설이고 있었다. 물론 윤아 말에 동의하는 건 아니다. 무궁화꽃이 피었습니다가 재미있는 게임인 건 확실하다. 아직 친한 친구가 없고 수줍음이 많은 채린이는 갑자기 게임에 참여한다고 하기가 망설여졌다.

"채린아. 너도 별로니? 별로인 거 아니면 같이 나가자."

승주였다. 활발하고 리더십이 있는 친구인 승주는 언제나 반에서 인기가 좋았다. 그런 승주가 채린이를 챙기다니 채린이는 단번에 얼굴이 환해졌다.

"싫진 않아. 그래 같이 가자."

채린이는 밝게 웃으며 말했다.

"채린이 너 지난번에 보니까 그림 잘 그리더라. 미술 시간에 봤어. 나중에 나 인물 그리는 것 좀 알려줄 수 있어? 나 그림 그리는 거 관심 엄청 많아. 그런데 잘 못 그려서 말이야. 너 그림 그리는 거 보니까 너무 부럽더라. 너만큼은 아니어도 나도 그림 잘 그려 보고 싶은데 도와줄래?"

승주가 채린이를 보며 수줍은 듯 말했다.

"내가 굉장히 활발해 보여도 나도 수줍음 많아. 그런데 너한테 이 말을 꼭 하고 싶어서 며칠 동안 기회만 노리고 있었어. 오늘 '무궁화꽃이 피었습니다'가 이런 기회를 주네."

승주는 얼굴이 빨개져서 채린이를 바라보았다.

“승주 네가 수줍음 탄다니 상상도 못했어. 당연히 가르쳐 줄게. 나 그림 그리는 거 엄청 좋아하거든. 내가 할 수 있는 한 열심히 가르쳐 줄게. 오늘 용기 내서 말해 줘서 고마워. 나도 너한테 말해 보고 친하게 지내고 싶었는데 용기가 없었어.”

채린이도 용기를 내서 말을 건넸다.

“우리 둘 다 수줍음 많은 그림쟁이네. 이렇게 무궁화꽃이 피었습니다도 좋아하고. 은근 우리 통하는 게 많은걸.”

수줍다던 승주가 맞나 싶게 승주는 큰 소리로 웃었다. 둘이 손을 꼭 잡고 교실 밖으로 나갔다. 운동장에선 반 친구들이 어서 오라고 승주와 채린이를 기다리고 있었다. 예지는 교실 한 구석에서 친구들을 부러움과 시샘 섞인 얼굴로 바라보고 있었다.

‘나도 같이 하고 싶은데, 용기가 없어. 왜 걔네 둘만 친구가 되는거야.’

예지는 애꿏은 노트에 연필로 낙서만 해대고 있었다. 지저분해진 노트만큼 예지의 마음도 어둡고 복잡해 보였다. 교실에선 친구들의 깔깔대는 소리만 점점 커졌다. 승주와 채린이도 옆에 꼭 붙어서서 술래의 눈을 피해 한발 한발 앞으로 나아갔다.

1. 만약 예지가 처음부터 하고 싶다고 말했다면 어땠을까?

2. 수줍어하는 예지에게 승주가 같이 하자고 제안을 했다면?

3. 예지의 말을 듣고 모두들 게임을 안 한다고 했다면?

4. 승주가 친구들을 설득하지 않았다면 어떻게 됐을까?

5. 승주가 제안하기 전에 채린이가 조용히 게임에 참여했다면?

6. 친구가 되기 위해서 필요한 것은 무엇일까?

7. 어떤 친구가 인기가 있을까?

8. 친구의 제안이 마음에 들지 않았을 때 표현하는 방법은 무엇일까?

9. 마음에 드는 친구가 있는데 쑥스러워 표현을 못 하겠다면 어떻게 할까?

10. 하고 싶지만 부끄러워서 가만히 있거나 부정적인 말을 하게 된다면 어떻게 될까?

좋아요 **1004** 개

옛말에 유유상종이라는 말이 있습니다. 끼리끼리 어울린다는 말인데요. 한 사람이 어울리는 주변의 사람을 보고 저 말을 자주 사용합니다. 그만큼 자신의 가치관이나 취미, 생각이 비슷한 사람과 친구가 된다는 의미겠죠. 여러분은 어떤 사람과 친구가 되고 싶나요? 무엇보다도 긍정적이고 좋은 기운을 주는 사람과 친구가 되고 싶을 거예요. 같이 있으면 많이 웃게 되고 긍정적으로 생각하게 만드는 사람이 좋죠. 배울 점이 많고 좋은 영향력을 주는 사람과 친구가 되고 싶을 거예요. 그런 사람 곁에는 유유상종으로 좋은 기운을 가진 사람이 모이게 될 거고 좋은 기운이 점점 커지겠죠.

하지만 욕심만으로는 친구가 될 수 없어요. 그 사람도 나를 친구로 받아들일 수 있을 만큼 나에게도 매력이 있어야겠죠. 긍정적인 마인드를 키우고 노력해 간다면 내 곁에도 좋은 친구가 반드시 생길 거예요. 그렇다고 친구를 사귈 때 나를 좋은 사람인 것처럼 연기할 필요는 없어요. 거짓 자기 모습을 꾸며내야 하기 때문에 힘들어져요. 진짜 친구가 되기 힘들어요.

내 주변에 있는 사람 중에 내가 배울 점이 있는 사람을 친구로 만들어 보세요. 그 사람의 좋은 점을 배우기 위해 차차 노력하다 보면 나에게도 좋은 영향력이 생길 테니까요. 무엇보다 자연스럽게 친구 관계를 맺는 게 중요하죠. 억지로 꾸며서 사귄 관계는 오래가지 못한답니다. 나에게 좋은 친구가 머물길 바란다면 내가 좀 더 좋은 사람이 되어 보세요. 아마 주변에 좋은 친구들이 자연스럽게 하나둘 늘어날 거예요.

# 03

# 취미로 친해지기

## 나와 잘 통하는 친구

친구와 관계를 맺고 유지하기 위해 가장 큰 영향력을 주는 것이 뭘까요? 바로 대화가 통하는 것입니다. 소위 쿵짝이 잘 맞는다고 하지요. 말뜻을 잘 파악하는 친구가 좋을 거예요. 기대하는 대답을 해 주는 것은 큰 힘이 되겠지요. 대화가 잘 통한다는 것은 무슨 뜻일까요? 인생을 바라보는 가치관이 비슷하다는 걸 의미할 거예요. 정직을 가장 중요시하는 아이라면 비슷한 가치관을 가진 친구와 말이 통하겠죠. 거짓말을 대수롭지 않게 여기고 잘하는 친구에게선 큰 매력을 느끼지 못할 겁니다. 오히려 욕하거나 싫어하게 될 가능성이 크겠죠. 정직을 중요하게 생각하는 친구끼리 모여서 불편함을 표현할 거예요. 같은 지점에 대해서 좋아하고 옳다고 여기거나, 싫어하고 부당하다고 느끼는 지점이 같을 때 친구가 되기 쉽습니다. 이것이 말이 통하는 친구의 의미입니다.

인간관계는 상호 의존적입니다. 쌍방 통행이 원활하게 될 때 통한다는 생각이 들지요. 일단 가치관과 생각이 비슷한 친구와 친해질 가능성이 많겠네요. 친구와 잘 지내기 위해서는 싫어하는 것을 피하는 것이 중요하다고 하잖아요. 싫어하는 지점이 같은 사람과도 친구가 쉽게 되겠지요. 자신이 좋아하는 것과 싫어하는 것에 대해서 파악하고 있어야겠어요. 아이가 자신의 모습을 객관적으로 파악하기는 쉽지 않습니다. 어른인 우리도 한두 가지나 파악할까 말까 정도잖아요. 자신을 파악하는 데 중요한 역할을 하는 것이 바로 주변 사람들의 평가입니다. "너는 정직한 편이잖아. 거짓말을 진짜 싫어하지. 지난번에 이런 일도 있었잖아." 아이가 그동안 겪었던 일에서 아이를 판단하는 부모의 말로 아이는 자신을 스스로 파악합니다. 아이를 판단하는 말은 조심해서 사용하는 게 좋겠습니다. 내가 무심코 내뱉은 말이 아이의 정체성을 규정짓는다면 말을 책임감 있게 하는 것이 맞겠지요.

## 취미 공유하기

친구를 사귀는 데 중요한 역할을 하는 것이 취미입니다. 전문성이나 반복 횟수 등을 따진다면 아이에게 전문가라고 이름 붙이기는 어렵겠지요. 좋아해서 즐겁게 하는 것 정도 될 거예요. 전문적으로 할 수 있는 건 아니지만, 아이가 즐기고 있다면 취미라고 봐도 무관합니다. 자유 시간이 생길 때 스스로 찾아서 할 가능성이 많습니다. 요즘 아이들은 유튜브 보기나 SNS 활동, 게임 등을 주로 하지요. 그것들을 취미라고 하기는 어렵습니다. 아이들은 취미라고 주장하지만 부모 입장에선 용인이 안 되지요. 시간이 날 때마다 하지만 그다지 생산적인 활동은 아니니까요. 취미란 물론 효율성이나 숙련도와 상관없이 즐기는 게 필요하죠. 아이들이 그 활동을 충분히 즐기긴 하지만 건전한 취미라고 보기는 어렵습니다. 스트레스를 푸는 대상이 되긴 하겠지만 스트레스가 쌓이기도 하니까요. 게임에 집착하거나 SNS를 통해서 자신의 모습을 과하게 꾸며서 드러내는 것은 아이들에게 중독적 성향을 갖게 합니다. 게임으로 일상생활 리듬이 깨지거나 팔로워에 과도하게 집착할 수 있으니까요. 이것보다 더 건전한 취미를 찾고 공유할 수 있으면 좋겠어요.

가장 추천하는 취미는 단연코 운동입니다. 운동은 성장기의 아이들에게 꼭 필요한 신체 활동입니다. 정신적으로 많은 스트레스를 받아 정신적으로 취약한 아이들에게 신체 활동이 밸런스를 잡아 줍니다. 악기 연주도 많이 하는 취미입니다. 성적을 위해서 배우기도 하지만 그림 또한 아이들의 에너지를 잡아 주는 역할을 합니다. 다양한 부류의 취미 중에서 아이에게 맞고 즐겁게 할 수 있는 것들을 공유해 보세요. 가족 간의 공유에서 시작하면 됩니다. 확장해서 친구끼리도 건전한 취미를 공유하면 더욱 좋습니다. 주말이면 친구들끼리 모여 길거리 농구를 하거나 자전거를 타던 친구들이 있었죠. 이제는 공원이나 카페에 모여 스마트폰을 합니다. 물론 게임이 긍정적인 요소도 있고 아이들에게 대세임을 인정합니다. 주말이면 가족들 모두 각자의 공간에서 게임을 하거나 스마트폰에 빠져 있는 가정이 많습니다. 그것부터 바꿔 보세요. 다 같이 나가서 자전거를 타거나 공원에서 이야기를 나누세요. 가까운 산에 가서 등산을 하는 것도 좋습니다. 부모는 바뀌지 않으면서 아이에게만 강요하면 말을 들을 리 없겠지요. 부모가 함께 참여하고 변화되어야 아이도 바뀔 수 있습니다.

## 취미 확장하기

가족과 함께 취미를 키운 아이들은 친구들과 취미를 공유하고 확장하기도 쉽습니다. 주말마다 가족과 자전거를 타는 아이들은 자유로운 라이딩이 가능하죠. 학생 동호회에 들거나 방학을 이용한 국토 횡단 등의 행사에도 참여할 수 있습니다. 이것은 친구의 범위를 넓혀줍니다. 전국의 학생을 대상으로 하는 행사에 참여하면서 아이의 세계관은 훨씬 더 확장될 것입니다. 지역의 특성에 따라서 아이들의 성향도 조금씩 달라질 수 있지요. 다양한 지역의 아이들과 만날 수 있는 기회를 만들 수 있는 취미 생활입니다. 공부를 하는 캠프에서 만나는 것보다 영향력이 큰 활동입니다. 아이들이 직접 몸으로 부딪히고 갈등을 겪는 과정에서 더 많은 변화를 맞이하게 될 것입니다. 이러한 토대를 취미 생활이 만들어 줄 수 있다는 것을 잊지 마세요.

어려서부터 가족이 다양한 취미를 함께 키워 보는 것이 중요합니다. 보통 아이들만 취미 생활을 위해 예체능 학원을 다니는 경우가 많지요. 그것을 확장해서 가족이 함께 배우고 활동에 참여해 보세요. 굳이 취미 생활을 학원에서만 배울 필요는 없습니다. 금전적인 부담도 있으니까요. 캠핑 같이 배우지 않아도 할 수 있는 취미를 함께 즐겨도 좋겠습니다. 이를 통해서 다양한 사람을 만날 수 있는 기회를 확보할 수 있습니다. 자신에게 영향을 줄 수 있는 또래를 넘어서 여러 부류의 사람을 만나게 됩니다. 취미로 지역사회가 해 주던 공동체 역량을 배울 수 있습니다. 또한, 캠핑 활동은 자연과 교감할 수 있는 기회도 됩니다. 바쁜 현대 생활에서 자연과 더불어 아이가 머물 수 있는 시간이 얼마나 될까요? 자연이 주는 치유의 힘이 있습니다. 이런 취미 생활은 가족과 함께 지내는 시간과 함께 많은 것을 선사하는 선물 같은 활동입니다. 가족이 함께 즐기는 취미로 더 많은 관계를 확장해 나갈 수 있습니다.

## 우리 가족 취미 찾기

1. 우리 가족 각자의 취미 나누기
2. 가족이 함께 배울 수 있는 취미 찾기
3. 배우지 않고 즐길 수 있는 취미 고르기
4. 취미 생활 계획 세우기
5. 가족 취미 생활의 원칙 설정하기

"띠리리리리링… 점심시간을 알리는 종이 울렸다.

"밥 빨리 먹고 축구하러 가자. 다들 서둘러."

현민이가 큰 소리로 외쳤다. 남자아이들은 와! 하고 환호성을 질렀다. 오늘은 수요일. 선생님이 특별히 점심시간에 축구를 허락하신 날이다. 남자아이들은 매주 손꼽아 이날만을 기다렸다. 체육 시간에는 다른 종목들을 배우느라 축구를 할 수 있는 날이 많지 않았다. 모두들 한껏 들뜬 얼굴로 강당으로 향했다. 밥은 먹는 둥 마는 둥 하고 모두 운동장으로 달려갈 채비를 서둘렀다. 예승이도 급하게 밥을 먹고 운동장 나갈 준비를 하고 있었다.

예승이는 이번 주 월요일에 전학을 왔다. 아이들하고 어색할 법도 한데 예승이는 등교하면 큰 소리로 인사부터 했다. 어색해하는 건 오히려 다른 친구들일 정도로 밝고 스스럼이 없었다.

"너도 하게?" 예지가 화들짝 놀라서 예승이를 바라보았다.

"하면 안 돼? 남자애들만 축구하라는 법이 어디 있어. 나도 축구 좋아해. 게다가 잘해. 여자라고 못 한다는 법은 없어. 안 그래? 현민아?"

예승이의 갑작스런 질문에 현민이는 얼굴이 빨개졌다. 갑자기 이름이 호명된 것도 그랬고 자기한테 의견을 물으니 뭐라고 답할지도 순간 고민이 되었다.

"여자라고 못 할 법은 없지. 같이 나가자."

예승이는 남자아이들 틈에 끼어 씩씩하게 운동장으로 향했다. 여자아이들이 몰려들어 예승이 축구하는 모습을 구경했다. 예승이는 남자아이들 틈에서 전혀 기죽지 않았다. 신나게 공을 몰고 다녔다. 예승이 말처럼 어느 남자 친구 못지 않게 축구를 잘했다.

"호진이는 남자여도 절대 축구를 안 하잖아. 예승이는 여자인데 축구를 잘하네. 재밌다."

평소 시니컬하기로 유명한 수진이가 한마디 크게 떠들었다. 호진이는 그 말에 귀가 빨개지며 읽고 있던 책에 더 고개를 파묻었다. 남자아이 중에 유일하게 축구를 즐기지 않는 호진이였다. 호진이는 점심시간에 친구들이 아무리 축구하러 가자고 졸라도 절대 움직이지 않았다. 호진이는 축구보다 점심시간에 느긋하게 책을 읽는 것을 더 좋아했다. 남자는 꼭 축구를 좋아해야 한다는 생각에 호진이는 동의하지 않았다. 여가에는 자신이 좋아하는 취미를 즐기면 그만이었다. 대놓고 자기에 대해 비아냥거리는 수진이의 말이 기분 좋지는 않았다. 평소에도 자주 그렇게 분위기를 주도하는 아이였다. 싸우고 싶지도 않았다. 그저 조용히 책만 읽었다. 호진이의 빨개진 얼굴을 보며 채린이가 나섰다.

"박수진. 너 말이 지나치다. 지금은 점심시간이잖아. 뭐든 자기가 하고 싶은 걸 하면 되는 시간이잖아. 누가 뭘 하든 그건 네가 평가할 게 아닌 것 같은데 말조심해. 책 읽는 건 호진이 자유야. 예승이가 축구를 즐기는 것도 흠은 아니지. 나는 축구하는 호진이보다 책 읽는 호진이가 훨씬 멋져. 자기 자유대로 취미를 즐길 권리가 있잖아. 그것에 대해서 평가하는 것은 예의가 아닌 것 같아. 각자의 취미를 인정하는 게 어때?"

채린이는 그렇게 말하고 호진이 옆에 앉아 같이 책을 집어 들었다. 평소

책 읽기를 좋아하는 채린이였다. 다양한 책을 읽어 배경지식이 풍부하고 이야기도 잘 통하는 호진이를 멋지다고 생각해 왔다. 채린이의 당찬 발언에 수진이는 얼굴이 빨개졌다. 운동장에서는 예승이와 친구들의 축구가 한창 진행되고 있었다. 아이들의 함성이 운동장을 가득 채웠다.

1. 수요일인데 점심시간에 학교 행사가 있어 운동장을 쓰지 못한다면 어떻게 될까?

2. 예승이가 축구를 좋아하지만 축구를 못 했다면 아이들 반응이 어땠을까?

3. 여가에 하고 싶은 게 없다면 어떻게 해야 할까?

4. 내가 좋아하는 것을 함께할 친구가 없다면 어떨까?

5. 부러움에 말을 건넸다가 돌직구를 맞은 수진이는 마음이 어땠을까?

6. 내가 여가에 즐기는 취미는 무엇인가?

7. 여학생과 남학생이 보통 즐기는 취미와 다른 것을 좋아해 본 경험이 있나?

8. 나와 같은 취미를 가진 친구와 함께 취미를 즐기기 위해 내가 하는 방법은 무엇인가?

9. 나와 다른 취미를 가진 친구와 친해지는 방법은 무엇일까?

10. 취미는 인생에서 어떤 의미를 가질까?

좋아요 **1004**개

친구가 되고 가까워지는 데 여러 가지 조건이 필요해요. 같은 것을 좋아하거나 성격이 잘 맞으면 친구가 되기 쉬워요. 취미가 같고 함께 즐길 수 있다면 더없이 좋은 친구가 되겠지요. 동아리나 동호회에서 친한 친구를 만나게 되는 경우가 참 많은데요. 좋은 친구가 되기 위해서는 같은 취미, 취향을 가진 친구를 찾아보는 것도 좋아요. 취미가 같으면 일단 할 이야기가 많지요. 나눌 이야기가 많으면 같이 있는 시간이 즐겁고 오랜 시간을 같이 하다 보면 더욱 더 친해질 수밖에 없답니다.

취미가 같은 친구를 찾기 위해서는 다양한 취미 생활을 누려 보는 게 좋겠지요. '저런 것은 못 해. 싫어해'라는 생각이 자기의 성장을 가로막는답니다. 나는 무엇이든 될 수 있고 무엇이든 할 수 있다는 넓은 마음을 가지세요. 자기의 성장 가능성을 한곳에 모아 두지 말고 다양하게 펼치는 것이 중요해요. 그것이 첫 번째 취미를 가질 수 있는 마음이지요. 자신의 취미를 알게 되면 같은 취미를 가진 친구를 찾기도 쉬워지겠지요. 취미로 마음을 나눌 기회도 많아질 거구요.

가능성이 무궁무진한 여러분, 자신을 한 단어로 정하지 마세요. 자신의 가능성을 믿으세요. 여러분은 얼마든지 발전 가능한 존재랍니다. 내가 나를 귀하게 여기고 발전 가능성을 보고 북돋워 주세요. 그것이 바로 자신이 자신을 사랑하는 방법입니다. 또한, 주변에 좋은 친구를 사귈 수 있는 발판이 되어 준답니다. 다양한 취미로 자신의 세계를 넓혀 보세요.

# 04

# 축하하기

## 타인의 성공을 축하하기

타인의 성공을 보았을 때 어떤 마음이 들까요? 질투하는 마음과 함께 나도 더욱더 노력해야겠다는 생각이 듭니다. 건강한 마음일 때는 그렇지요. 건강하지 못한 상태일 때는 질투하는 마음만 생깁니다. 흔쾌히 타인의 성공을 칭찬해 주지 못합니다. '나도 저 정도는 할 수 있는데.' 하는 마음만 생기죠. 질투에 휩싸여 아무것도 못합니다.

친구 관계에서도 마찬가지입니다. 진짜 친구는 아이가 슬플 때 같이 울어 주는 친구가 아닙니다. 그건 누구라도 할 수 있죠. 아이가 행복하고 잘 나갈 때 같이 기뻐해 주는 게 진짜 친구입니다. 아이의 성공을 질투하지 않고 진심을 다해서 기뻐해 주는 사람은 많지 않습니다. 자신도 모르는 사이에 질투하는 마음이 생기지요. 뭐가 잘났다고 저러는 걸까 싶은 마음이 들어서 쉽사리 인정을 못 합니다. 그러면서 자기 자신을 비난하기 시작합니다. 친구의 성공을 깎아내리기도 하지요. 진짜와 가짜 친구를 구분하는 방법은 쉽습니다. 내가 잘 나가고 성공할 때 진심으로 칭찬해 주는지를 확인해 보는 겁니다. 이걸 알려줘야 합니다.

나와 남은 강점과 기질이 다릅니다. 당연히 잘하는 분야가 다를 수밖에 없습니다. 타인의 성공에 대해서 순수하게 칭찬하고 축하하는 마음이 필요합니다. 그 후 자신의 자리를 돌아보는 거죠. 남의 성공과 비교하는 것이 아니라 내가 할 수 있는 부분을 찾는 것입니다. 타인의 성공을 질투의 대상으로 보는 것이 아니라, 기회로 삼으라고 아이에게 가르쳐 주세요. 기꺼이 축하해 주고 나는 어떤 부분을 이룰 수 있을지 건강하게 되돌아보는 법을 말입니다. '나는 무엇을 할 수 있고 성공할 수 있을까' 곰곰이 생각하는 것이 타인의 성공에서 얻을 수 있는 단 하나의 교훈입니다.

## 나와 남을 비교하는 것

나와 남을 비교하면서 나를 깎아내리는 것만큼 힘든 행동이 있을까요? 자신이 자신을 괴롭히는 행동이지요. 비교의 늪에 빠진 사람은 그 웅덩이를 잘 빠져나오지 못합니다. 자신을 점점 힘들게 만들지요. 자신보다 나은 사람과 비교할 때는 자신의 가능성을 깎아내립니다. 자신이 가지고 있는 역량이 많은데도 불구하고 말입니다. '나는 안 돼'라는 자기 비하적 발언을 하다보면 실제 자기 모습보다 발전할 수 없지요. 비교를 할 때 나보다 못한 사람을 기준으로 삼을 때 문제가 심각해집니다. 자신의 현 상황을 합리화시키거든요. '나보다 못한 사람도 있는데 나 정도는 괜찮지.'라는 생각으로 자신을 규정짓습니다. 자신의 문제를 알면서도 굳이 알려고 하지 않는 것입니다. 덮어 버린다고 문제가 사라지지 않습니다. 이때는 불행한 대상만 기준으로 삼기 때문에 비교를 한 후에도 절대 행복하지 않습니다.

비교의 마음이 타인을 축하하지 못하게 만듭니다. 나 자신을 기준으로 삼기 때문에 비교는 기쁘지 않습니다. 아이들이 제일 싫어하는 게 타인과의 비교죠. 때로는 그렇게 싫어하는 비교를 자기 자신을 기준으로 삼아서 합니다. 이것은 부모님이 자신을 비교했던 모습에서 배운 것입니다. 싫어했지만 비교를 당했던 기억과 경험들이 자신에게 그대로 적용되는 것입니다. 이를 막기 위해서 부모님이 비교를 하지 않도록 늘 조심해야겠죠. 무심코 비교의 말이 나왔을 때는 즉각 그 자리에서 말을 멈추고 사과하세요. 사과하는 모습과 바로잡는 모습을 보며 아이들은 배울 것입니다. 자신에게 전혀 도움이 되지 않는 비교를 멈추는 모습을 말이죠. 부모님이 실수하면서도 바로잡아 가는 모습을 보며 아이들도 하나씩 배워 나갈 것입니다.

## 비교하지 않는 삶

비교하지 않는 삶을 위해서 무엇이 필요할까요? 자기 자신을 주체적으로 사랑하는 힘이 필요합니다. 내가 나를 사랑하는 마음 말입니다. 내가 대단한 미인이어서 나를 사랑하는 것은 아닙니다. 내가 절세 미인은 아니더라도, 코가 조금 마음에 안 들더라도 내 모습 그대로도 괜찮다고 생각하는 마음이 필요합니다. 그러한 태도가 비교를 멈춥니다. 타인과 비교해서 어떤 점이 특출해서 좋아하는 것이 아닙니다. 이 세상 하나뿐인 나의 모습을 가장 사랑하는 사람은 나여야 합니다.

부모님이 이유 없는 사랑을 줄 때 이것이 가능합니다. 성적이 좋아야지만 칭찬을 하셨다면 그만 멈추세요. 무언가 성취했을 때 우리는 칭찬을 합니다. 과한 칭찬을 하는 경우가 무척 많지요. 도를 넘은 칭찬이 아이에게는 어색합니다. 자신을 제대로 볼 수 없게 만들죠. 우리는 아이의 존재만으로도 소중하다는 표현이 너무 부족합니다. 하루에 한 번씩은 아이를 빤히 바라보세요. 5분이고 10분이고 좋습니다. 아이와 눈을 마주치세요. 아이에게 사랑한다고 말해 주세요. 아무것도 하지 않았을 때 그런 칭찬을 받으면 아이는 처음엔 어색해할 겁니다. 성과에 의한 칭찬에 익숙해져 있었으니까요. 이런 이유 없는 칭찬과 존재를 찬양하는 칭찬이 많아질수록 아이는 느끼게 될 것입니다. 자신의 소중함을 말입니다. 자기 자신에 대한 자신감이 생기면 아이의 비교하는 마음도 확연히 줄어들 것입니다.

## 나를 사랑하는 법

1. 나의 장점 10가지
2. 내가 가장 사랑스러울 때 10가지 생각하기
3. 내가 꽤 괜찮은 사람이라는 생각이 들었던 순간 10장면
4. 내가 나를 아껴 주는 방법 찾아보기
5. 실망스러운 나의 모습을 만났을 때 자신에게 해 주고 싶은 한마디의 말

아침 조회 시간이었다. 조회하러 들어오시는 선생님 손에 커다란 상장이 하나 들려 있었다. 웅성거리는 아이들이 모두 자리에 앉아 조회가 시작되었다.

"지난번에 그리기 대회에서 우리 반 친구가 대상을 받았어요. 모두 축하해 주세요. 강유준 앞으로 나오세요."

아이들이 모두 유준이를 바라보았다. 유준이는 얼굴이 빨개져서 앞으로 나왔다. 친구들은 너나없이 큰 박수로 축하해 주었다. 딱 한 명 똥 씹은 얼굴을 하고 있는 한올이만 빼고 말이다.

"강유준, 축하한다!! 내가 그림 좀 그려 봐서 아는데 말야. 내 그림도 훌륭하지만 유준이 그림 잘 그리지. 인정."

나영이가 유준이를 보며 큰 소리로 이야기했다. 도연이도 옆에서 거들었다.

"맞아. 유준이가 지난번에 내 초상화 그려 줬거든. 진짜 완전 깜짝 놀랐잖아. 유준이 너 진짜 짱이야. "

유준이는 부끄러워서 아무 말도 하지 않았다. 그때 한올이가 나서며 말했다.

"강유준이 상 한 번 탔다고 너무 띄워 주는 거 아니냐? 나도 3학년 때 그리기 대회에서 상 탔거든. 그림 그리기 대회에서 상탄 게 뭐 대수라고 야단들이야."

한올이의 말 한마디에 교실은 찬물을 끼얹은 것처럼 조용해졌다.

그때 태현이가 나서며 말했다.

"김한올. 너 좀 비겁한 거 아니야? 친구에게 축하할 일이 생기면 마음껏 축하해 주면 되지. 질투야 뭐야. 옛날에 상 탄 이야기는 왜 하는 거냐? 치사하다. 축하한다는 말 한마디면 될 것을 못났네."

태현이의 말에 이번엔 한올이 얼굴이 빨개졌다. 서로 아무 말도 하지 않고 책상만 바라보고 있었다. 교실엔 아무 소리도 들리지 않았다.

다음 날 조회 시간엔 과학 토론 대회에 대한 안내가 있었다. 반에서 같이 하고 싶은 친구와 함께 조를 짜서 학교 대회에 나가는 거였다. 유준이가 슬그머니 한올이 옆으로 다가갔다.

"너 혹시 과학 토론 대회 나갈 생각 있어? 나도 나가고 싶은데 같이 나가면 어떨까 해서 말야."

한올이는 유준이를 힐끔 바라다봤다. 자기가 어제 그렇게 비아냥거렸는데도 같이 대회를 나가자고 하는 걸 보니 조금 머쓱했다.

"내가 과학 토론을 좀 잘하긴 하지." 어색해하며 한울이가 말했다.

"김한올, 또 잘난 척이냐? 세 명이 한 조가 되어야 하니까 나까지 우리 셋이 하면 어때? 너네 둘이 놔뒀다가 싸울까 봐 안 되겠어. 우리 셋이 나가면 환상의 한 조가 될 거 같은데 너희들 생각은 어때?"

태현이는 웃으며 유준이와 한올이의 어깨를 감싸안았다.

"대신 싸우지 말고 서로 질투하지 않기로 하자. 서로가 가진 장점을 앞세워서 우리 최선을 다해 보는 거야. 대상을 위하여!!"

셋은 그렇게 한 조가 되었다. 머리를 맞대고 아이디어를 짜는 아이들 사이로 햇살이 반짝였다.

1. 만약 내가 유준이었다면 상을 받았을 때 어떤 기분이었을까?

2. 비아냥거리는 한올이를 보며 어떤 마음이 들었을까?

3. 나도 그림을 잘 그리는데 친구만 상을 받았다면 어떤 마음이 들까?

4. 내가 유준이였다면 누구와 과학 토론 대회를 나가자고 했을까?

5. 내가 한올이였다면 유준이의 제안을 받아들일까?

6. 내가 잘하는 것과 잘하지 못하는 것은 무엇인가?

7. 내가 잘하지 못하는 것을 친구가 잘할 때 어떤 마음이 들까?

8. 친구에게 질투하는 마음이 생길 때 나는 어떻게 하나?

9. 나를 안 좋게 보는 사람에게 나는 어떻게 대하나?

10. 싸운 친구를 화해시키기 위해 나는 어떤 노력을 해 보았나?

좋아요 **1004** 개

남을 쉽게 칭찬하지 못하는 사람들이 있어요. 질투하고 미워하는 마음에 친구의 일에 같이 기뻐하지 못하는 거죠. 축하하는 말도 제대로 못 건네는 거예요. 그건 비교하는 마음에서 시작해요. 나와 친구를 비교하는 마음 말이에요. 나도 저렇게 잘하고 싶은데 나는 그만큼 못했을 때 비교가 시작되지요. 비교를 하기 시작하면 남을 쉽게 축하해 주지 못해요. 내가 저 자리에 있어야 하는데 저 친구가 있는 거 같은 착각에 빠지니까요. 하지만 그 친구는 정정당당하게 자신의 자리를 차지한 거예요.

가장 불행하고 힘든 삶이 비교하는 삶이랍니다. 남과 비교하는 마음은 자신을 늘 초라하게 만들어요. 나 자신에 대한 만족이 없으니 늘 불행하죠. 남들을 쉽게 축하하지도 못해요. 남이 나를 축하해도 그 마음을 의심하기 십상이죠.

비교를 해야 할 대상은 과거의 나와 지금의 내 모습이에요. 발전이 있었다면 내가 나를 토닥여 주고 축하해 줘야죠. 먼저 그 연습을 해 보세요. 남에게 비교하는 마음이 들고 위축이 된다면 말이죠. 작년의 내 모습보다 나아진 내 모습에 관심을 기울이세요. 마음이 조금씩 차오르는 것을 경험하게 될 거예요. 그 마음들이 쌓여 자신감이 됩니다. 자신감이 쌓이면 주변 사람들에게 진심으로 칭찬하고 축하할 수 있어요. 내 마음을 따뜻하게 다독이는 것부터 시작해 보세요.

# 05

# 대인관계 유지의 기술

## 친해지는 방법

친해지고 싶은 사람이 있을 때 어떻게 표현하시나요? 보통 관심을 드러내거나 잘해 주는 방법을 쓸 거예요. 자주 보게 되면 친해질 수 있다고 생각해서 매일 찾아가서 인사를 하기도 하지요. 자주 일상과 좋아하는 것을 물어 가며 친해지기도 하구요. 부모가 어려서부터 관계를 형성하는 모습을 보며 아이는 자라죠. 자신의 호감을 같은 방법으로 표현할 거예요. 아직 서툴기 때문에 급발진을 하거나 너무 진도를 느리게 빼기도 합니다. 아이들이 가장 힘들어하는 것이 관계의 완급을 조절하는 것입니다. 관심 가고 좋은 사람에게 자신의 마음을 솔직하게 털어놓고 기다립니다. 아직 관계가 무르익지 않은 사이에서 선부른 고백은 부담스럽죠. 자연스럽게 서로를 알아 가는 시간이 확보되지 않았으니까요. 관계에는 자연스럽게 서로를 알아 갈 수 있는 시간이 필요한데 아이들은 그걸 알지 못합니다. 계속해서 선물을 해서 관심을 끌려 합니다. 혹은 좋아하는 마음을 표현하는 방법을 몰라서 망설이다가 기회를 놓치기도 하지요. 아이들에게 자신의 호감을 표현하는 방법을 알려 줘야 할 텐데요. 어떤 방법이 좋을까요?

상대방에게 호감을 느끼고 있다면 좋아하는 것과 함께 싫어하는 것도 알아 보도록 해 주세요. 상대방이 싫어하는 것을 하지 않는 것이 우선입니다. 좋아하는 행동을 계속하다가 싫어하는 것을 한 번 했을 뿐인데 소원해질 수 있는 것이 인간관계입니다. 상대방이 극도로 싫어하는 부분이 있는지를 먼저 물어보세요. 그것을 조심하고 배려하는 모습을 보면서 상대방도 차차 마음의 문을 열게 될 거예요.

## 관계에도 흐름이 있다.

인간관계에도 흐름이라는 게 있습니다. '때가 있다'는 말이 더 맞을 수도 있겠네요. 인생에서 꼭 필요한 인연을 적시에 만나는 것은 행운입니다. 우리는 살면서 많은 관계를 맺습니다. 배울 점이 있는 사람도 있습니다. 저 사람처럼은 하지 말아야겠다 다짐하게 되는 관계도 있지요. 그런 과정에서 사람 관계를 선별할 수 있어야 합니다. 지금은 없으면 못 살 것 같은 관계라도 시간이 지나면 소원해질 수 있습니다. 아이들은 그 부분을 너무 어려워하죠. 어제까지 절친이었던 친구가 어느 순간 나에게서 등을 돌립니다. 쌀쌀맞게 대하면서 다른 친구를 찾아가지요. 그 친구와 나의 관계에서 적절한 때가 지나갔기 때문입니다. 이제 다른 관계와 측면에서 사람을 만나야 하는 거죠. '가는 사람 잡지 않고 오는 사람 막지 않는다.'라는 마음가짐이 필요합니다. 아이들은 관계에 연연합니다. 그토록 친했던 친구가 냉랭해진 것을 이해하지 못합니다. 마음속 깊이 상처로 받아들이지요. 아직 단단하게 마음을 다지지 못한 아이들에게는 당연한 일일 것입니다. 그러한 아이들의 마음을 헤아려 주세요.

신경 쓸 필요 없다고 말해 본들 소용없습니다. 아이에게는 이제껏 가져왔던 관계가 많지 않죠. 하나하나 너무 소중해요. 관계를 잃는 아픔을 힘들어합니다. 아직 마음에 굳은살이 생기지 않은 거예요. 아프고 쓰린데 덮어 버리라는 부모의 말은 너무 야속합니다. 아파하면 충분히 아파하게 두세요. 고민하게 하세요. 그 고비와 시기, 때를 넘어설 때 아이도 관계를 정리하고 다져 나갈 힘을 얻게 될 거예요.

## 관계를 오래 유지하는 비결

관계를 맺는 것도 중요하지만 오래 유지하는 것은 몇 배의 노력이 필요합니다. 작은 오해 하나로도 틀어지는 것이 사람 마음이거든요. 오해가 생기지 않도록 언제나 노력해도 내 마음 같지 않습니다. 냉정한 절친을 보는 아이의 마음이 어떨까요? 상상 이상으로 아플 겁니다. 아이들은 순수해서 열정적으로 마음을 나눴으니까요. 내가 아무리 노력해도 상대방 마음이 돌아서면 그땐 어쩔 수 없다는 것을 알려 주세요. 아이들은 상대방의 마음을 돌리기 위해서 정말 열과 성을 다할 거예요. 그럼에도 손에 잡을 수 없는 것이 사람의 마음이지요. 실망하고 슬퍼할 겁니다. 그때 아이가 아파하는 모습에 부모는 더 화가 납니다. '진작에 하지 말라고 했었지.' 하면서 여린 아이의 마음에 더 생채기를 내기도 하지요. 그러지 마세요. 그냥 묵묵히 힘들지 하고 토닥토닥 하며 지켜봐 주세요. 우리도 그 과정을 다 겪어 내며 이만큼이나마 단단해진 거예요. 그럼에도 사람 때문에 힘들고 아프잖아요. 아이들은 오죽하겠어요.

관계를 잘 유지하는 방법을 몸소 보여 주시는 것도 좋아요. 지인에게 전화나 문자를 자주 하면서 소식을 전하는 거죠. 좋은 감정을 자주 표현하는 겁니다. 그 사람이 힘들어하거나 아플 때 진심으로 도울 방법을 찾는 것을 보여 주세요. 좋은 일이 있을 때 자신의 일처럼 기뻐하고 슬픈 일에는 함께하는 모습을 보게 해 주세요. 혹은 간접적으로 대화를 통해서 전해 주셔도 좋습니다. 아이는 그 과정을 통해서 느낄 거예요. 관계를 유지하기 위해선 노력이 필요하다는 것을 말입니다. 꾸준히 노력해야만 관계가 유지된다는 것을 알 겁니다. 아이가 노력할 거예요. 소중한 사람에게 표현하기 위해서 말이죠.

### 관계를 유지하기 위해 할 수 있는 것

1. 연락의 주기 결정하기
2. 슬플 때 슬픔 나눠 줄 방법 찾아보기
3. 기쁜 상황을 알아보고 대응법 생각하기
4. 좋아하는 감정 표현법 분석하기

"있잖아. 시현이 남친 생겼대."

하진이가 예진이에게 카카오톡을 보냈다.

"진짜? 얼마 전까지 모태 솔로라고 울고 다니더니 웬일이래. 어디서 만났대?"

"페이스북에서 알게 됐나 봐. 시현이가 페이스북에 엄청 올인하잖아. 폐인이야. 폐인"

"그래? 몰랐네. 인스타 안 해서 SNS 안 하는 줄 알았어. 페이스북 하는구나?"

예진이는 의외라는 듯 말했다. 얌전하고 말도 없는 친구였는데 SNS로 남자 친구를 사귀다니 너무 놀랍고 부러웠다.

"근데 하진아. 어떻게 알았어? 시현이 자기 얘기 친구들한테 잘 안 하잖아."

"시현이가 살짝 말해 줬어. 근데 예진이 너니까 내가 말해 주는 거야. 나 얼마 전에 시현이랑 싸웠거든. 남자 친구 생겨서 그런지 너무 잘난 척하는 거 같아서 재수 없어서 말이야. 이제 김시현이랑은 절교야 절교."

예진이는 깜짝 놀랐다. 학기 초부터 하진이와 시현이는 질투가 날 만큼 붙어 다녔었다. 그런데 얼마 전부터 하진이가 예진이에게 자주 카톡을 남겼다. 그런가 보다 했었는데 둘이 싸운 모양이었다.

'그랬구나. 싸워서 나한테 이런 이야기도 하는구나. 카톡이 유난히 많이 온다 했네. 사이가 안 좋아서 그랬구나.'

그 후로도 몇 번의 카톡이 오고 갔다. 하진이는 예진이에게 궁금한 게 참 많았다. 남자 친구 이야기부터 가족에 관한 것과 학원은 어디 다니는지를 물었다. 친하게 지내려면 알려줘야 할 거 같아서 예진이는 모두 답해 주었다. 비밀이 있는 건 친구가 아니라고 생각했다.

하지만 시현이가 그 질문을 하는 순간은 잠깐 망설여졌다.

"너 그런데 유준이 좋아한다고 소문났던 거 진짜야?"

예진이에게는 마음 아픈 짝사랑이었다. 유준이는 예진이에게 전혀 관심이 없었다. 좋아한다고 톡으로 고백도 했지만 대답이 없었다. 유준이만 생각하면 가슴이 '쿵' 하고 내려앉는 거 같았다. 그 이야기를 아무렇지도 않게 묻는 하진이에게 뭐라고 답을 해야 할까 망설여졌다. 마음속에 혼자 간직한 비밀이었는데 어쩌다 소문이 난 건지 이해가 안 되었다. 하지만 마음을 열고 다가오는 친구에게 비밀을 갖고 싶지는 않았다. 예진이는 용기를 내서 하진이에게 전화를 했다.

"친구니까 이야기해 주는 거야. 어디서 그런 소문을 들었는지 모르겠지만 내가 말한 적은 없거든. 너한테만 말하는 건데 나 유준이 좋아해."

예진이 눈에서 눈물이 핑 돌았다. 친구에게 처음으로 자기 마음을 고백하니 떨리기도 하고 어색하기도 했다. 하진이는 커다란 함박웃음 이모티콘을 보냈다.

"알겠어. 비밀 지킬게."

며칠 후 하진이가 급하게 예진이에게 메시지를 보냈다.

"네가 혹시 시현이 남자 친구 있는 거 얘들한테 이야기했어? 시현이가 나보고 소문냈다고 와서 화내고 야단났어. 너 진짜 이럴래?"

예진이는 억울했다. 아무에게도 말하지 않았다. 하진이가 자기의 비밀을 알고 있는 친구기 때문에 더 그랬다. 하진이에게서 들은 이야기를 아무

와도 나누지 않았다. 이상했다.

"나 아니야. 아무 말도 안 했어."

이미 하진이는 예진이를 의심하고 있었다. 아무리 아니라고 해도 믿어 주지 않았다. 그러면서 예진이의 비밀은 친구들에게도 퍼트릴 거라고 으름장을 놨다. 예진이는 너무너무 억울했다. 괜한 일로 오해를 사는 것도, 자신의 비밀이 퍼트려질 일도 너무 다 무서웠다.

그때 시현이에게서 카톡이 왔다.

'예진아. 오해 사게 해서 미안해. 하진이가 여기저기 내 이야기를 하고 다녀서 가서 따진 거야. 너를 타겟으로 한 건 아닌데 미안해. 하진이가 너한테 엄청 화냈을 거야. 너뿐만 아니라 자기가 내 소문을 말한 모든 아이에게 화를 냈을 껄. 자신의 잘못은 알지도 못한 채 말이야. 나한테 와서 네 비밀을 알려줄 테니 용서해 달라고 하더라. 나는 네 비밀 궁금하지 않다고 했어. 그러니 걱정하지 마. 괜히 오해 사게 해서 미안해.'

시현이의 메시지를 보고 예진이는 눈물이 주르륵 흘렀다. 하염없이 흐르는 눈물 사이로 비밀은 절대 영원히 아무에게도 말하지 않을 거라는 결심 하나가 예진이 머릿속으로 흘러들었다.

1. 내가 만약 예진이었다면 시현이의 이야기를 듣고 어땠을까?

2. 내가 하진이었다면 시현이의 비밀을 알고 어떻게 했을까?

3. 내가 예진이었다면 비밀을 말해 달라는 하진이에게 어떻게 했을까?

4. 내가 하진이었다면 앞으로 어떻게 할까?

5. 내가 예진이었다면 앞으로 어떻게 할까?

6. 친구 사이에서 비밀을 알게 되면 어떻게 할까?

7. 비밀을 하나만 말해 달라고 친한 친구가 부탁한다면 어떻게 할까?

8. 비밀을 얘기해 줄 테니 친구가 되자고 한다면 어떻게 할까?

9. 말하지도 않은 비밀 때문에 오해를 받게 된다면 어떻게 할까?

10. 친구나 나의 비밀을 대하는 마음가짐을 어떻게 하는 게 좋을까?

좋아요 **1004**개

'비밀 친구'라는 말이 있습니다. 너와 나 둘이서만 비밀을 간직하는 아주 가까운 친구라는 뜻일 텐데요. 진짜 비밀이라는 것이 이 세상에 존재할까요? 내 입을 떠나는 순간 어떤 사실도 비밀일 수 없다는 말이 있습니다. 진짜 비밀은 내 마음속에만 간직하는 거죠. 누군가에게 말하는 순간 비밀은 비밀이 될 수 없는 거예요.

살면서 오래오래 사귈 수 있는 믿을 만한 친구가 있다면 참 좋겠지요. 평생 그런 친구를 얻는 일이 무척 어렵다는 사실. 여러분도 알 거예요. 한창 사춘기가 시작되는 친구 사이는 더 어렵지요. 나랑 친했던 아이가 이유도 없이 나를 멀리합니다. 때로는 나랑 놀지 말라는 말까지 하기도 하지요. 이상하고 이해 안 되는 상황이지만 그런 일들이 생겨요. 친구라고 믿었던 사람이 어느 날 나의 비밀을 말하고 다닌다면 그것만큼 힘든 일도 없겠지요.

좋은 친구를 곁에 두고 싶다면 먼저 좋은 친구가 되어 주어야겠지요. 그러기 위해선 친구의 비밀을 지켜 줄 수 있는 의리가 필요해요. 오랜 친구 관계를 유지할 수 있는 단 하나의 비결이라면 바로 무거운 입을 가지는 거예요. 친구의 말을 쉽사리 전하지 않는 겁니다. 나의 비밀을 알고 있는 사람은 그만큼 가까운 사람이란 뜻이잖아요. 뜻하지 않게 거리가 멀어졌다고 해도 비밀은 끝까지 지켜 주세요. 그것이 오랜 친구, 진정한 대인관계를 가질 수 있는 첫 번째 조건이랍니다. 비밀을 알게 되면 다른 친구에게 말하고 싶어 입이 간질거릴지도 몰라요. 하지만 꾹 참아야 합니다. 내가 말하는 순간 그 친구와의 우정은 깨진다고 생각하면 돼요. 항상 말을 아끼세요. 그것이 친한 친구 관계를 오래 유지할 수 있는 아주 중요한 비법이랍니다.

# 06

# 정보 판단하기

## 정보 홍수의 시대

정보 홍수의 시대입니다. 인터넷 사용이 보편화되면서 그야말로 정보 전쟁이죠. 누가 더 많은 정보를 빠른 시간에 확보하느냐에 따라서 삶의 등급이 결정됩니다. 자신만이 정보를 독점하고 사유화하려는 사람들도 있지요. 정보의 눈치 싸움이 시작된 것입니다. 어떻게 하면 고급 정보를 빠르게 모으는가가 중요해지고 있는데요. 정보를 모으는 것보다 더 중요한 것이 있습니다. 쓸데없는 정보와 고퀄리티의 정보를 분별하는 능력입니다. 수많은 정보를 모으는 것을 넘어서서 정보를 분류할 수 있어야 합니다. 진짜 정보와 가짜 정보 여부를 분석하고 판단하는 능력도 중요하죠. 정보가 많아진 만큼 분별의 기준도 중요해졌으니까요.

아이들은 정보를 무조건적으로 수용합니다. 우리가 서적의 정보를 신뢰하고 받아들이는 것과 비슷하죠. 아이들은 인터넷상의 정보가 모두 참이라고 생각합니다. 그 메시지에 담긴 의미를 분별하지도 않고 정보를 퍼다 나릅니다. 인터넷상의 수많은 정보가 퍼지는 메커니즘이죠. 친구가 퍼다 나르는 분별되지 않은 정보는 참된 정보로 둔갑합니다. 단체 카톡방을 타고 퍼져 나갑니다. 시간이 지나 가짜 뉴스라는 것이 밝혀지지만 진실에는 관심 없습니다. 남이 모르는 특별하고 충격적인 정보를 본인이 먼저 알고 있다는 것에 만족하죠. 진실이 밝혀지고 나서 그 누구도 정보를 정정하지 않습니다. 가짜 뉴스는 세상 속으로 퍼져 나갑니다. 정보 홍수의 시대, 너무 많아진 정보가 위험한 이유입니다.

## 인터넷 정보 분별의 필요성

정보 홍수 시대에 아이들에게 실제적으로 중요한 능력은 따로 있습니다. 넘쳐 나는 정보를 어떻게 분별할 것인가입니다. 나에게 전달된 정보가 거짓일 수도 있음을 판별하는 능력이 필요하죠. 정보의 출처가 분명한지 따져 봐야 합니다. 정확하게 작성된 뉴스인지, 쓴 사람은 명확한지 원문을 통해서 확인할 수 있어야 하죠.

아이들이 주로 사용하는 유튜브 정보도 마찬가지입니다. 아이들은 유튜브에서 나오는 사람들이 진실을 말한다고 믿는 편이에요. 그 사람들이 어떤 의도로 세상을 바라보고 이끌고자 하는지를 판단하지 못합니다. 미디어가 이끌어 주고 추천하는 대로 타인의 생각을 가감 없이 받아들이죠. 너무나 순진하게도 그것을 진실로 받아들이는 것입니다. 1인 미디어의 특성상 누구나 영상을 업로드하고 공유할 수 있잖아요. 따라서 거짓된 내용과 뉴스를 올려도 검증하기가 어렵습니다. 검증되지 않은 정보는 빠르게 퍼져 나갑니다.

유튜브에서 얼마나 많은 가짜 뉴스가 만들어지는지를 검증해서 보여 줘야 합니다. 부모가 일일이 검증하기는 쉽지 않죠. 밝혀진 뉴스를 통해서 알려주면 됩니다. '내돈내산' 광고라고 주장하던 것들이 뒷광고 논란에 휩쓸렸던 적이 있지요. 유튜버를 믿고 물건을 구매했던 사람들의 어이없는 반응을 그대로 보여 주는 것입니다. 이런 사례들을 실제로 보여 줌으로써 '모든 미디어를 그대로 믿어서는 안 된다.'는 것을 알게 해 줘야 합니다. 아이들이 접속하는 사이트에서 발견된 문제나 오류를 밝혀 준다면 더없이 좋은 공부가 될 거예요. 인터넷 정보를 분별력 있게 받아들여야 한다는 인식이 미디어를 다루는 아이들에게 필요한 기본 자세입니다.

## 미디어 리터러시가 중요하다.

미디어 리터러시란, 미디어를 읽고 쓰는 능력을 말합니다. 미디어에 담겨진 정보를 통해서 문제 해결 능력을 키우는 것이지요. 정보를 알게 되면 믿을 만한 정보인지부터 검증해야 합니다. 다양한 사람의 관점을 고르게 반영하고 존중하는지도 봐줘야 해요. 정보에 편견이나 고정관념이 들어 있는지도 확인해야 하죠. 아이들이 이 모든 것을 스스로 판단하기에는 한계가 있습니다. 부모님이 옆에서 봐줘야 할 텐데 그것도 녹록지 않습니다. 아이들이 자신을 통제한다고 생각하고 거부하기 때문입니다. 부모가 도와줄 수도 없고 스스로 분별하지도 못한다면 큰일입니다. 잘못된 정보를 막기가 너무 어려워지니까요. 게다가 요즘은 추천 동영상이 더 문제입니다. 내가 한 가지 견해를 가지고 영상을 클릭하면 그와 관련된 영상만 보여 줍니다. 시야와 식견을 좁게 만드는 일입니다.

그것을 인식하지 못하는 아이들은 세상이 그 안에 있는 정보로 이루어진다고 생각합니다. 한쪽 방향의 편향된 정보에 노출되지만 그것을 인식조차 못 합니다. 한쪽으로 치우친 정보를 통해 확증편향을 갖게 돼요. 이것은 부모도 마찬가지입니다. 자신이 기대하는 쪽의 뉴스만 자꾸 보게 되니 자신의 생각에 확신을 갖게 됩니다. 반대쪽의 다양한 생각을 받아들이지 못하면서 우리는 공정성을 잃습니다. 생각은 점점 좁아지겠지요. 이를 해결하기 위해서 다양한 미디어를 접해 주어야 합니다. 부모도 같이 접해야 해요. 인터넷이나 유튜브 영상은 이미 우리의 클릭에 맞춰 한 번씩 걸러진 뉴스입니다. 이를 벗어나기 위해서는 절대다수를 위해서 쓰인 매체를 활용해야 해요. 뉴스나 잡지, 논설 등을 통해서 한 가지 방향으로 생각이 치우치는 일을 피해 주세요. 미디어에 갇힌 아이들의 생각을 깨트려야 합니다.

## 인터넷 허위 정보 구별하기

1. 정보의 출처 찾아서 비교하기
2. 나에게 정보를 보내 주거나 포스트한 사람의 신뢰도 확인하기
3. 최신 정보 선택하기
4. 사진이나 이미지 원본 여부 확인하기
5. 인용문은 전체 본문 확인하여 비교하기
6. 자극적인 내용 지양하고 사실과 의견 여부 구분하기
7. 주장이나 관점의 치우침 판단하기
8. 해당 내용의 상업성 판단하기

“서현아. 너 어제 유튜브에서 그 뉴스 영상 봤어? 그 뉴스 우리 학교 애가 주인공이라던데?”

지후가 호들갑을 떨면서 달려왔다. 서현이는 눈이 동그래져서 지후를 바라봤다.

“뭐라고? 진짜야? 말도 안 돼. 나도 어제 그 영상 봤어. 여자애가 남자 화장실 몰래 들여다보는 영상이잖아. 거기가 우리 학교 아니야?”

“화장실 딱 보면 몰라? 어두침침하고 냄새나게 생긴 게 딱 우리 학교 화장실이잖아. 하긴 우리가 남자 화장실에 가 본 적은 없으니 모를 수도 있

지. 그거 찍은 애가 우리 학년에 있다고 해서 애들 야단났잖아."

서현이는 너무 놀라 가슴이 두근거렸다. 너무 충격적이어서 진짜 이런 일이 가능할까 생각하고 있었다. 그게 자기 학교였다니 말도 안 됐다. 그런 여자아이랑 같은 학교에서 머물고 있다고 생각하면 너무나도 끔찍했다.

"근데 그거 누구야?"

지후는 서현이의 귀에 대고 조그맣게 속삭였다.

"5반에 민주 있잖아. 걔라고 애들이 그러더라. 걔가 가끔 남자 화장실 앞에서 기웃거리는 걸 애들이 봤대나 봐."

지후는 그 말을 듣고 털썩 자리에 주저앉았다. 범인이 민주라고 했다. 민주는 지후의 둘도 없는 절친이었다. 민주는 평소에 스마트폰도 잘 쓰지 않는 친구인데 그럴 리가 없었다.

"증거 있어?"

"딱히 증거는 없나 봐. 학교 화장실이 우리 학교고 남자 화장실 앞에서 수상하게 서 있던 게 서민주니까 의심하는 거지."

서현이의 눈에서 눈물이 흘러내렸다. 그럴 리가 없었다. 민주가 그럴 리가 없었다.

서현이는 당장 민주네 반으로 달려갔다. 민주네 반에도 소문이 퍼졌는지 분위기가 어색했다. 이 사실을 아는지 모르는지 민주만 태연하게 책을 보고 앉아 있었다. 민주를 데리고 나와 복도 한쪽 구석에 섰다.

"너 어제 인터넷에 도는 영상 있잖아. 남자 화장실 찍은 엽기 소녀. 혹시 너야? 나한테만 살짝 말해 봐 민주야. "

민주는 서현이의 떨림에 아랑곳하지 않았다.

"뭐가? 무슨 영상?"

민주는 아무것도 모르는 눈치였다. 서현이는 몰래 숨겨온 스마트폰을 꺼내 민주에게 영상을 보여 줬다.

"이게 뭐야? 이걸 내가 찍었다고?"

서현이는 자초지종을 설명했다. 민주는 너무 의아한 반응이었다.

"내가 남자 화장실 앞을 서성였다고? 1학년에 내 사촌 동생 다니는 거 알잖아. 그 애가 남자 화장실에 갔는데 휴지가 없다고 창피하다고 톡이 왔었어. 화장지 주러 간 적은 있었지. 들어가지 못하니까 밖에서 부른 건데 그걸 누가 봤나? 이런 거 나 안 찍었는데 뭐지?"

서현이는 민주를 와락 껴안았다.

"아닐 줄 알았어."

서현이는 어리둥절한 민주를 놔두고 어디론가로 뛰어갔다.

조금 있다 교내 방송이 흘러나왔다.

"교내에서 떠돌고 있는 인터넷 영상에 관한 소문 있지요. 거기 우리 학교가 아닙니다. 학생들은 괜한 혼란을 일으키거나 헛소문을 퍼트리지 않도록 하기 바랍니다. 영상의 화장실과 우리 학교 남자 화장실을 비교한 사진을 현관에 게시했습니다. 확인 후 다시는 헛소문을 만들지 않도록 합니다."

하굣길 민주는 여전히 태연했다. 태연하게 걸어가는 민주를 뒤에서 와락 껴안으며 서현이가 말했다.

"이 무딘 애가 무슨 그런 관심이 있겠어."

그런 서현이를 보며 민주가 환하게 웃어 보였다.

1. 만약 지후가 소문을 듣고 서현이에게 전하지 않았다면 어떻게 됐을까?

2. 만약 서현이가 떠도는 소문을 믿고 민주를 의심했다면?

3. 민주가 자기 소문을 알았다면 어떻게 했을까?

4. 서현이가 혼자서만 알고 민주에게 물어보지 않았다면 둘의 관계는 어땠을까?

5. 선생님이 정정 방송만 하고 결정적인 사진을 게시하지 않았다면 어떻게 달라졌을까?

6. 만약 내가 서현이었다면 지후의 말을 듣고 어떻게 반응했을까?

7. 교실에서 떠도는 소문을 대하는 나의 태도는 어떠한가?

8. 친한 친구에 관한 나쁜 소문을 들었다면?

9. 친구가 나를 의심하고 나쁘게 몰아붙였다면 어떻게 할까?

10. 나에 대한 나쁜 소문을 들었다면 어떻게 해결할까?

좋아요 **1004**개

우리 친구들은 인터넷에 있는 기사가 모두 진실이라고 생각하나요? 인터넷에서 기사로 나오는 뉴스를 보면 진실이라고 믿는 친구가 무척 많다고 해요. 인터넷의 기사가 모두 진실은 아닙니다. 가짜 뉴스를 일부러 만들어 퍼트리는 경우가 무척 많습니다. 그 뉴스가 가짜라는 사실은 뒤늦게 알려지거나 널리 퍼지지 않습니다. 처음에 봤던 가짜 뉴스를 그대로 믿고 지내는 경우도 꽤 많아요. 처음 퍼트린 사람의 의도대로 된 거지요.

인터넷에서 정보를 찾을 때는 진실성을 중요하게 생각하고 찾아봐야 해요. 그 정보가 진짜인지를 판단해야 하지요. 위의 이야기에서도 진실이 무엇인지는 중요하지 않았죠. 사실 여부도 따져 보지 않고 '카더라 통신'을 전하는 것은 무척 위험한 일입니다. 인터넷의 정보는 너무나도 쉽사리 퍼지는 특성이 있어요. 함부로 퍼뜨리면 안 되겠지요. 조금 더 주의해서 사실 여부를 확인해야 합니다. 어느 순간 내가 소문의 주인공이 되어 있다면 너무 끔찍하잖아요. 그럴 수 있다는 것을 잊지 마세요. 검증되지 않은 소문을 퍼트리지 말고 진위를 분별할 수 있어야 해요.

# 07

# 타인의 요구나 감정에 반응하기

## 타인의 요구에 반응하기

개인에게는 욕구가 있습니다. 내가 하고 싶은 것과 하기 싫은 것이 분명히 존재하지요. 좋아하는 것만 하고 싶은 마음이 모두에게 있습니다. 그것을 다 이룰 수는 없습니다. 우리는 누군가와 더불어 살아가야 하기 때문입니다. 타인과 어울려 살다 보면 가끔은 나의 욕구를 참아야 할 때도 있습니다. 원하지 않는 것을 해야 할 때도 있어요. 차라리 혼자서 하고 싶은 대로 살고 싶은 마음이 있습니다. 타인의 시선과 욕구에 맞추다 보면 힘들거든요. 그러나 단체 생활에서 그것을 피할 수는 없습니다.

아이들도 학교에서 단체 생활을 하고 있습니다. 타인의 요구와 나의 욕구가 부딪힐 때가 많을 것입니다. 그때 아이들은 무엇을 더 우선으로 생각하나요? 내 욕구가 우선인 아이들은 자기가 원하는 것이 이루어지지 않을 때 폭발합니다. 모두 다 자신에게 맞춰 달라고 떼를 쓰기도 하지요. 반대로 자신의 욕구는 억제한 채 남의 요구에만 반응하는 아이들도 있습니다. 우리 아이는 어떤 유형에 속할까요? 아이는 자신의 반응에 대해서 만족하고 있을까요? 해 오던 방식에 익숙해진 아이는 불편을 감수하면서도 자신의 욕구를 누르고 있지는 않을까요? 단체 생활에서 아이의 욕구와 타인의 요구가 얼마나 상충되는지, 그때 어떻게 반응하는지 살펴보아야 합니다. 한 가지 방식으로 굳어져 아이가 힘들어하지 않도록 말입니다.

## 비언어적 의사소통

요구를 나타내는 표현은 말로 대부분 이루어집니다. 정확하게 자신의 필요를 이야기하는 친구들이 있지요. 하지만 그렇지 못한 경우도 생깁니다. 자신이 기대하고 바라는 바가 있지만 표현 못 하는 경우 말입니다. 이때는 요구를 신체적 언어로 표현하기도 합니다. 눈치껏 분위기를 읽을 줄 알아야 할 텐데요. 어떻게 비언어적인 단서를 제대로 파악하고 반응할 수 있을까요? 신체적 단서 중에 가장 도드라지는 것이 얼굴 표정입니다. 표정을 보고 상대방의 감정 상태를 파악할 수 있어야 합니다. 세상에는 생각보다 많은 감정이 존재하지만 아이들이 다 이해할 수는 없습니다. 강렬한 감정 몇 가지를 제외하고는 이해가 어렵죠. 어떻게 반응해야 할지도 모를 겁니다. 때로는 잘못된 반응을 보여 상대방과 소원해지는 경우도 있습니다. 표정뿐 아니라 몸짓이나 손가락 등을 사용해 표현되는 언어를 배워 둘 필요가 있겠지요.

가정에서 비언어적 표현을 이해할 수 있는 기회를 마련해 주세요. '얼굴로 말해요.' 같은 게임을 통해서 말이죠. 평소에 표정이나 비언어를 통한 표현에 익숙한 아이라도 표현하는 감정의 수는 한정적입니다. 분위기나 문화에 따라서 표현 방식이 조금씩 달라지기도 하지요. 이런 아이들을 위해서 평소에 표정을 통해서 자신의 생각을 전달하는 기회를 줘 보세요. 특히 아이의 경우는 이런 기회가 반드시 필요합니다. 사춘기 아이들은 비언어적 의사소통을 잘못 이해하는 경우가 많습니다. 표정 뒤에 숨겨진 말뜻을 이해하지 못해서 오해가 생기는 경우가 많습니다. 나쁜 말을 하면서 웃고 있으면 좋은 메시지를 전달한다고 느낍니다. 이런 의사소통의 오해를 방지하기 위해서 평소 자주 부모님의 표정이나 비언어적 표현의 의미를 설명해 주세요. 이런 연습에 익숙해진 아이들은 비언어적 의사소통 능력을 높일 수 있습니다.

## 나와 타인의 욕구의 균형점 찾기

타인의 요구와 나의 욕구를 알았다면 나의 반응을 결정해야겠죠. 무조건 타인의 요구 사항을 들어 주면 내가 너무 억울하죠. 내 욕구만 주장한다면 관계가 망가질 테고요. 적절한 균형을 잡아 나가는 것이 필요할 텐데요. 어떻게 균형점을 잡으라고 설명을 해 주시는 게 좋을까요.

사회나 단체에서 일반적으로 허용되는 균형점을 제시해 주면 좋을 것입니다. 여러 가지 예시를 통해 서로의 욕구가 상충되는 상황을 나눠 보는 거죠. 일반적인 상황에서는 무엇을 기준으로 욕구를 조절하는지 알려 주는 겁니다. 많은 사람의 이익이 관련된 일이라면 소수가 양보해야 할 상황도 있을 거예요. 그럼에도 절대 양보할 수 없는 소수의 욕구도 있을 거구요. 그 상황을 판단하고 익숙해지는 데는 다양한 예시 상황을 접하는 게 좋습니다. 경험을 통해 배운 것은 쉽게 잊지 않으니까요. 아이들이 다양한 집단 생활에서 여러 가지 의견 결정 상황에 접할 수 있도록 하는 겁니다. 각종 단체에서 활동을 해서 결정의 순간들을 늘려 주는 거죠. 사춘기만큼 경험의 폭이 중요한 시기가 없습니다. 아이들이 스스로 바른 판단을 하기 위해서는 다른 판단들을 다양하게 접해 봐야 합니다. 이것을 통해서 아이들이 배워 나가고 바르게 가치관을 정립해 나가도록 도와줘야겠습니다.

### 나와 타인의 욕구가 상충될 때

1. 나의 욕구와 타인의 욕구 정확히 파악하기
2. 나의 욕구가 집단의 욕구와 상충하는지 따져 보기
3. 타인의 욕구가 집단의 욕구와 상충하는지 계산해 보기
4. 조절 가능한 욕구 파악하기
5. 욕구의 균형점 찾기

오늘은 모둠 발표가 있는 날이다. 아침부터 병민이는 기분이 좋지 않다. 모둠 과제를 해야 하는데 아직 완성을 못 했기 때문이다. 분명히 어제까지 맡은 부분을 다 정리해서 보내라고 했는데 아직도 보내지 않은 친구가 있었다. 지우였다. 아침부터 병민이는 지우가 오기만을 벼르고 있었다. 지우가 교실로 들어서는 모습을 보자 병민이는 버럭 소리를 질렀다.

"황지우. 너 오늘까지 네가 맡은 분량해서 보내라니까 왜 안 보냈어. 지금 너 때문에 우리 조 과제 정리가 안 되잖아. 오늘 발표인데 어떻게 할 거야."

지우는 병민이의 큰 소리에 화들짝 놀랐다. 그러더니 이내 아무렇지도 않은 듯 대답했다.

"나 어제 학원 보강이 있어서 시간이 없었어. 팀 과제니까 내가 못 한 부분은 너희가 하면 되잖아. 학원 숙제하기도 바쁜데 언제 팀 과제 할 시간이 있어. 이따 점심시간에 모여서 하면 되겠네. 근데 어쩌냐. 나 점심시간에 임원 회의 있어. 미안해. 5교시 수업 전까지 다른 조원들이랑 같이 해줘."

병민이는 기가 막혔다. 같은 조인 정환이와 유정이, 채린이도 뒤늦게 와서 사정을 알게 되었다. 당연히 어제까지 모든 자료가 모아졌을 거라고 생각했는 데 큰일이었다. 지우는 과제가 대수냐는 듯이 자기 학원 숙제한다고 제자리로 가버렸다. 남은 조원 네 명만 발등에 불이 떨어진 듯했다.

"내가 점심을 안 먹고 자료를 찾아볼게. 병민아 어제까지 정리된 자료 나한테 넘겨."

채린이가 나섰다. 안 그래도 자료의 대부분을 채린이가 찾았던 터라 아이들은 모두 미안한 마음이 들었다.

"네가 너무 많은 과제를 하잖아. 우리 조원이 모두 다섯 명인데 한 명은 저렇게 자기 역할도 안 하고 말야. 이제껏도 네가 많은 양을 해냈는데 같이 하자. 점심시간에 모두 같이 하자."

유정이가 말했다. 하지만 채린이는 괜찮다고 했다. 어차피 자신이 흐름을 알고 있고 발표도 할 테니 혼자서 하겠다고 했다. 모두 다 점심을 굶을 필요는 없다고 말이다. 병민이는 미안한 생각이 들어 가방에 있던 캐러멜을 꺼내 채린이에게 건넸다. 다른 친구들도 모두 들고 있던 간식을 주었다. 밥을 먹으러 가면서도 미안해서 발길이 떨어지지 않았다. 지우는 아무 상관 없는 것처럼 제일 먼저 식당으로 달려갔다.

5교시 발표는 무난하게 끝이 났다. 채린이가 그동안 애쓴 만큼 병민이 조의 발표는 썩 괜찮았다. 급하게 준비한 거치곤 훌륭했다며 모두 안도의 한숨을 쉬었다. 그때 선생님께서 말씀하셨다.

"이번 발표부터는 점수 주는 방식을 바꿔 볼 거예요. 조원들 간의 과제 점수가 같다 보니 과제 참여도가 많이 달라서요. 열심히 하는 친구도 있고 무임승차 하는 조원도 있으니 불공평했죠. 이제부터는 조원들 간의 상호 평가로 채점을 하겠어요. 선생님은 채점에서 빠질게요. 조원들 중에 가장 열심히 한 친구에게 좋은 점수를 주는 겁니다."

아이들은 서로의 얼굴을 바라봤다. 그간의 불평불만이 한순간에 사라지는 느낌이었다.

"우리 조에서 누가 열심히 했는지 양심에 손을 얹고 채점을 시작하자. 전혀 도움이 되지 않은 친구가 있다면 그 친구는 점수를 못 받을 수도 있겠네."

병민이의 말에 지우만 영문을 모르겠다는 듯이 고개를 갸웃거렸다.

1. 만약 지우가 오늘 학교에 와서 자기 분량의 과제를 했다면 어땠을까?

2. 리더가 없어서 지우가 안 한 부분에 대해서 아무도 나무라지 않았다면?

3. 채린이가 밥 먹어야 해서 숙제를 못 하겠다고 했다면 어땠을까?

4. 선생님의 채점 방식이 바뀌지 않았다면?

5. 채점을 하면서 지우는 어떤 생각을 했을까?

6. 단체 과제를 할 때 무임승차 하는 친구를 만난다면 어떻게 할까?

7. 도저히 너무 바빠서 맡은 과제 분량을 못 할 상황이라면?

8. 자기 성적만 챙기고 이기적으로 구는 친구에게 뭐라고 할까?

9. 나 혼자만 단체 과제를 떠맡게 된다면 어떻게 할까?

10. 선생님이 단체 과제 점수를 참여 여부와 상관없이 똑같이 부여한다면 어떨까?

좋아요 **1004** 개

모둠 수업을 하다 보면 저런 상황이 간혹 있을 거예요. 도움이 되지 않는 친구가 종종 있지요. 자기 역할은 해야 하는데 남에게 맡기거나 쏙 빠지는 친구는 얄미운 마음도 들 거예요. 요즘은 수행평가나 모둠 활동에서도 기여한 만큼 점수를 주기 때문에 그런 경우가 많지는 않지만요.

타인의 요구에 잘 반응하고 대응해 주는 것도 대인관계를 맺는데 아주 중요한 기술이에요. 자기 역할을 제대로 해내고요. 그 역할을 요구하는 것에 대해 정당하게 반응하는 것도 필요하죠. 남에게 휘둘릴 필요는 없지만 타인의 감정이나 기분을 존중해 주는 자세는 필요한 거 같아요.

주변에 그런 사람이 있을 거예요. 자기 역할을 하지 않는 사람 말이죠. 내가 직장인이 되어도 마찬가지예요. 그런 사람은 평가를 좋게 받을 수 없겠죠. 회사 생활을 제대로 하기도 어려울 거예요. 성실한 나의 자세가 늘 힘들기만 하기는 아니란 걸 기억하세요. 나의 성실함이 나의 무기가 될 수 있답니다. 타인의 요구와 감정에 적절하게 반응하는 것이 나의 큰 장점이 될 수 있어요. 힘을 내 보세요. 지치지 말구요. 함께해야 하는 일이 더 많아질 학교생활에서 타인에게 적절히 반응하는 능력을 키우기 위해 노력해 봐요.

# 08

# 협력적 소통하기

## 미래에 필요한 역량

2022 개정 교육과정에서 추가된 한 가지 역량이 바로 협력적 소통입니다. 다양한 유형의 사람과의 소통의 중요성은 이미 알고 있었지요. 세계적인 질병을 경험하면서 조율해야 할 것이 훨씬 많아졌습니다. 나와 전혀 다른 욕구를 가진 사람과 더불어 살아가기 위해서 필요한 것들이 많아졌다는 것을 말이죠. 때로는 나와 전혀 다른 가치관을 가진 사람과 공동의 목적을 위해서 뭉치고 타협해야 한다는 걸 알게 되었습니다. 그것이 인류가 살아가야 할, 나아가 나 자신이 안전하게 살아갈 유일한 방법임을 깨닫게 된 것이지요.

이것뿐이 아닙니다. 내 주변의 사람과 소통하던 시대는 끝났습니다. 화상회의를 통해서 세계인과 의견을 나눌 수 있게 되었습니다. 나와 전혀 다른 사람과 의견을 모아 목적을 이뤄야 할 경우가 많아졌죠. 앞으로 더 많아질 것이구요. 그러한 과정에서 어떻게 소통할 것인가가 중요한 화두가 되었습니다. 단순한 소통이 아닌 협력적 소통이 대두된 이유입니다. 상호 발전할 수 있는 소통이 우리의 공동 목적이 된 것이죠.

미래에는 이 협력적 소통 능력이 더 중요해질 것입니다. 나 하나의 이기적인 행동이 지역뿐 아니라 순식간에 전 세계를 망가트릴 수도 있습니다. 집단 감염 사태를 통해서 우리 모두 뼈아프게 느낀 바입니다. 이에 우리는 어떻게 협력적 소통을 늘려갈 것인지 작은 사회인 가정에서부터 경험시켜야 합니다.

## 협력의 필요성

아이들이 처음으로 만나게 되는 협력은 아마도 학교에서 모둠 과제가 아닐까 싶습니다. 물론 가정에서도 구성원이 협력해서 살기도 하지만, 학교는 조금 다르죠. 가정이 공동의 연대감이 깊었던 것에 비해서 학교에는 개인의 이익을 지키고자 하는 구성원들이 있습니다. 자신이 최소로 참여하면서 최대의 이익을 보고자 하는 구성원도 함께할 수 있다는 말입니다. 아이들끼리 모둠 과제를 하다 보면 이러한 문제들이 낱낱이 드러납니다. 무임승차하려는 아이들이 있습니다. 다른 구성원에게 자기 몫까지 떠넘기거나 제대로 자기 몫을 하지 않는 아이도 있습니다. 묵묵히 자기 역할에 타인의 역할까지 도맡느라 모둠 수업을 너무 힘들어하는 친구들도 있지요.

우리 아이의 성향에 따라서 이런 다양한 구성원의 역할을 하게 될 텐데요. 여기서 아이들은 깨닫게 됩니다. 모두 다 제 몫을 해내는 것이 아님을 말입니다. 또한, 공정하게 역할을 나눈다고 하지만 쉽지 않습니다. 한 명에게 과제가 몰릴 수도 있지요. 부당함을 느낀 아이들은 분노할 것입니다. 그런 부분에서 공정과 협력의 가치에 대해서 이야기를 나눌 필요가 있습니다. 때로는 공정의 가치보다 협력에 조금 더 가치를 두어야 할 때도 있음을 말이죠. 이를 통해서 아이들은 모든 상황에서 통하는 절대 원칙이란 없음을 알게 될 겁니다. 협력하는 과제의 종류에 따라서 때로는 원칙이 살짝 변할 수도 있음을 말입니다. 이를 통해 아이에게는 협력을 통한 변화의 가능성을 배우게 될 것입니다. 특히 공정을 중요한 가치로 여기는 아이들에게 꼭 필요한 융통성입니다. 옳고 그름을 떠나서 협력을 위해서 양보하거나 덜 공정한 부분이 있을 수 있음을 아이가 배우게 될 것입니다.

## 협력적 소통

협력적 소통 능력을 키우기 위해서는 어떻게 해야 할까요? 비폭력 대화가 필요합니다. 공격하지 않으면서 자신의 의견을 정중하게 표현할 줄 알아야 해요. 타인을 비난하기보다는 나의 의견을 전달하는 '나 전달법'을 활용한 대화를 하면 좋습니다. 이는 가정에서 충분히 연습할 수 있는 부분이죠. 부모님들에게 특히 더 필요한 기술이지요. 부모님들은 아이와 자신을 동일시 여기는 경우가 많아요. 아이의 일도 자신의 일만큼 심각하게 받아들이지요. 아이와 나를 분리하지 못하고 쉽게 흥분합니다. '나 전달법'이 아닌 아이를 원망하는 대화를 자주 하는 이유입니다. 이런 대화 방식으로는 서로 원망하는 마음만 쌓입니다. 비난하는 말을 삼가고 나를 주어로 이야기합니다. 내 생각과 감정을 아이를 배제하고 말하는 것입니다. 자신이 기대하는 바도 마찬가지에요. 상대방을 비난하지 않고 대화하면서 협력적 소통 기술은 향상됩니다. 이러한 소통을 가정에서 자주 접한 아이들은 단체 생활에서도 익숙하게 이 방법을 사용합니다. 자주 아이와 이 방법으로 소통하세요. 아이의 소통 능력을 키워줄 수 있는 아주 좋은 방법입니다. 게다가 이러한 소통이 늘어날수록 아이와의 관계도 긍정적인 방향으로 개선됩니다. 아이들과 관계를 풍부하게 만들 수 있는 '나 전달법', 안 쓸 이유가 없지 않겠어요?

### 나 전달법 활용한 대화하기

1. 상대방의 행동에 대해 비난 없이 묘사하기
2. 상대방의 행동이 나에게 미치는 영향과 내가 느낀 감정 표현하기
3. 문제 해결을 위해 상대방에게 바라는 점 표현하기

가인이는 아침부터 얼굴을 책상에 푹 파묻은 채 미동이 없다. 다른 때 같으면 활기차게 교실을 돌아다니며 깔깔거릴 아이인데 오늘은 아니었다. 여느 때의 가인이와 전혀 달라 보였다. 이상했다. 재연이가 그런 가인이 옆으로 다가갔다.

"가인아 무슨 일 있어? 왜 아침부터 이렇게 힘이 없어?"

가인이는 재연이의 말을 듣자 눈물을 또르르 흘렸다.

"재연아, 나 어떻게 해. 아빠가 교통사고가 났대. 오늘 아침에 병원에 가신다고 했는데 수술할지도 모른대."

가인이의 이야기를 들은 아이들이 가인이 주위로 몰려들었다.

"너무 무서워. 아빠 잘못되면 어떻게 해."

매주 아빠랑 신나게 놀러 다닌다고 얼마나 자랑을 했는지 모른다. 가인이 아빠도 가인이처럼 활달한 성격이라 친구들에게 떡볶이도 자주 사주시는 분이셨다. 그런 가인이 아빠가 사고가 났다고 하니 교실이 순간 조용해졌다.

"얼마나 많이 다치신 건데?"

적막을 뚫고 유준이가 물었다.

"부모님께 전해 들은 이야기를 다 해 봐. 나도 작년에 우리 삼촌이 교통사고 나서 알아. 우리 삼촌 지금 아무렇지도 않아. 그러니까 걱정부터 하지 말고 어서 말해 봐. 정확한 상황을 알아야 우리가 도울 거 아냐. 같이 고민해 보고 방법을 찾아보자."

진우도 나섰다.

"나도 몇 년 전에 이모부가 교통사고 나서 병원에 가본 적 있어. 그때 이모부는 골절이 돼서 낫는데 오래 걸리셨어. 그런데 이모부는 겉으로 보이는 상처가 많았대. 아빠는 어떠셔?"

아이들의 말에 용기가 났는지 가인이가 눈물을 닦으며 말했다.

"아빠는 겉으로 보기에 다친 곳이 있진 않았어. 그런데 허리가 아프다고 하시더라."

"그럼 타박상인가 봐. 나도 지난번에 팔 다쳤을 때 깁스했잖아. 그때 겉으로 보이는 상처는 없었거든. 병원 가 보니 부딪혀서 생긴 상처만 있다고 하셨어. 너무 걱정하지 마."

여기저기서 교통사고 경험담이 흘러나왔다. 크게 다친 이야기도 있었지만, 그런 이야기는 쏙 빼고 가인이가 걱정하지 않을 이야기만 해 주었다. 친구들의 이야기를 들으니 가인이의 마음이 한결 편안해졌다.

"교통사고 환자에게 좋은 게 뭔지 우리가 찾아보자. 가인이 아빠한테 얻어먹은 떡볶이 값은 해야지."

아이들은 일제히 휴대전화를 꺼내 교통사고에 대해 검색하기 시작했다. 사골국이 좋다는 둥 병원은 어느 병원이 이 동네에서 낫다는 둥 아이들 숫자만큼이나 다양한 정보들이 흘러나왔다.

"얘들아. 엄마한테 방금 문자 왔는데 아빠 다행히 타박상이래. 아빠가 엄살이 심해서 크게 다친 줄 알았는데 엄마한테 어리광 부린 거였대."

놀랐던 탓에 가인이는 크게 울음을 터트렸다. 아이들은 모두 손뼉을 치며 가인이 아빠의 무사함에 감사했다.

"얘들아 고마워. 나 혼자서 걱정했으면 진짜 나 너무 힘들었을 것 같아. 너희들이 함께해 줘서 정말 힘이 되었어. 아빠 다 나으시면 아빠한테 또 떡볶이 파티해 달라고 해야겠다.진짜 고마워. 친구들아."

가인이는 연거푸 고맙다는 말만 되풀이했다. 수업 시작종이 가인이 목소리처럼 밝게 울려 퍼졌다.

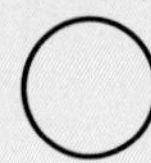

1. 만약 가인이가 혼자서 걱정만 하고 친구들에게 말하지 않았다면?

2. 친구들이 교통사고로 크게 다친 이야기만 했다면 어땠을까?

3. 친구들이 방법을 찾자고 했을 때 아무도 나서지 않고 자기 일만 했다면 어땠을까?

4. 잘못된 정보를 찾아서 알려준 거라면 어떨까?

5. 가인이와 가인이 아빠의 활발한 성격을 질투한 친구가 있었다면 어떻게 했을까?

6. 친구에게 어려운 일이 생겼을 때 어떻게 도울까?

7. 나에게 어려운 일이 생겼을 때 나는 어떻게 하나?

8. 친구들이 힘을 합쳐 나를 도왔을 때 나는 어떻게 반응할까?

9. 가족에게 어려운 일이 생겼을 때 내가 할 수 있는 일은 무엇인가?

10. 친구들과 원활한 소통을 위해 나는 어떤 노력을 하고 있나?

좋아요 **1004**개

옛말에 '백지장도 맞들면 낫다.'라고 하잖아요. 기쁨은 나누면 배가 되고 슬픔은 나누면 반이 됩니다. 그만큼 혼자서 고민하기보다는 생각을 나누면 조금 더 짐이 가벼워진다는 건데요. 필요할 때 도움을 요청할 수 있는 마음이 필요해요. 도움을 요청하면 다른 사람들이 귀찮아하지는 않을까 고민하는 친구들도 있지요. 때로는 망설여지기도 할 거예요. 하지만 상담을 즐기는 사람들도 있다는 사실을 잊지 마세요. 진심으로 여러분을 걱정하는 사람도 주위에 많아요. 그런 사람들은 여러분 혼자서 문제를 해결하려고 하는 게 속상할 거예요. 내가 도움이 되지 않는 존재인가보다 생각하면서요. 용기를 내서 나의 힘듦을 나눠 보세요. 소중한 사람들이 여러분을 적극적으로 도울 거예요. 여러분의 고민도 훨씬 가벼워질 거랍니다. 도움을 요청하는 게 결코 약한 게 아니란 걸 잊지 마세요.

친구들과 소통을 할 때는 협력적 소통이 중요해요. 내 의견만 내세우기보다는 친구와 함께 의견을 모으는 거죠. 그것을 위해 가장 기본이 되는 것이 경청입니다. 남의 말을 잘 들어야 해요. 친구의 말을 잘 듣다 보면 공감이 되는 부분이 생겨요. 어떤 친구는 공감해 주는 것만으로도 고민이 해결된다고도 하지요. 그만큼 마음을 열고 들어 주는 게 중요해요. 듣고 나서 함께 의견을 조율하며 최선의 해결책을 찾아가는 겁니다. 이러한 협력적 소통을 통한 대화는 여러분을 성장시킵니다. 마음을 터놓고 경청하며 서로 대화를 해 보세요. 친구와 함께 성장하는 경험을 하게 될 거예요.

나 자신을 사랑할 때 타인과도 잘 지낼 수 있어요.

# CHAPTER 5

# 공동체 역량

자녀의 말을 끊지 마세요. 가르치려고도 하지 마세요.
아이도 우리처럼 스스로 말하면서 정답을 찾아갈 수 있습니다.
진심으로 들어 주는 것만으로도 충분하다는 것을
아이가 느낄 겁니다.
경청의 대화를 오래 해 본 친구들은
공동체에서도 그 역량을 발휘하여
좋은 리스너, 대화 상대가 될 것입니다.

# 01

# 경청하기

## 비밀 지키미

세상엔 수많은 비밀이 있습니다. 다른 누구에게도 말하지 않고 너에게만 하는 이야기가 비밀이죠. 비밀을 알게 되었을 때 누구나 고민합니다. 비밀인 줄 알면서도 말하고 싶은 마음이 존재하니까요. 비밀을 지키기로 다짐했으니 고민이 됩니다. 절대 말하지 않겠다는 약속을 받고 상대방의 비밀을 전하기도 하지요. 아이들은 비밀 때문에 친구 관계에서 문제가 발생하는 경우가 많습니다. 비밀을 지켜주기로 했으면서 사이가 멀어지면 여지없이 상대방의 비밀을 말합니다. 비밀을 말했다가 관계가 틀어지는 경우가 흔히 있지요.

친한 사이라도 어느 정도의 비밀까지 말해야 할지 고민이 되는 건 어른도 마찬가지입니다. 그 사람에게만 말했던 비밀이 어느 순간 나의 약점이 되어 소문으로 돌아오는 경험을 한 번쯤은 해보셨을 거예요. 그 후론 개인적인 비밀은 누구에게도 말하지 않으려는 마음이 생겨 버리지요. 아이들은 아직 그만큼의 상처나 문제가 없었죠. 비밀을 심각하게 받아들이지 않습니다. 친하다는 이유로 자신의 비밀이나 속마음을 쉽게 오픈하지요. 하지만 사이가 소원해진 틈을 타서 자기의 비밀이 공공연한 소문이 됩니다. 아이들은 너무나 당황합니다. 되돌리려고 해도 발 없는 소문은 너무나도 빠르게 퍼져 나갑니다.

'비밀이란 존재하지 않는다.'라고 생각하는 것이 편합니다. 내가 말하는 내용이 소문으로 퍼져도 괜찮다고 생각하는 것만 말하게 해 주세요. 물론 아이들은 부모 말을 듣지 않을 겁니다. 사춘기의 아이들은 더더욱 그렇겠지요. 비밀이 자신을 힘들게 할 게 뻔히 보이지만 아이들이 직접 경험하면서 자신만의 원칙을 세워나가겠지요. 그렇지만 규칙이나 원칙 정도는 꾸준히 알려 주세요. 아이가 나중에 어느 정도 선에서 행동을 조절할지 고민할 때 도움이 될 테니까요.

## 고민이 있는 친구를 만난다면

내 비밀도 관리하기 어렵지만 친구의 비밀을 알게 될 경우도 힘듭니다. 아이들은 비밀을 알게 되었을 때 지켜낼 힘이 있을 거라고 굳게 믿습니다. 친구에게 기꺼이 비밀을 말해도 된다고 약속을 합니다. 비밀을 알고 나면 마음이 달라집니다. '임금님 귀는 당나귀 귀'처럼 말하고 싶어질 수 있습니다. 친구와 관계가 친밀할 때는 그나마 괜찮습니다. 매일 만나서 이야기를 하다 보면 의리라는 게 생기죠. 쉽사리 소문을 퍼뜨리지 못합니다.

관계가 소원해졌을 때가 문제입니다. 원래 친구보다 갑자기 더 친한 친구가 생기게 될 때 말입니다. 새 친구와 친해지기 위해서는 유대감을 높일 무언가가 필요합니다. 서로의 이야기를 하면서 가까워진다면 걱정이 없겠지만 다른 사람 이야기를 해야 친해진다고 하잖아요. 특히 욕을 함께 하면 더 쉽게 친해지죠. 이럴 때 새로운 친구를 사귀는 도구로 옛 친구의 비밀이 활용되는 예가 많습니다. 소문을 잘 퍼뜨리지 않는 사람을 보통 '입이 무겁다'고 하지요. 무거운 입을 갖기가 쉽지 않습니다. 비밀뿐만이 아닙니다. 일상의 가벼운 이야기들도 '카더라 통신'으로 잘 옮기는 친구들이 있습니다. 타인에 대한 이야기들을 하면서 자신의 인기를 과시하는 경우죠. 남의 이야기는 부풀려서 하기가 쉽습니다. 있는 사실만 전한다 해도 자신의 사견이 섞일 수 밖에 없지요.

아이들에게 친구를 사귀면서 중요한 것이 먼저 말하는 것보다 들어 주는 것임을 알려줄 필요가 있습니다. 잘 들어 주고 공감해 주는 친구는 인기가 많습니다. 순간적으로 남의 이야기를 하면서 이목을 끄는 친구들이 있지요. 인기가 많아 보이지만, 그렇지 않습니다. 나를 모르는 사람들에게 내 이야기를 할 수 있는 가능성이 있으니까 아무래도 조심하게 됩니다. 잘 들어 주는 친구가 좋은 친구가 될 가능성이 많습니다. 교우 관계에서 인기와 존재감을 얻고 싶다면 먼저 귀를 열어야 한다는 점을 강조해 주세요. 말로도 설명할 수 있지만 행동으로 보여 주세요. 아이가 말을 할 때 부모님이 온 마음을 열고 들어 주는 경험으로 말이죠. 그런 경청의 경험을 한 아이는 그 힘을 믿게 됩니다. 자신도 실천하고자 노력하게 되지요.

## 경청의 힘

경청을 하려면 어떻게 해야 할까요? 요즘은 스마트폰 때문에 경청이 점점 어려워집니다. 친구를 만나서 대화하는 것보다 톡이나 SNS를 통해서 사람을 만나는 경우가 늘어나고 있지요. 하지만 조사 결과 온라인상의 대화나 소통은 실제 만남의 효과를 뛰어넘을 수 없습니다. 온라인상에서 이야기하는 사람들보다 실제 만나서 대화하는 것이 훨씬 더 치유의 효과가 컸습니다. 아이들도 이걸 느끼고 있을 거예요. 원격 수업에서 스트레스를 많이 받았던 가장 큰 이유가 친구와 만나서 수다를 떨지 못해서였다고 합니다. 실제 눈을 맞추고 대화하는 힘은 생각보다 막강합니다.

만나서 대화를 한다면 어떻게 경청을 해야 할까요? 경청을 하려면 다른 사람의 말에 온전히 집중할 수 있어야 합니다. 하던 일을 멈추고 말하는 사람의 눈을 바라봅니다. 적절하게 맞장구를 치고 공감해 주며 듣습니다. 상대방이 말을 하는 도중에 말을 끊지 마세요. 상대방이 원하지 않는 조언은 하지 않아요. 조언이나 충고는 매우 조심해서 사용해야 합니다. 상대방을 위한다는 이유로 내 생각을 거침없이 말하는 것은 도움이 안되지요. 또한, 상대방이 원하지 않는데도 나의 경우와 비교하거나 예를 들어 말하는 것은 대화의 흐름을 끊습니다. 내 말을 더 많이 하는 경우도 문제지요. 대화라는 것은 주고받는 것이지 한쪽이 듣기만 하는 것이 아닙니다.

바쁜 현대 사회에서는 경청하기가 어렵습니다. 서로 자기 말만 하느라 바쁘지요. 공감을 해 주거나 맞장구를 치기가 점점 어려워요. 내 이야기를 하고 싶으니까요. 아이들도 마찬가지입니다. 말을 끊고 자신의 의견만 주장하는 부모님에게서 안 좋은 태도를 배우는 경우도 많습니다. 아이들에게 경청의 자세를 알려 주기 위해서는 부모님이 아이의 말을 경청의 자세로 들어 주세요. 자녀의 말을 끊지 마세요. 가르치려고도 하지 마세요. 아이도 우리처럼 스스로 말하면서 정답을 찾아갈 수 있습니다. 진심으로 들어 주는 것만으로도 충분하다는 것을 아이가 느낄 겁니다. 경청의 대화를 오래 해 본 친구들은 공동체에서도 그 역량을 발휘하여 좋은 리스너, 대화 상대가 될 것입니다.

### 나의 경청지수는?

1. 내가 대화할 때 나의 자세 체크하기
2. 대화 도중 말을 끊거나 내 말 먼저하는 빈도 체크하기
3. 눈을 마주치면 대화하는지 확인하기
4. 대화의 내용에 맞장구치는 비율 확인하기

"있잖아. 하율아. 내가 어제 말한 거 생각해 봤어?"

예림이는 하율이를 따로 불러 조그맣게 물어보았다.

"어제 뭐? 어제 무슨 이야기했었어?"

하율이는 눈이 동그래져서 예림이를 쳐다봤다. 예림이는 그런 하율이의 모습에 헛웃음이 나왔다.

"너 어제 내가 고민 있다고 했던 얘기 벌써 다 잊었어? 어쩐지 내가 이야기할 때 핸드폰을 만지작거리고 듣지도 않더구만. 너 내 얘기 제대로 안 들었구나. 지난번에도 그러더니 또 그러네. 나 이제 너하고는 어떤 말도 못 하겠다."

예림이는 울컥하고 하율이를 보고 말했다. 하지만 하율이는 대수롭지 않은 듯 말했다.

"사람이 못 들을 수도 있지, 뭘 그런 거 가지고 피곤하게 그래. 내가 네 말 한마디 한마디를 다 기억해야 하니? 아이씨 피곤해. 그만해. 나도 귀찮아."

하율이는 오히려 화를 내며 화장실로 가 버렸다. 예림이는 너무 어이가 없어 눈물도 나오지 않았다.

"예림아. 너 무슨 일 있어?"

윤아가 예림이에게 다가왔다. 윤아를 보자 예림이는 눈물이 쏙 들어갔다. 언제나 소문을 만들고 다니는 윤아였다. 예림이가 하율이랑 이야기하다가 운 걸 보면 또 무슨 소문을 만들어 낼지 알 수 없었다. 예림이는 밝게 웃어 보이며 아무 일도 아니라고 하고 교실로 들어갔다. 눈물이 쏟아질 거 같았지만 참아야 했다.

수업 시간이 시작되었다. 쪽지 하나가 예림이에게 전해졌다. 채린이였다.

"예림아. 아까부터 얼굴이 어두워 보이던데 무슨 일이야?"

평소에 그렇게 친하지 않았지만 같은 조를 할 때 배려심이 많은 채린이의 모습을 알았었다. 오늘 예림이의 기분까지 알아채다니 예림이는 조금 놀라웠다.

"평소처럼 말도 안 하고. 아까 민아가 부르니까 대답도 안 하더라. 오지랖인 줄 아는데 걱정돼서 말야. 괜찮으면 나한테 말해도 돼. 나 생각보다 입 무거워."

채린이의 쪽지를 보니 또다시 눈물이 흐를 것 같았다. 하지만 무턱대고 울 수는 없었다. 예림이는 채린이에게 방과 후에 남아서 자기랑 이야기해 줄 수 있느냐고 물었다. 둘은 학교가 끝난 후 운동장에서 만났다.

"나 사실은 고민이 있었어. 친구에게 상의했는데, 친구가 들은 척 만 척 하는 거야. 너무 속상해서 힘이 없었어. 네가 그 모습을 알아봐 줘서 친하지 않은데도 이렇게 부탁하게 되었네. 고마워 채린아."

예림이의 반짝반짝한 눈망울을 채린이가 마주쳐 주었다.

"무슨 고민이길래. 말해 봐. 나 이야기 잘 들어 줄 수 있어."

채린이는 예림이의 눈을 마주 보며 고개를 끄덕여 주었다. 눈을 맞추고 예림이의 말에 맞장구도 쳐 주었다. 예림이는 열심히 들어 주는 채린이 덕에 신이 나서 계속해서 말을 이어갔다. 이상했다. 고민이라고 생각했던 것들이 말하는 것만으로도 해결되는 느낌이었다. 열심히 들어 주는 채린이의 눈빛만으로도 벌써 반 이상이 해결된 것 같은 마음이 생겼다. 신기한 경험에 저절로 웃음이 났다. 예림이는 채린이의 손을 꽉 잡았다.

"고마워. 채린아. 네가 들어 주는 것만으로 나 마음이 많이 좋아졌어. 진짜 신기해. 정말 고마워."

예림이의 빨개진 볼을 보면서 채린이도 마주 보며 빙그레 웃었다.

1. 만약 내가 예림이었다면 하율이에게 어떤 마음이 들었을까?

2. 하율이는 예림이에게 어떤 마음이 들었을까?

3. 같은 반에 윤아 같은 친구가 있다면 어떻게 할까?

4. 갑자기 쪽지를 받은 예림이는 어땠을까? 평소 채린이의 모습이 윤아 같았다면 예림이는 어떻게 반응했을까?

5. 친한 친구가 표정이 어두워 보인다면 어떻게 해 줄까?

6. 친구가 끝까지 힘든 일을 이야기하지 않는다면 어떻게 해 주는 게 좋을까?

7. 친구의 비밀을 알게 되었을 때 말하고 싶어지는 마음을 어떻게 조절할 수 있을까?

8. 나에게 비밀이 있다면 누구에게 말할까? 상대방이 나의 비밀을 지켜 줄까?

9. 비밀을 지켜 주지 못한 절친에 대해서 어떤 마음이 생길까?

10. 내가 친구의 비밀을 지켜 주지 못했을 때 친구에게 어떻게 이야기할까?

좋아요 **1004**개

고민이 있을 때 내 이야기를 성심성의껏 들어주는 친구가 있나요? 그때 어떤가요? 내 이야기를 하는 것만으로도 예림이처럼 고민이 가벼워지는 마음이 들 거 같은데요. 여러분은 어때요? 그런 친구가 있나요? 내가 그런 친구가 되어 주고 있나요? 요즘을 바쁘다 바빠 현대 사회라고 합니다. 바쁜 만큼 서로 깊이 있게 공감하는 게 어려운 시대입니다. 자기가 필요한 말, 하고 싶은 이야기만 하고 남의 이야기는 잘 들어 주지 않습니다. 대화가 어려울 때가 많지요.

친구 관계나 모든 인간관계에서 필요한 것이 바로 들어 주려는 마음입니다. 그 사람 진심을 이해하고 마음을 함께 나눠 주려는 태도는 경청에서 드러납니다. 진심을 다해서 이야기를 들어 주고 기다려 주는 시간이 필요하죠. 서로가 서로에게 말이에요. 내가 하고 싶은 말만 하는 게 대화가 아니에요. 상대방과 말을 주고받는 것이 대화입니다. 그런 과정을 통해서 서로 가까워질 수 있는 거예요. 좋은 친구를 사귀고 싶다면 먼저 상대방이 하는 이야기를 잘 들어 보세요. 그 이야기 가운데에서 친구의 마음을 이해하고 열린 마음으로 받아들일 수 있어야 좋은 친구가 될 수 있어요. 내가 먼저 좋은 친구가 되어 주세요.

# 02

# 칭찬하기

## 칭찬하기

어떤 경우에 아이를 가장 많이 칭찬하시나요? 아이가 눈에 보이는 성과를 냈을 때일 거예요. 학교에서 시험을 봤는데 100점을 맞았을 때 자연스럽게 칭찬을 하게 되죠. 물론 0점을 맞았다면 아마도 화를 낼 테고요. 그런 상황 이외에도 아이가 부모가 자랑할 만한 일을 했을 때 칭찬을 하게 될 겁니다. 그래서일까요? 실제로 아이들이 부모님께 칭찬받았다고 느끼는 경우가 적습니다. 칭찬을 넘어서서 아이들은 부모가 자신을 사랑하고 있다고 느끼지 못하는 경우도 많습니다. 어느 부모가 자기 자식을 사랑하지 않을까요? "부모는 자녀를 사랑하지만 자녀는 그것을 느끼지 못한다." 무엇이 문제일까요? 표현력의 문제겠지요. 평소에 비난보다 칭찬을 더 많이 한다고 생각하시나요? 아닐 겁니다.

인간은 생존하기 위해서 위기 대응 능력을 갖고 살아갑니다. 위기 상황에 대처하기 위해서 안 좋은 상황에 민감하게 반응하죠. 대부분의 부모도 아이의 문제 행동에 대한 지적을 많이 합니다. 지적 3번이면 칭찬은 1번 할까말까지요. 그러니 어떻겠어요. 아이는 늘 지적당하고 인정받지 못한다고 느낍니다. 칭찬에 인색한 부모 아래에서 자란 아이가 사랑을 느끼지 못하는 이유입니다. 특히 잘못된 성과를 냈을 때 돌아오는 질책과 비난은 더 문제입니다. 아이가 자신이 뭔가를 잘 해야만 사랑받는다고 생각하게 만들어요. 때로는 부모의 칭찬을 받기 위해 무리하기도 합니다. 칭찬받고 인정받을 가능성이 없다고 생각하고 아예 포기하고 무기력해지는 경우도 있구요. 아이에게 가장 중요하고 소중한 존재는 부모이기에 아이들은 부모의 반응에 좌우되지요. 칭찬에 인색한 부모의 아이가 힘든 이유입니다.

## 칭찬의 오류

칭찬이 이렇게 아이에게 사랑을 표현하는 방법이라고 해서 좋은 점만 있는 걸까요? 그렇지 않습니다. 잘못된 칭찬은 오히려 역효과를 냅니다. 아이에게 채찍질을 하는 도구로 쓰일 뿐입니다. 칭찬받기 위해서 자신이 원하지 않는 일을 해 내는 아이는 힘이 들지요. 능력치보다 과하게 노력을 하다 보니 늘 지칩니다. 뜬구름 잡는 칭찬이 또 얼마나 많나요? 상황에 맞지도 않는 칭찬 속의 주인공이 되기 위해서 아이는 자신을 꾸미게 됩니다. 자신의 모습을 과도하게 꾸미는 아이가 행복할까요? 그렇지 않아요. 칭찬을 하려면 아주 잘해야 합니다. 아이가 가진 능력보다는 노력에 대해서 구체적으로 칭찬할 수 있어야 해요.

구체적이고 타당한 칭찬을 들은 아이는 힘을 얻습니다. 자신도 받은 칭찬을 그대로 돌려주게 되지요.

내가 언제나 남보다 모든 것을 잘할 수는 없습니다. 남의 뛰어난 모습을 봤을 때 기꺼이 칭찬할 수 있어야겠지요. 자신 또한 발전하고자 노력하는 모습으로 변화되어야 합니다. 이것이 칭찬을 오류 없이 의미 있게 사용하는 방법입니다. 혼자서 실천하기는 쉽지 않습니다. 롤모델이 필요해요. 오류 없는 칭찬을 가감 없이 해 주고 자기 발전의 기회를 삼는 모습을 보여 줄 수 있는 사람이 누굴까요? 가장 가까운 사람이 가족입니다. 서로에게 좋은 영향력을 주고 발전 가능성을 높여 주는 가족은 아이에게 긍정 에너지로 작용합니다. 이를 통해 아이는 건강하게 자랄 것입니다. 아이를 마음껏 칭찬해 주세요. 아이가 가진 재능이 아니라 노력하고 애쓴 부분에 대해서 기꺼이 말입니다. 아이는 지금의 자신보다 나날이 발전하는 모습으로 성장하게 될 거예요.

## 또래 칭찬

건강한 아이들은 또래를 인정할 줄 압니다. 괜한 질투나 비교로 자신을 소모하지 않습니다. 친구가 가진 장점을 인정하고 배우려고 하지요. 그 마음을 적극적으로 표현합니다. 생각만 해도 너무 사랑스럽지 않습니까? 자신의 모습 그대로를 인정하고 발전하려는 아이의 모습이 말이에요. 아이가 또래와 그런 관계를 맺기 전 부모와 그런 사이가 되어 보세요. 아이는 그야말로 청출어람입니다. 나의 자녀이긴 하지만 내가 가지지 못한 좋은 점을 많이 가지고 있습니다. 아직 상처받지 않은 영혼, 얼마든지 발전 가능성이 있는 백지와 같습니다. 더더욱 발전할 수 있는 존재지요. 아이의 경이로움을 그대로 표현해 보세요. 존재 자체에 대한 경이로움 말입니다.

가끔 아이의 눈을 보고 "너는 참 좋아. 네가 너라서 참 좋아."라고 말해 주세요. 아이의 마음이 따뜻해지고 풍만해질 겁니다. 그 마음으로 또래에게 다가가겠죠. 자신의 모습 그대로를 사랑하는 사람은 당당하고 아름답습니다. 우리 아이가 그런 모습으로 성장하길 바라시죠. 아이의 있는 그대로의 모습을 칭찬해 주시고 인정해 주세요. 부모님 또한 자기 자신을 그렇게 사랑하시구요. 그런 경험들이 쌓여서 자기 모습을 객관적으로 보면서도 자기애를 키울 수 있을 거예요.

자기애가 있고 당당한 사람은 타인을 건강하게 사랑할 수 있습니다. 질투하지 않고 타인의 장점을 바라봅니다. 그것을 거울삼아 자신을 발전시키지요. 언제나 건강한 자아의 출발은 가정에서 보고 배운 것들임을 잊지 말아야 하겠습니다. 아이에게 모범이 되게 생활하시면 그만큼 멋진 아이로 키울 수 있습니다. 내 삶도 그만큼 편안해질 것입니다. 어렵지만 가치 있고 의미 있는 일을 해야 합니다. 내 아이를 위해서요.

## 칭찬의 방법

1. 구체적으로 칭찬하기
2. 과정에 대해서 칭찬하기
3. 노력에 대해서 칭찬하기
4. 과잉 칭찬 금지
5. 목적을 가진 칭찬 지양하기

"제아야 너는 이것밖에 못 하니?"

서빈이는 제아의 모둠 과제를 보고 툴툴거렸다. 평소 모범생에 공부 잘하는 제아는 모둠 과제를 할 때 특히 더 예민했다. 혼자서 해 내면 매번 제일 좋은 점수를 받았다. 하지만 여러 명이 함께 과제를 하다 보면 좋은 결과물을 낸다는 보장이 없었다. 잘하는 친구, 못하는 친구 섞여 있다 보니 늘 서빈이의 양에 차지 않았다. 오늘은 제아의 과제가 서빈이의 신경을 건드린 모양이다. 서빈이의 툴툴거리는 소리를 듣고 현석이가 울컥했다.

"한서빈. 너는 무슨 말을 그렇게 하니? 너는 얼마나 잘했는데 그래."

멀리서 제아와 준혁이가 몰려들었다. 제아는 자기 과제가 서빈이의 타깃이 된 줄 꿈에도 몰랐다. 나름대로 열심히 준비한 과제였다. 잘 모르는 부분은 현석이에게 물어서 채워 넣었다. 최고 점수를 맞을 정도의 과제는 아니었어도 많은 노력을 기울였다. 하지만 서빈이의 평가는 날카로웠다.

"못하니까 못한다고 한 것뿐이야. 내 거 봐! 이 정도는 해놓고 말을 해야 할꺼 아냐."

얼핏 보기에도 서빈이의 과제는 화려해 보였다. 온갖 색과 무늬를 넣었다. 표로 깔끔하게 정리한 모습이 그야말로 있어 보였다. 제아는 얼굴이 홍당무처럼 빨개졌다. 제아의 과제는 성심성의껏 하긴 했지만 화려함이 서빈이 과제만 못한 게 사실이었다. 모두 다 어떤 말을 해야 할지 몰라 서로 얼굴만 바라봤다. 반박은 하고 싶은데 결과물이 다르니 뭐라고 할지 알 수가 없었다.

"한서빈. 네 과제가 훌륭한 건 알겠어. 하지만 네 태도는 훌륭하지 못한 것 같아."

유준이가 친구들 사이를 비집고 나오며 말했다. 현석이와 준혁이는 유준이가 구원투수라도 된 양 경이로운 눈으로 유준이를 바라봤다. 제발 도와 달라는 눈빛이 역력했다.

"그게 무슨 말이야? 과제를 잘하면 한 거지. 태도 얘기가 여기서 왜 나와. 과제는 과제로 평가하면 되지. 누가 태도까지 과제에 포함해서 점수를 줘?"

서빈이는 기가 막히다는 표정으로 유준이를 쏘아봤다.

"과제가 결과물로만 평가된다고? 너는 공부 잘하고 우등생인 아이가 평가 기준 끝까지 안 봤어? 평가 기준 마지막에 자기평가와 상호평가 기준지 있잖아. 얼마나 열심히 노력해서 과제를 했는지 자기가 자신을 평가해. 친구끼리도 평가하지. 과제물은 훌륭해. 하지만 그 과제를 할 때나 친구의 과제를 평가할 때 너의 태도는 과연 좋은 평가를 받을 수 있을까? 친구가 열심히 한 과제에 대해서 함부로 말하는 태도는 전혀 협동 과제를 할 수 있는 자질이 아닌 거 같은데. 아닌가?"

유준이는 주위 친구들을 쳐다봤다. 그동안 모둠 학습을 하면서 서빈이에게 당했던 친구들이 급격하게 술렁거렸다. 본인들이 당했던 무시들이 다시 기억이 나는 듯 모두 서빈이에게 달려들 기세였다.

"너도 이런 말 들으니 기분 나쁘지? 그러니까 왜 친구들이 기분 나쁜 말을 그렇게 하니. 그러지 말고 칭찬하는 말을 찾아서 해 보면 어때? 제아의 과제에서 잘한 점을 찾아서 칭찬해 줘. 서로 그렇게 해 주면 기분 좋잖아. 누구든 배울 점이 없는 사람은 없잖아."

"욜…" 유준이의 멋진 언변에 아이들은 일제히 손뼉을 쳤다. 서빈이의 얼굴이 빨개졌다.

"그래, 제아야 미안해. 너 열심히 한 거 칭찬. 인정. 그런데…"

서빈이의 말이 다시 이어지려는 찰나 유준이가 서빈이의 앞을 가로막았다.

"그래 잘했어. 서빈아, 아주 잘했어."

친구들은 일제히 웃음을 터트렸다. 서빈이의 얼굴이 다시 붉게 물들었다.

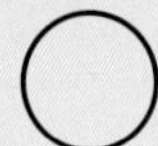

1. 제아처럼 열심히 노력했는데도 친구에게 비난을 듣게 된다면 어떤 마음이 들까?

2. 서빈이와 달리 과제도 훌륭하고 친구를 대하는 태도도 잘하려면 어떻게 행동해야 할까?

3. 서빈이처럼 모둠 과제에서 행동하는 친구가 있다면 어떤 마음일까?

4. 현석이와 준혁이는 서빈이에게 어떤 말을 하고 싶었을까?

5. 협동 과제를 할 때 나의 참여 정도는 어떠한가?

6. 협동 과제를 하면서 어려웠던 적이 있었다면 어떤 점이 힘들었나?

7. 모둠 과제를 하면서 열심히 하지 않는 친구가 있다면 어떻게 할까?

8. 내가 친구들에게 가장 칭찬을 많이 들었던 경험은?

9. 모둠 과제에서 어떤 친구에게 칭찬을 해 주고 싶나?

10. 내가 선생님이라면 모둠 과제를 어떤 기준에 따라 점수를 줄까?

좋아요 **1004** 개

세상을 바라보는 관점에는 여러 가지가 있습니다. 세상을 긍정적으로 바라보는 관점이 있지요. 좋은 점을 보고 긍정적인 마인드로 세상을 대하는 태도 말이에요. 그와 반대로 부정적인 시선도 있어요. 나쁜 점과 부족한 점 위주로 판단하는 거죠. 서빈이는 자신의 점수를 위해서 친구들을 비난하고 비판하고 있어요. 모둠 과제에서 서로가 기분이 나빠지는 태도입니다. 이를 통해서 개선될 것이 없습니다. 부정과 비난의 말은 서로에게 상처만 남깁니다. 기분이 나빠져서 발전하고 싶은 마음이 들지 않게 하죠. 서빈이가 친구들의 과제의 단점을 지적했을 때 달라지는 것은 없었어요.

반대의 경우라면 어땠을까요? 서빈이가 친구들의 과제에서 좋은 점을 발견하고 칭찬해 주었다면 말이죠. 격려받는 기분이 들었을 거예요. 아마 다음번에 서빈이랑 같은 조가 된다면 더욱더 열심히 준비하겠죠. 친구의 칭찬과 격려의 말이 듣고 싶어서 말이에요. 부정의 시선은 안 좋은 분위기만 만들어 냅니다. 긍정의 말과 칭찬의 말은 분위기를 반전시키죠. 더 열심히 하게 만들어 주니까요. 처음부터 서빈이가 이런 칭찬의 말을 했다면 아마 더욱더 원하는 과제에 가깝게 결과물이 나오지 않았을까 싶어요. 친구들을 긍정과 칭찬의 마인드로 대해요. 누구에게나 배울 점이 하나씩은 있답니다. 그게 과연 무엇일까 생각해 보고 배워 나가는 거예요. 그 과정을 통해서 자신이 성장할 수 있는 기회가 된답니다. 칭찬을 아끼지 마세요. 친구의 좋은 점을 보고자 노력하세요. 자신을 더욱더 발전시킬 수 있는 좋은 기회가 되어 줄 겁니다.

# 03

# 거절하기

## 나와 타인의 욕구가 충돌할 때

타인의 욕구와 나의 욕구가 충돌할 때 어떻게 반응하라고 말씀하시나요? 혹은 말이 아닌 행동으로 아이들에게 가르쳐 주고 계신가요? 어떤 경우냐에 따라서 반응은 융통성 있게 달라질 것입니다. 그 융통성의 원칙이 무엇인지 아이가 짐작할 수 있을 만큼 명확한가요? 때로는 내 기분에 따라 달라지지는 않나요? 내 삶의 원칙이 어떠한지 생각해 봐야겠습니다. 내 권리나 주장이 늘 먼저일 수는 없습니다. 그렇다고 상대방의 입장만 배려해서도 안 됩니다. 적절한 균형점을 잡아야겠지요. 균형점을 잡는 일이 쉽지는 않기에 다양한 상황과 경험을 통해 연습해야 할 것입니다.

요즘의 아이들은 자존감이 높은 편이라고 해요. 사랑을 충분히 받았고 타인보다 자신의 욕구를 우선시하는 분위기에서 자랐으니까요. 진짜 자존감이 높다고 생각이 되시나요? 무언가를 잘했을 때 칭찬을 받거나 사랑받았던 아이들은 무조건적으로 자존감이 높진 않습니다. 내가 성과를 내야만, 즉 타인의 마음에 들어야만 사랑받을 수 있다는 생각이 있습니다. 그러면 오히려 내 주장을 내세우기보다 타인에게 맞추려고 합니다. 내 욕구를 줄이고 타인의 바람대로 행동하는 것입니다. 가장 정서적으로 민감하고 가까운 관계인 가족, 부모에게 맞추는 상황이 자주 발생하죠.

나와 타인의 욕구를 건강하게 저울질할 줄 아는 아이로 키워야겠지요. 그러기 위해서는 조건적인 자존감을 키우지 않도록 각별히 신경써야 합니다. 무언가를 이뤄내지 않아도 사랑받는 경험을 늘려 주세요. 아기 때는 그렇게 사랑하셨잖아요. 아이가 사회생활을 하게 되면서 그런 경험이 줄어들게 됩니다. 여전히 무조건적인 사랑을 자주 표현해 주세요. 아이가 자존감이 커지고 단단해지는 첫 번째 연습입니다. 이를 통해서 자존감의 토대가 마련되면 그때 타인과 나의 욕구도 바르게 분리해서 볼 수 있습니다.

## 사회적 관계에서 수용할 수 있는 일

나와 타인의 욕구를 구별하게 되면 이제 어떤 것을 먼저 존중하고 해결할지를 결정하게 됩니다. 이때 부모님은 보통 타인의 욕구를 중요시하라고 합니다. 말로 하지 않아도 부모가 그렇게 보여집니다. 부모와 자녀의 욕구 중에서 희생이라는 이름으로 부모의 욕구를 포기하면서 말이에요. 그렇게 되면 아이는 좋아하는 사람에게는 무조건적으로 희생해야 한다는 태도를 배웁니다. 친구와의 관계를 만들어

나갈 때 거절에 어려움을 겪게 되지요. 자신의 욕구는 무시하고 친구의 욕구를 무조건적으로 앞세웁니다. 적절한 조율에 실패하게 되는 겁니다. 물론 나의 욕구와 바람이 중요한 것은 알지만 친구를 사랑하니까 희생해도 된다고 생각합니다. 지금 아이들은 타인과의 조화를 배워나갈 시기입니다. 타인과 어울려서 적절히 내 것을 표현하고 타인의 것을 받아들이는 것을 연습해야 해요. 무조건적인 희생과 사랑을 보여 주면서 아이에게 그 방법을 모델링 하게 된다는 점을 기억해야 합니다.

때로는 부모도 아이의 바람을 거절할 줄 알아야 해요. 거절에서 상처를 받는 것은 내용보다 태도에 대한 부분이 큽니다. 거절의 메시지를 전할 때 상대방의 욕구를 존중하면서 예의 바르게 거절하는 법을 보여 주세요. "네 마음은 알겠지만 이런 상황 때문에 네 요구를 들어줄 수 없을 것 같아."라고 말입니다. 건강한 거절을 경험한 아이들은 배웁니다. 가까운 사이에서도 불편하면 거절할 수 있다는 것을 말이죠. 건강한 거절 경험을 통해 아이들도 거절을 잘할 수 있게 될 것입니다.

## 제대로 거절하기

이와 반대의 경우도 있습니다. 너무 똑 부러지게 자신의 욕구만 내세우는 경우지요. 이 또한 건강한 관계를 맺는 데 어려움이 있어요. 양보할 수 있는 부분은 조율할 수 있어야 합니다. 내 주장만 내세우는 아이는 친구와 깊은 관계를 맺기가 어렵습니다. 이기적으로 보이니까요. 이기주의와 개인주의는 다릅니다. 내 것을 지키면서도 타인과 건강한 교류를 맺을 수 있는 건강한 개인주의를 알려 줘야 합니다.

아이들은 거절하는 것이 관계를 훼손한다고 생각하기 때문에 두려워합니다. 아이들은 거절을 하거나 당하는 것이 관계의 끝과 연결된다고 생각합니다. 그래서 망설이지요. 하지만 불편한 상황에서는 거절이 꼭 필요합니다. 거절의 기술을 함께 연습하세요. 상처받지 않고 상처 주지 않으면서 거절할 수 있음을 배울 수 있습니다.

어떻게 하면 상대에게 덜 상처 주면서 거절을 할 수 있을까요? 거절을 할 경우 바로 그 자리에서 거절의 의사를 밝히는 것은 좋지 않습니다. 깊이 생각해 보지 않고 거절당했다는 마음이 들지요. 섭섭할 수 있어요. 상대방의 부탁에 대해서 심사숙고할 시간이 필요합니다. 거절의 마음이 들더라도 여러 상황에서 생각할 기회를 가질 필요가 있지요. 이 시간을 통해서 부탁을 한 상대방도 생각하게 될 것입니다. 지금 자신의 부탁이 적합했는지, 다른 해결 방법은 없었는지 말이죠. 거절에도 시간이 필요합니다. 당장 거절하기보다는 다음번에 이야기한다는 식의 표현으로 시간을 가질 필요가 있습니다.

거절을 할 때 부탁하는 마음과 어려운 상황을 충분히 이해하고 있음을 말하게 해 주세요. "사정이 딱한 것을 잘 알겠다. 속상하고 많이 힘들겠다."라는 말을 통해서 충분히 공감하고 있음을 전달하는 것이죠. 그리고 내 삶의 가치관이나 원칙상 부탁을 들어줄 수 없다고 정중하게 말하는 것입니다. 처음부터 안 되겠다는 말만 전달하면 관계를 지속하면서 불편할 수 있습니다. 물론 부탁을 거절한 것이 관계에 방해가 될 수도 있지요. 관계를 덜 훼손하면서 거절할 수 있도록 최대한 신경 써야 합니다. 공감하지만 거절할 수밖에 없다며 다른 방법을 찾아

보라고 이야기하는 겁니다. 부모에게 부탁했을 때 이런 방법을 거절을 받아본 아이들은 자연스럽게 체화합니다. 그러면 거절하기를 조금 덜 어렵게 할 수 있지 않을까 싶습니다.

## 거절의 방법

1. 메시지에 바로 대답하지 않기
2. 상대의 상황을 충분히 이해하고 있음을 전달하기
3. 깊이 있게 고민해 보겠다고 정중하게 말하기
4. 그럼에도 불구하고 어렵겠다고 예의 있게 거절하기
5. 대안이 될 수 있는 방법 제시하기

서윤이는 집에 가는 길에 다시 문구점에 들렀다. 오늘은 학교 끝나고 바로 미용실에 가기로 엄마와 약속을 했다. 하지만 민주의 부탁을 거절할 수가 없었다. 서윤이는 문구점에서 계속 시계만 쳐다봤다. 서윤이의 행동에 아랑곳하지 않고 민주는 문구 구경하기에 바빴다.

"서민주. 또 문구점에 있니? 아무 관심 없는 것 같은 서윤이는 또 데리고 왔네. 너네들도 참 이상해."

서빈이가 문구점에 와서 한마디 툭 던진다. 매일 하굣길마다 문구점에 들리는 서빈이는 문구 덕후다. 문구점에 매일 어떤 새로운 물건이 들어왔는지 신이 나서 달려온다. 새로 나온 스티커나 펜을 볼 때 서빈이는 진짜 신나 보인다. 서윤이와는 전혀 다른 얼굴빛이었다. 서윤이는 문구에 전혀 관심이 없었다. 펜도 검정 펜 하나면 충분했다. 스티커가 있어도 쓸 데가 없다.

민주는 그런 서윤이를 매일 문구점에 데리고 갔다. 서윤이가 문구에 관심이 있는지 없는지는 상관없었다. 민주는 매일 집에 혼자 있었다. 학교 끝나고 텅빈 집에 가기 싫었다. 할 일 없이 매일 문구점에 들르는 거였다. 혼자 가면 심심하면 서윤이에게 늘 같이 가자고 했다. 서윤이는 민주가 가자고 하면 잘 따라왔다. 둘이 문구에 큰 관심도 없으면서 이리저리 삼십 분쯤 기웃거리다 집에 갔다. 민주가 그걸 습관처럼 하니까 서윤이도 딱히 거절할 이유가 없었다.

오늘은 달랐다. 서윤이의 엄마가 학교 끝나자마자 오라고 했다. 미용실에 예약이 꽉 차서 그 시간만 가능하다고 했다. 어렵게 잡은 예약이니 늦지 말라고 몇 번을 신신당부했다. 그런데 또 민주를 따라 가고 말았다. 서윤이는 계속 시계만 보고 발을 동동 굴렀다.

"이서윤. 똥 마렵니? 뭔가 급한 일 있는 아이처럼 왜 그리 시계만 보고 있어? 너 급한 일 있어?"

그제서야 민주는 서윤이를 쳐다봤다. 서윤이의 얼굴이 뭔가 불편해 보였다. 민주는 흘깃 보더니 서윤이에게 물었다.

"무슨 일 있어? 나랑 같이 있는 게 불편해?"

서윤이는 그제야 민주를 바라보며 울먹이는 목소리로 말했다.

"나 사실은 오늘 엄마랑 미용실 가기로 했거든. 시간이 넘어서 가봐야 할 거 같아. 미안."

민주는 서윤이 이야기를 듣고 얼굴이 붉으락푸르락해졌다.

"뭐야. 그런 일이 있으면 진작에 말을 했어야지. 왜 나를 나쁜 사람을 만들어. 급한 일이 있으면 있었다고 말을 했으면 될 거 아냐. "

민주는 버럭 화를 내더니 문구점 밖으로 뛰쳐나가 버렸다. 서윤이는 서빈이는 서로 얼굴을 바라봤다.

"왜 저러니, 재? 근데 너도 친구라면서 할 말은 좀 해라. 급한 일 있으면서 말도 안 하고 안절부절못하는 게 무슨 친구야?"

서빈이는 혀를 끌끌 차더니 새로 들어온 문구를 쏙 빼내서 계산대로 가져갔다. 서윤이도 가슴이 콩닥거려서 더는 문구점에 있을 수 없었다. 얼른 문구점을 빠져나와 집으로 달려갔다.

"이서윤. 이제 오면 어떻게 해."

엄마는 화를 내려다가 울컥하고 울고 있는 서윤이를 보며 멈칫했다. 오늘 있었던 일을 서윤이에게 들으며 엄마는 서윤이를 다독여 주었다.

"오늘 미용실 가기는 힘들겠는걸. 우리 딸에게 거절하는 법부터 알려 줘야겠다. 거절한다고 해서 친구 관계가 끝나는 게 아니라는 걸 우리 딸에게 가르쳐 줘야겠네."

엄마는 서윤이를 꼭 안아 주었다. 오래오래 거절하기의 방법에 대해서 서윤이와 이야기를 나누었다.

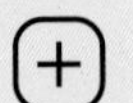

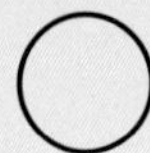

1. 나는 무슨 덕후인가? 그것을 좋아하는 이유는 무엇인가?

2. 관심 없는 곳에 친구가 함께 가자고 하면 어떻게 할까?

3. 해야 할 일이 겹쳤을 때 내가 조절하는 방법은 무엇인가?

4. 할 일을 선택해야 할 때 나의 기준은?

5. 친구에게 거절 못 해서 힘들었던 경험이 있었나?

6. 거절을 잘하는 방법은 무엇일까?

7. 거절하지 못하고 참기만 하면 어떤 문제가 생길까?

8. 내가 쓰고 싶은 거절의 방법은?

좋아요 **1004**개

거절하면 가까운 사이가 멀어질 거라고 서윤이는 생각했어요. 그래서 불편한데도 거절하지 않고 민주를 기다려 주었지요. 그 불편한 기다림이 민주를 더 힘들고 비참하게 하리란 것을 몰랐으니까요. 가까운 친구 사이에서 거절은 배신이라고 생각하기 쉬워요. 불편한데도 그냥 참고 넘기는 경우 종종 있을 거예요. 만약 상대 친구가 그 사실을 알게 되었을 때 기분이 어떨까요? 거절하지도 않고 자신을 불편하게 기다려 준 여러분을 고맙다고만 생각할까요?

가까운 사이에서도 불편한 말을 할 줄 알아야 해요. 거절의 말을 한다고 해서 멀어진다면 그건 가까운 사이라고 할 수 없죠. 그냥 가까운 척했던 사이가 맞겠죠. 서로가 서로를 배려해 주고 위해 주는 게 진짜 가까운 친구예요. 그런 친구가 되려면 상대방이 불편하지 않도록 배려해 줘야죠. 친구에게 거절할 줄 알아야 해요. 친구에게 사랑받고 인정받고 싶은 마음에 거절을 망설이는 경우가 많을 거예요. 나보다 친구의 편의를 더 중시하면서 말이죠. 건강한 나에 대한 사랑이 있는 친구끼리 만날 때 좋은 관계를 맺을 수 있답니다. 친구를 위해서 나의 편의를 너무 양보하지 마세요. 그게 오히려 친구를 불편하게 만들 수 있어요. 서로가 배려하고 거절도 할 수 있는 관계가 건강한 관계라는 점을 잊지 마세요.

# 04

# 관심 공유하기

## 상대방의 기분을 파악하는 것

타인과 잘 지내기 위해서는 상대방의 감정을 잘 읽을 줄 알아야 합니다. 좋고 싫음의 표현을 판단할 줄 알아야 하지요. 상대편이 보내는 신호를 잘못 파악할 경우 시작부터 엉뚱한 해석을 따라가게 됩니다. 그다음부터는 다 꼬여 버리지요. 아이들은 신체나 표정을 통해서 감정을 전달하는 경우가 많습니다. 그것을 제대로 읽어낼 줄 아는 노력이 필요해요. 표정이나 몸짓, 말투, 행동의 반응을 통해서 감정을 읽어내기가 쉽지는 않습니다. 감정 표현법이 사람마다 다르기 때문이에요. 대인관계에서 드러나는 대표 감정이 존재하는 만큼 통용되는 감정 표현을 알아야 합니다. 대개는 자연스럽게 스스로 알아가는 경우가 많아 크게 걱정은 하지 않아도 됩니다. 다만 사춘기에 들어서면 눈여겨봐야 하죠. 사춘기에는 표정이나 몸짓 언어를 잘못 해석할 가능성이 존재합니다. 기분이 좋은 상태에서 말을 하고 있지만 화가 났다고 판단할 수 있습니다. 말투나 어투에 담긴 의미를 잘못 해석하는 경우지요. 기분이 좋지만 머리가 아파서 찡그리고 말을 했다고 칩시다. 아이들은 기분이 좋은 메시지의 내용보다 표정에 먼저 반응하지요. 표정이 찡그리고 있으니 화가 나거나 불만이 있으리라 지레짐작합니다. 사춘기 아이들과 대화할 때 오해가 쌓이는 경우가 종종 생깁니다. 눈치 없다고 느끼는 경우도 마찬가지지요. 사회에서 통용되는 반응이 나오지 않는 경우는 잠시 흐트러진 사춘기의 뇌 때문입니다. 이리저리 손 보느라 잠시 삐그덕거리고 있는 사춘기의 뇌 말입니다. 이때는 메시지의 내용을 잘 듣고 판단할 수 있도록 주의를 주어야 합니다.

## 감정 공유하기

감정을 제대로 읽게 되면 감정을 공유할 수 있어야 해요. 친한 친구가 슬플 때 함께 슬퍼하는 마음 말입니다. 물론 누구나 감정은 쉽게 전달됩니다. 친한 사이일수록 더더욱 그렇지요. 아이들은 주변 사람의 감정에 더 많이 흔들립니다. 친구의 감정에 이입이 잘되어 힘들어하는 경우가 종종 있습니다. 자신의 감정 기복도 심하고 안정이 되지 않은 상태에서 많이 힘들어하는 주변인이 있다면 아이는 함께 힘들어합니다. 그 감정에 빠져 있는 자신의 모습을 즐기는 것처럼 보일 정도로 말입니다. 감정에서 빠져나와 이성적인 판단을 하고자 하지 않습니다. 허우적거리는 자신을 그대로 놔 두지요. 감정의 동요가 많은 사춘기 시기에 감정 공유가 어려운 이유입니다. 이때의 감정은 오락가락하기 때문에 또 어느 때는 너무나 냉정해 보이기도 해요.

감정 기복이 심한 것은 아이가 의도한 것이 아닙니다. 자신도 어찌할 수 없는 호르몬의 영향이지요. 공감력이 낮아지는 사춘기 시기의 아이들을 보며 부모들은 화를 내는 경우가 많아요. "내가 너를 어떻게 키웠는데 엄마가 힘든 상황에서 너는 이렇게 냉정하니?" 혹은 "너는 친구한테 매달리느라 정신이 없구나. 친구 일에 왜 네가 더 힘들어하니?"와 같은 반응을 보입니다. 잠시 아이들이 감정 처리에 미흡한 시기입니다. 감정에 빠져서 이성적인 판단을 조금 미루기도 하지요. 이런 상황에서 아이를 다그치는 것은 도움이 되지 않아요. 아이도 혼란스럽습니다. 감정 기복이 생기는 자신이 피로하면서도 컨트롤이 안 됩니다. 이때 아이들이 상태를 조금만 더 이해해 주세요. 시간이 지나면 자연스럽게 해결될 문제입니다.

## 관심사 공유하기

감정의 조절은 쉽지 않지만 감정이 예민해진 아이들은 쉽게 호불호를 결정합니다. 취향이 같은 아이들을 쉽게 찾아내지요. 관심사가 같은 친구를 사귀는 것이 시작됩니다. 같이 좋아하는 것이 있으면 아무래도 친해지기가 쉬워요. 친구들과 비슷한 점을 찾아보게 하세요. 좋아하는 것과 하고 싶은 것, 잘하는 것 등을 공유하면서 쉽게 친구가 됩니다. 친구와 찾기 전에 가족과의 생활에서 아이의 관심사를 파악해 두는 것이 도움이 되겠지요. 평소 아이가 재미있게 즐기던 것들을 이야기 나눠 보세요. 그 가운데에서 아이가 좋아하는 것을 정리할 수 있을 거에요. 그 관심사를 기반으로 해서 친구를 사귈 수 있습니다.

특출하게 잘하는 부분이 있으면 좋겠지요. 아쉽게도 특별히 좋아하는 분야가 있는 아이는 드뭅니다. 조금씩 관심을 갖는 듯하지만 오래가지 못하는 경우가 많아요. 그럴 때 너는 왜 그렇게 한 가지를 진득하게 하지 못하느냐고 책망하지 마세요. 조금씩 분야를 배우고 관심 갖는 것도 괜찮습니다. 미래에는 다양한 분야에서 다양한 직업을 가지는 사람이 많을 거라고 하잖아요. 직업 탐색의 시작이 다양한 관심 분야를 가지는 것입니다. 이것저것 잠깐 배우고 그만둔다고 실망하지 마세요. 그것들이 하나둘 쌓이다 보면 아이만이 할 수 있는 것들이 생기게 됩니다. 잠깐이지만 배우는 순간에 몰입해서 배울 수 있다면 괜찮아요. 그 몰입의 경험이 아이를 행복하게 했을 것입니다. 그 짧은 배움들이 모여서 아이만의 독특한 성과를 이뤄낼 것입니다. 요즘 퓨전요리 같은 걸 생각하면 쉽겠지요. 예상하지 못했던 재료들을 섞어서 생전 처음 보는 맛을 만들어 내는 것 말입니다. 창의적 성과는 아이만이 가진 관심사를 모으는 것부터 시작됩니다.

## 나의 관심사 알아보기

1. 내가 기분이 좋을 때는 언제인가?
2. 내가 끌리는 친구는 나와 닮은 사람/나와 반대인 사람
3. 끌리는 이유가 무엇인가?
4. 끌리는 사람과의 대화 주제 파악하기
5. 친구와 공유할 수 있는 활동 확장하기

은수는 오늘도 쉬는 시간에 가만히 앉아 무언가를 골똘히 하고 있었다. 도대체 무엇을 하는지 알 수 없었다. 은수는 점심시간에도 쉬는 시간에도 늘 혼자였다. 무언가를 책상 위에서 열심히 하고 있었다. 친구들과 이야기도 잘 하지 않았다. 이상한 것은 늘 얼굴에 미소가 가득했다는 것이었다. 그것을 물끄러미 바라보는 한 친구가 있었다. 채린이었다. 채린이도 말이 많지는 않았다. 조용한 편이었다. 가만히 앉아서 친구들 구경하는 걸 좋아했다. 친구들이 어떤 성향을 가졌는지, 무엇을 좋아하는지 살피는 것을 즐기는 것 같았다. 이상했다. 그런 채린이가 어느 날 갑자기 용기를 내서 은수에게 다가갔다. 조용히 다가가서 친구들이 눈치도 못 챌 정도였다. 은수에게 다가간 채린이는 조용히 색연필 하나를 내밀었다. 색연필 하나에 빨간, 노랑, 초록색이 섞여 있는 색연필이었다. 갑자기 쑥 다가온 색연필에 은수는 깜짝 놀라 채린이를 쳐다봤다.

"이거 써. 너 그림 그리는 거 좋아하잖아."

은수의 얼굴이 빨개졌다.

"고마워."

"너 맨날 그림 그리는 거 봤거든. 언제 기회 되면 나한테 그림 좀 보여줘. 나는 그림을 잘 못 그리는 편이라 늘 그림 잘 그리는 게 부러웠거든."

채린이는 작은 목소리로 말을 건네고 이내 자리로 돌아갔다. 사랑하는 사람에게 고백을 받은 것처럼 은수의 마음은 두근거렸다. 그러고 나서 며칠이 지나지 않아서였다. 은수가 조용히 일어나더니 채린이에게 다가갔다. 은수는 가만히 수첩 하나를 채린이에게 건넸다.

"이거 내가 그린 그림들인데 봐 줄 수 있어?"

은수는 몸을 배배 꼬며 수첩을 내밀었다. 채린이는 눈이 동그래졌다. 환하게 웃으며 수첩을 건네받았다.

"진짜? 너의 그림 노트? 그럼 그럼. 봐줄 수 있지."

채린이는 한 장 한 장 두 눈에 사랑을 가득 담아 은수의 수첩을 보기 시작했다. 은수는 그 옆에 나란히 앉아 그림들을 설명했다. 많은 말이 오가지 않았지만 두 친구의 얼굴에 미소가 가득했다.

"은수야. 나 그림 그리는 법 좀 가르쳐 줄래?"

"나도 딱히 방법이 있는 건 아니긴 한데. 함께해 보자."

그날부터 둘이는 단짝 친구가 되었다. 서로의 그림 파트너가 되어 열심히 그림을 그렸다. 서로 고쳤으면 하는 점도 나눴다. 물론 잘된 점도 칭찬했다. 그림 이야기로 시간 가는 줄을 몰랐다. 친구들도 채린이와 은수의 모습에 다들 놀랐다. 조용하고 얌전하기만 했던 친구들이었다. 둘 다 별말이 없었는데 언젠가부터 둘의 웃음소리로 교실이 가득했다. 둘이 그린 그림도 둘을 꼭 닮아 있었다. 밝은 햇살 아래 웃고 있는 두 친구처럼 그림들도 반짝반짝 빛이 났다.

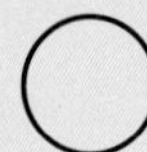

1. 교실에서 말없이 가만히 친구들을 살펴보자. 어떤 것들이 보이는가?

2. 타인을 조용히 관찰하는 것의 장점은 무엇일까?

3. 내가 좋아하고 관심 있는 분야는 무엇인가?

4. 좋아하는 분야를 함께 즐기고픈 친구가 있다면 어떻게 다가갈까?

5. 친한 친구지만 나와 좋아하는 분야가 같지 않다면 어떨까?

6. 취향이 같은 친구와 다른 친구 어느 쪽이 더 끌리는가?

7. 요즘 나의 최대 관심사는 무엇인가?

좋아요 **1004** 개

좋아하는 것이 같은 사람은 친구가 되기 쉽습니다. 물론 싫어하는 것이 같은 사람도 마찬가지이지요. 관심사가 같다고 표현할 수 있을 텐데요. 이런 관계는 친구가 되기 쉽지요. 똑같이 곤충을 싫어하는 친구가 있다면 어떨까요? 서로가 싫어하는 벌레 이야기를 하면서 가까워질 수 있겠지요? 채린이나 은수처럼 똑같이 그림을 좋아하는 친구가 있다면 친구가 되기 쉬울 거예요. 관심사가 비슷한 친구를 만나기 위해서 필요한 것은 무엇일까요? 먼저 나의 관심사가 무엇인지 알아야겠죠. 나 자신에 대해서 알아야 같은 취미를 공유할 친구도 생겨날 테니까요. 여러분이 관심사나 취미를 찾는 방법은 무엇일까요? 바로 다양한 것들을 직접 체험하고 경험하는 것이랍니다. 해 보지 않은 것, 접해 보지 않은 일에 흥미를 갖기는 쉽지 않습니다. 거르지 말고 체험해 보세요. 처음부터 잘하는 사람은 없으니까요.

익숙하지 않아도, 잘하지 못해도 괜찮습니다. 그 과정을 거쳐야 진짜 내가 좋아하는 것을 걸러낼 수 있답니다. 새로운 시도 앞에서 두려워하지 마세요. 두렵더라도 용기를 내서 나의 관심사를 찾아보세요. 나에 대해 깊이 이해하고 관심 있게 지켜봐야 해요. 나 자신을 알 때 나와 비슷한 친구도 사귈 수 있는 거니까요. 나의 관심사를 알게 되면 자연스럽게 공유할 수 있는 친구에게 눈길이 갈 거예요. 그 친구를 통해서 나의 장점은 키우고 단점은 보완할 수 있을 겁니다. 세상은 친구와의 관계를 통해서 더 넓어져요. 그러니 다양한 부류의 친구들을 만나 보세요. 관심사가 같고 이야기가 통하는 친구라면 누구라도 좋습니다. 여러분 안에서 필요한 것들을 채워 주는 것이 곧 친구니까요. 친구 사귀는 걸 두려워 마세요. 몇몇 친구가 맘에 꼭 맞았다가 금세 사이가 멀어졌다고 실망하지도 마세요. 진짜 친구를 찾아가는 과정이니까요.

# 05

# 갈등 해결

## 갈등은 기회

살다 보면 수없이 많은 갈등에 부딪히게 됩니다. 아이들의 경우도 마찬가지입니다. 아이들의 갈등은 작은 부분부터 시작합니다. 어떤 음식을 먹을지, 어떤 옷을 입을지 등 일상생활 상황에서 쉽게 갈등이 시작됩니다. 친구들과도 마찬가지입니다. 어떤 상황에서든 크고 작은 갈등이 발생합니다. 모두의 생각이 같을 수는 없으니까요. 이런 갈등 상황은 아이를 당황시킵니다. 부모와 함께 지낼 때는 갈등도 쉽게 해결되었습니다. 누군가 양보했으니까요. 대개는 부모가 양보를 했겠지만, 부모의 설득을 통해서 아이도 중간 지점을 찾아갑니다. 고집을 내세우지 않도록 만족스러운 중간치를 부모가 제시했을 거예요. 또래 관계에서는 그것이 불가능합니다. 중재해 줄 사람이 없지요. 서로 자신의 주장만 내세우다 보면 갈등은 깊어집니다. 작게 시작된 갈등에서 마음이 상하는 경우가 생겨요. 믿었던 친구가 자기주장만 내세울 경우 아이들은 혼란스러워합니다. 자기가 무조건 양보하기에는 마음이 편하지 않아요. 그렇다고 자기주장을 너무 강하게 내세우면 관계가 흔들릴까 봐 두렵지요. 갈등 상황이 오면 두려워서 피하는 아이들도 있어요. 회피를 방어기제로 삼아 갈등 없이 조용히 지냅니다. 실제로 마음속까지 갈등이 해결된 것은 아닙니다. 불편한 마음은 해결되지 않았으니까요.

갈등이 오히려 기회라고 알려 주세요. 갈등을 통해서 서로의 다름을 인정해야 합니다. 갈등을 겪는 상이한 의견 차이를 좁혀 나갈 수 있어요. 자신감을 갖고 중재를 하기 시작하면 불가능은 없습니다. 갈등을 중재하다 보면 서로의 입장을 확인할 수 있습니다. 직접 겪어 보지 않고 상대방의 입장을 이해하는 것은 어려워요. 갈등 중재 상황에서 중간 지점을 찾을 때 상대방의 의견을 경청하다 보면 알게 돼요. 상대방은 나와 전혀 다른 상황이라는 것을 말입니다. 갈등은 이렇듯 다른 상황을 이해하게 합니다. 식견을 넓혀 주고 생각을 조율할 수 있는 아주 좋은 기회예요.

## 갈등 해결

갈등을 해결하기 위해서는 우선 갈등을 인정해야 합니다. 우리 가정만 생각해도 수많은 갈등 상황이 존재해요. 우리는 갈등을 제대로 대면하고 있나요? 여러 번 같은 상황의 문제가 발생하는데도 괜찮다며 덮어 버리는 경우가 많습니다. 아무 문제도 없는 것처럼 행동하면서 가지는 가정의 평화가 무슨 의미가 있을까요? 갈등이 존재한다는 것은 서로 맞춰갈 수 있는 기회가 생기는 것입니다. 무조건 덮으려 한다고 해결되지 않아요. 서로 섭섭한 마음만 쌓여서 해결하기 더 어려워질 뿐입니다. 갈등이 있다는 것을 인정해야지요. 문제를 해결하기 위해서는 갈등을 인정한 후 문제에 접근해야 합니다.

갈등을 해결하면서 중요한 것이 있어요. 갈등은 사람의 문제가 아니라는 것입니다. 갈등을 일으킨 사람에 대해서 험담을 하지 않도록 하세요. 의견에는 차이가 있지만 그것이 인성 문제까지 이어지지 않도록 해야죠. 그 사람의 성격이나 인격의 문제가 아니라 의견 차이임을 인정하는 것입니다. 문제에 집중해서 그것을 해결하는 데 집중해야지요. 의견을 낸 사람에 대해서 비난하지 않도록 해야 합니다. 그래야 문제를 객관적으로 보고 갈등을 해결할 수 있어요. 앞으로도 이런 문제가 생겼을 때 해결할 수 있도록 하는 것이 중요합니다. 지금 한번 해결이 되었다고 끝나는 것이 아니에요. 갈등은 계속해서 발생하게 될 테니까요. 갈등이 생겼을 때 해결하는 경험을 쌓아 나가야 합니다. 그런 중재 경험이 쌓여 나갈 때 스스로 갈등을 해결할 수 있는 힘을 가지게 될 것입니다.

### 갈등 피하기

갈등 상황을 중재하기도 하지만 피하는 아이들도 있습니다. 되도록 문제를 일으키지 않으려는 마음이죠. 이것 또한 비난받지 않아야 합니다. 갈등은 부득이하게 감정을 건드리게 돼요. 가까이 지냈던 사람과 갈등이 생기는 경우 감정적으로 상처를 받을 수 있습니다. “저 사람이 어떻게 저런 말을 할 수 있을까?"라는 생각 때문입니다. 감정적으로 거리가 먼 사람에게는 기대치가 낮아요. 가까운 사람에게 상처받는다는 것은 그만큼 기대하고 있다는 뜻입니다. 그런 기대를 한 번에 무너뜨릴 수 있는 것이 갈등입니다. 갈등 상황을 피할 수 있다면 현명하게 피하는 것도 방법이에요.

내가 갈등 상황에서 주장하는 것들이 진짜 내가 생각하는 것인지 생각해 봐요. 감정이 상해서 반대 의견을 내세우는 것인지 객관적으로 생각할 줄 알아야겠습니다. 때로는 자존심 때문에 아닌 걸 알면서도 엇갈린 주장을 하기도 합니다. 진짜 나의 생각과 부합한지 생각하고 판단해야 해요. 진정한 나의 의견이 아닌 고집 피우기 성격이 강하다면 진짜 옳은 판단이 무엇인지 결정할 수 있게 도와줘야 합니다. 무엇 때문에 갈등을 일으키는 주장을 계속하게 되었는지 아이에게 스스로 질문하게 하세요. 자기 모습을 타인의 모습처럼 객관적으로 판단할 수 있어야 합니다. 그래야 제대로 된 판단을 할 수 있지요. 갈등 상황에서 갈등을 피하기 위해서가 아니라, 제대로 된 갈등을 겪어 내기 위해서 자신을 객관적으로 볼 수 있어야 합니다. 내가 피자를 먹고 싶다고 주장하는 것이 동생이 치킨을 여러 번 시켜 먹은 것에 대한 반발 심리인지, 진짜 내가 피자를 원하는 것인지 생각해 보는 것입니다. 진짜 내가 원하는 것과 내가 주장하는 것이 다를 때도 종종 있으니까요. 자신에게 솔직해지는 것이 갈등을 해결하는 첫 번째 시작점이에요.

## 내가 갈등을 해결하는 방법은

1. 갈등 상황을 객관적으로 나열하기
2. 갈등 상황에서 나의 입장 정리하기
3. 상대방의 입장과 태도 확인하기
4. 갈등을 해결할 수 있는 대안 생각하기
5. 내 주장이 감정에 치우친 주장은 아닌지 체크하기
6. 갈등 해결의 방법 선택하기

"한우진, 너 아까 나한테 뭐라고 한 거야?"

희찬이에게서 카톡 메시지가 왔다. 문자로도 잔뜩 화가 난 희찬이 얼굴이 보이는 듯했다. 우진이는 카톡을 읽고도 뭐라고 답을 해야 할까 망설여졌다. 희찬이가 아까 친구들 앞에서 우진이를 놀렸다. 우진이는 불쾌해져서 순간적으로 욕을 했다. 그런데 그 소리를 희찬이가 들은 모양이다. 시작종이 치고 선생님이 들어오시는 바람에 급하게 자리에 앉기는 했지만 희찬이는 분명하게 들었나보다. 따지는 희찬이의 목소리가 휴대전화 너머 주먹을 한 대 날릴 듯 날카로웠다. 우진이는 뭐라고 말해야 할지 몰라서 망설이다가 답장을 보냈다. 아무 답도 안 했다가는 금방이라도 희찬이가 집으로 쫓아올 것 같았다.

"내가 무슨 말 했는데? 너한테 아무 말도 안 했는데?"

우진이도 희찬이의 놀리는 소리에 화가 났지만 뭐라고 따져야 할지 난감했다. 그 순간 욱하기는 했지만 일을 키우고 싶지는 않았다. 학폭 사안이라도 되는 날엔 머리가 아플 것 같았다. 그냥 아무 일도 아닌 걸로 하고 싶었다.

"너 나한테 분명히 숫자 들어간 욕했잖아."

희찬이에게서 또 카톡이 날아들었다. 우진이는 너무 불편했다. 안절부절못했다. 뭐라고 답을 해야 할지 망설여졌다.

"너한테 욕한 거 아니야. 혼잣말한 거야."

"안 되겠다. 너 놀이터로 나와 봐. 카톡으로는 대화가 안 되네. 바로 나와."

우진이는 머뭇거리며 놀이터로 향했다. 다리가 후들거리고 심장이 쿵쾅댔다.

"너 분명히 나보고 욕했잖아. 왜 아니라고 잡아떼는 거야? 가만히 생각해 보니까 내가 너 먼저 놀렸잖아. 사과하려고 했는데. 네가 뚝 잡아떼니까 어떻게 해야 할지 모르겠네. 왜 내가 따지고 들까 봐 무서워서 그러는 거야?"

우진이는 아무 말도 하지 않았다. 이런 상황이 너무 어색하고 불편했다.

"나는 할 말 없어. 너 할 말 다 했으면 들어가 볼게."

우진이는 희찬이가 따라오기라도 하듯 부리나케 집 쪽으로 달아났다. 놀이터에 휑하니 남은 희찬이는 뭔가 이상한 마음이 들었다.

'싸우자고 나오란 게 아니었는데. 왜 저러지? 자기 마음을 왜 말을 안 하는 거야?'

다음날부터 희찬이와 우진이는 어색한 사이가 되었다. 말을 안 하는 건 아니지만 뭔가 불편했다. 희찬이가 몇 번이나 이야기하려고 했지만 우진이는 그때마다 자리를 피했다. 나중에는 결국 희찬이도 포기하게 되었다. 둘 사이는 점점 멀어져 갔다.

'희찬이가 싫어서 그런 건 아닌데. 나는 왜 이렇게 싸울 상황이 되면 마음이 불편하지. 내 마음을 그대로 얘기하면 나아질까?'

어색해진 희찬이의 모습을 보며 우진이는 속으로만 생각할 뿐이었다. 속은 상했지만 둘의 관계를 돌이킬 방법은 없어 보였다.

1. 친구에게 카톡을 보냈는데 읽고도 답장이 없다면 어떻게 반응을 할까?

2. 친구가 놀릴 때 어떤 마음이 들까?

3. 어떤 마음 때문에 친구를 놀릴까?

4. 불리한 상황에서 잡아떼는 친구를 보면 어떤 마음이 드는가?

5. 말을 하면서도 어색한 사이를 풀기 위해선 어떤 노력이 필요할까?

6. 갈등을 풀기 위해서 내 마음을 어떻게 표현하는 게 좋을까?

7. 순간적으로 욕을 하고 싶을 때 대신할 수 있는 방법은 무엇일까?

8. 갈등을 해소하지 않고 시간이 지나면 어떻게 될까?

좋아요 **1004**개

갈등 상황을 대하는 여러 가지 방법이 있습니다. 화를 내고 소리를 질러서 발산하는 사람이 있지요. 그런가 하면 우진이처럼 갈등 상황을 회피하고 도망가는 사람이 있습니다. 갈등은 서로가 달라서 생기는 현상이지요. 서로 맞춰 가고 채워 가기 위해선 불가피한 게 또 갈등이에요. 우진이는 갈등 상황이 되면 피해 버립니다. 도망가 버려요. 우진이의 마음을 아무도 알 수가 없지요. 어떤 생각으로 그랬는지 의견을 나눠야 해요. 잘못 표현된 부분에 대해서는 사과하고 인정하는 자세도 필요하죠. 그것을 통해서 관계가 더 가까워집니다. 타인과 잘 어울릴 수 있는 성격으로 바뀌기도 하구요. 피하기만 하는 우진이를 바꿔 줄 수 있는 사람은 없지요. 본인이 본인의 모난 모습을 드러내 놓아야 깎을 수 있을 테니까요. 우진이는 끝내 그 방법을 택하지 않았어요.

여러분도 갈등 상황에서 입을 꾹 닫아 버리나요? 화를 엄청 발산하나요? 스타일이 다 다르듯이 감정을 표현하는 방법도 각기 다르죠. 앞에서 예를 든 두 가지 방법 모두 갈등을 해결하는 좋은 방법은 아닙니다. 살다 보면 갈등을 피할 수 없어요. 모든 사람이 나와 같지는 않으니까요. 갈등 상황을 피하거나 너무 과하게 흥분하지 않고 냉철하게 볼 수 있는 연습이 필요해요. 어떤 부분이 맞지 않아서 갈등이 일어난 건지를 확인하는 거죠. 정확하게 그 부분을 파악해야 나도, 타인도 고칠 수 있습니다. 싸움이나 갈등을 나쁘게 생각하고 피하려고 하지 마세요. 갈등이 일어난 상황이 발전을 이룰 수 있는 기회입니다. 갈등을 나를 더 성장시키는 기회로 삼으세요.

# 06

# 타협하기

## 의견 조율

사람마다 생각이 같지 않습니다. 그런데 나와 다른 생각과 사고관을 가진 사람과 친해지는 경우가 훨씬 많아요. 내가 가지지 못한 부분에 대해서 매력을 느끼기 때문이죠. 나와 정반대의 취향을 가진 사람이 매력적이지만 의견 조율이 쉽지 않습니다. 아무래도 사사건건 부딪힐 때가 많죠. 그 부분이 매력적이어서 가까워졌지만 그 매력 때문에 부딪히는 경우입니다. 이럴 때 우리는 의견 조율의 필요성을 느끼게 됩니다. 서로가 상처받지 않고 최선의 결정을 하기 위해서 우리는 어떻게 해야 할까요?

원하는 것을 솔직하게 표현해야 해요. 서로 배려한다는 이유로 자신의 생각을 숨기는 경우는 타협안을 찾기가 쉽지 않아요. 솔직하지 못하기 때문에 타협안이 나왔다고 해도 만족스럽지 못한 경우가 많습니다. 솔직하게 자신의 생각과 입장을 밝혀야 해요. 그 과정에서 감정이 상하지 않도록 객관적으로 의견을 전달하는 것이 중요합니다. 감정이 상하면 의견 조율이 잘 이루어지지 않아요. 감정이 나빠져서 이성적으로 판단하기 어렵기 때문입니다. 이성적인 판단을 위해서는 자신이 가진 생각을 표현하되 상처받지 않도록 태도는 정중해야지요. 아이들이 자신의 의견을 말할 때 거침없이 말하지 않도록 말투를 연습시켜 주세요. 상대의 기분을 상하지 않으면서 정확하게 팩트만 전달하는 연습 말이에요. 연습하면 점점 감정과 사실을 분리할 수 있습니다. 감정은 배제하고 사실은 정확하게 전달할 수 있어야 제대로 된 의견 조율을 시작할 수 있어요.

## 최선의 방법을 찾기 위한 노력

타협안을 찾기 위해서 대화를 시작했을 때 가장 어려운 것이 논쟁의 가능성이에요. 서로의 주장이 엇갈리기 시작하면 타협안을 찾기가 어려워져요. 누구도 자신이 손해 보는 결정을 하고 싶은 사람은 없습니다. 자신의 주장을 끝까지 내세우고 싶은 마음이 들거든요. 그럴 때는 서로 양보하기가 어려워집니다. 끝을 알 수 없는 논쟁으로 빠지는 경우가 생길 수 있습니다. 아이들과도 마찬가지죠. 논쟁에 휘말리게 되었을 때 어떤 방식으로 논쟁을 마무리 지으시나요? 부모라는 이유로 아이의 주장을 무시한 적은 없었나 생각해 봐야 합니다. 그렇게 결정을 하게 되면 아이는 무력감을 느낍니다. 자신이 어찌할 수 없는 상황에 화가 나고 반항심만 생기지요.

정서적으로 독립하지 못한 아이는 화의 이유를 알아채지 못합니다.

그저 자기 욕구가 좌절되어서 그렇다고 생각할 뿐이죠. 논쟁에서 부모와 자녀가 아닌 인간 대 인간으로 독립하여 설 수 있어야 합니다. 자신의 의견을 정확하게 내세우고 의견 대 의견으로 정당성을 찾을 수 있어야 해요. 아이의 의견도 충분히 존중해 주어야 합니다. 그렇게 아이가 자신의 의견도 존중받으며 조율을 할 때 아이도 그러한 태도를 배워요. 또래와의 의견 조율이 필요할 때 서로의 의견을 존중하며 조율할 수 있는 힘을 키웁니다.

최선의 방법을 찾을 수 있기 위해서 서로의 의견을 존중하고 거기서 최고의 합일점을 찾고자 노력합니다. 그 과정에서 아이는 타인과 자신의 의견을 존중하는 자세를 배우지요. 또한, 최선의 선택이란 무엇일까에 대한 고민을 통해 생각의 폭을 확장시킬 수 있어요. 의견이 다르다는 것은 거기에서 배울 수 있다는 것을 의미합니다. 서로 다른 생각과 가치관 사이에서 합의점을 찾아 나가는 경험은 아이의 세계관을 넓혀 줄 것입니다.

## 협상과 타협하기

협상과 타협을 할 때 가장 필요한 태도는 경청 능력입니다. 타인의 의견을 잘 들어 주는 것이죠. 자기주장만 내세우는 사람은 경청을 무척 어려워합니다. 경청을 위해서는 열린 자세가 필요해요. '내가 틀릴 수도 있다.'라는 가능성을 열어 두어야 합니다. 그래야 공정한 입장에서 대화를 이어나갈 수 있습니다. 타인의 의견에 100% 공감할 수는 없을지라도 상대방이 무슨 말을 하고 있는지는 잘 들어 줘야 합니다.

요즘은 하고 싶은 말만 하고 듣지 않는 사람이 많아요. 일방적으로 자신의 의견만 전달하려고 합니다. 자기주장을 내세우느라 타인의 의견을 무시하거나 깎아내립니다. 결국 자기 주장만 관철하면 끝이라고 생각하기도 해요. 무한 경쟁 시대에 살다 보니 강하게 주장하지 않으면 진다는 생각이 많은 것이 사실입니다. 요즘이야말로 경청의 자세가 더욱 필요하고 중요하지요. 타인의 의견을 잘 들어 주는 것만으로도 타협의 가능성이 커집니다. 진심으로 상대가 원하는 것이 무엇인지 듣기 시작하면 상대도 마음을 열지요. 내가 무슨 주장을 하는지 들어 보고자 합니다. 거기서부터 협상이 시작됩니다.

아이들과 대화를 나눌 때 얼마나 아이의 의견을 경청해 주시나요? 부모는 아이를 가르침의 대상으로 생각해요. 옳은 길로 이끌어 주기 위해서 자신의 의견을 강하게 몰아붙입니다. 경험이 많은 부모가 아이를 가르쳐 주는 것은 당연하다고 생각합니다. 과연 그럴까요? 원칙대로 행동하는 아이들 또한 좋은 의견을 내는 경우가 많습니다. 아이라서 실수가 많고 부족할 것이라고 생각하지 마세요. 하나의 인격체로 대하세요. 아이의 의견을 존중하고 받아들일 줄 알아야 합니다. 부모가 어른이라는 이유로 모두 옳은 것은 아니니까요. 자신의 의견을 그대로 수용받아 본 아이는 협상에 건강하게 접근합니다. 괜한 피해의식을 갖고 상대방을 공격하지 않지요. 최선의 방법을 찾기 위해 고민합니다. 건강한 협상을 가정에서 경험하게 해 주세요. 아이가 사회에 나가서 타협하는 데 많은 도움이 될 것입니다.

## 타협 연습하기

1. 상대방의 입장을 충분히 경청하기
2. 상대방의 의견에 공감하기
3. yes/but 화법을 사용하기
4. 최선의 방법을 위해 토론하기
5. 타협하고 나서 서로의 의견을 존중해 주기

현구와 시형이, 완희, 유준이는 사촌사다. 같은 태권도 학원에 다니면서 친해졌다. 태권도 실력을 서로 뽐내며 다투기도 하지만 서로 죽이 잘 맞는다. 단 한 가지 문제만 빼고 말이다. 오늘도 태권도 학원을 마치고 모두 함께 분식집으로 갔다. 분식집에 들어가는 순간, 넷 다 말이 없어졌다. 오늘도 얼마나 오랜 시간 메뉴로 고민을 해야 할지 심란했기 때문이다. 유준이가 차분한 말투로 말을 시작했다.

"정말 오랜만에 분식집에 왔네. 뭘 먹을까?"

넷 다 분식을 좋아하긴 했지만 메뉴를 고를 때 어려웠다. 양배추를 너무나도 싫어하는 현구가 있었기 때문이다. 양배추가 조금만 들어가도 그 맛이 느껴진다며 현구는 얼굴이 붉어졌다. 햄버거나 밥버거에 들어가는 양배추는 잘 먹었다. 유독 떡볶이에 들어가는 양배추에 거부감이 심했다. 나머지 세 친구가 가장 좋아하는 게 떡볶이였다. 그래서 친구들은 늘 까다로운 현구의 입맛 때문에 떡볶이를 맛있게 먹을 수가 없었다. 떡볶이를 먹으면서 현구가 연신 인상을 찌푸렸기 때문이다. 유독 떡볶이에 들어 있는 양배추는 맛이 없다나 뭐래나 그랬다. 기분 좋게 음식을 먹으러 가서 늘 그런 식이었다. 현구 때문에 친구들은 기분이 나빠졌다. 좋아하는 떡볶이를 포기할 수 없어 오늘도 분식집에 도전했다. 양배추를 빼고 떡볶이를 주문해 보기도 했지만 그것도 만족스럽지 않았다. 유준이와 시형이, 완희가 먹기에 떡볶이의 달달한 맛이 빠진 듯 심심했다. 언제나 분식집 나들이는 누구도 만족하지 못한 채 끝냈다. 오늘은 반드시 모두 만족스러운 식사를 하고 싶다는 생각으로 분식집에 왔다. 태권도 대회 준비 때문에 배가 무척 고팠기 때문이다.

"현구야 오늘도 떡볶이의 양배추가 싫을 거 같니?"

시형이가 물었다. 현구는 언제나처럼 인상을 찌푸리며 말했다.

"난 언제나 떡볶이의 양배추는 정말 맛없어."

그런 현구를 보며 완희가 뾰로통해서 한마디 했다.

"너 때문에 맨날 떡볶이 먹을 때마다 기분이 나빠. 밥버거나 햄버거, 샌드위치에 있는 양배추는 잘 먹으면서 왜 그래. 우리 떡볶이 맛있게 좀 먹고 싶다."

완희의 속마음이 그대로 드러나는 말투에 분위기가 싸해졌다.

"시켜. 내가 떡볶이 안 먹으면 되잖아. 나 때문에 기분 망치는 줄 몰랐네."

현구도 기분이 좋지 않아 얼굴이 일그러지며 말을 했다. 유준이가 얼른 나섰다.

"좋아하고 싫어하는 게 다른 건 당연해. 그럴 수 있어. 현구는 생 양배추는 괜찮은데 익힌 양배추가 마음에 안 드나 봐. 우리 셋은 익힌 양배추 맛이 나야 떡볶이가 맛있거든. 지난번에 양배추 빼고 먹은 떡볶이는 현구는 괜찮았을지 모르지만 우린 정말 맛이 없었어. 다시 그래야 한다면 차라리 떡볶이를 먹고 싶지 않아. 양배추 넣은 떡볶이가 불편하다면 현구야. 떡볶이 말고 다른 걸 하나 주문해서 먹으면 어때? 다같이 먹을 필요는 없으니까 떡볶이는 3인분만 시키면 되잖아."

현구의 얼굴이 밝아졌다.

"그랬구나. 미안해. 너희들이 그렇게 힘들게 참는 걸 몰랐어. 내가 미안하네. 이 분식집 떡볶이는 나는 포기할게. 대신 난 생양배추가 잔뜩 들어간 쫄면 시켜 먹어도 될까?"

완희와 시형이의 얼굴도 밝아졌다.

"좋다 좋아. 진작에 서로 속마음을 말했으면 불편하지 않았을 걸. 현구야. 쫄면 우리 나눠 줄 거지?"

시형이가 웃으면 현구를 바라보았다. 오랜만에 넷의 얼굴에 미소가 가득 찼다.

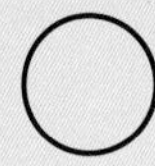

1. 무엇이 분식집의 네 친구를 긴장하게 했는가?

2. 까다로움을 반복해서 주장하는 친구가 있다면 어떨까?

3. 자신의 주장만 내세우는 친구와 어떻게 생각을 맞출 수 있을까?

4. 친구들이 배려해 주는 것을 당연한 것으로 여긴다면 어떤 마음이 생길까?

5. 배려해 준다고 생각하고 끝까지 자기 마음을 말하지 않는다면 어떤 결과가 생길까?

6. 나 때문에 친구들이 불편하겠다고 느낀 적이 있나?

7. 친구를 배려해 주다가 속상했던 경험이 있었다면 어떤 경우였을까?

8. 배려란 무엇일까? 배려받는 사람의 태도는 어때야 할까?

9. 생각이 다른 친구들이 최대한 잘 타협하기 위해서 필요한 것은 무엇일까?

좋아요 **1004**개

어릴 때는 자기주장만 내세우기 쉽습니다. 타인의 입장을 알 수가 없으니까요. 내 입장만 주장하다가 갈등이 깊어지기도 합니다. 현구의 경우도 그랬죠. 자기 입장에서는 양배추가 불편해서 안 먹고 인상을 쓴 거 뿐이죠. 그것 때문에 친구들이 불편할 거라고 생각을 못한 거예요. 현구가 기분 나쁠까 봐 다른 친구들은 참아도 보고 양배추도 빼 보는 노력을 하지요. 하지만 현구는 아무 노력도 하지 않습니다. 자기 때문에 불편한 사람이 있는데도 말이죠. 결국 친구들이 폭발하고 말지요.

자신의 주장만 펼쳐서는 단체 생활을 하기 어렵습니다. 자신의 욕구만을 주장한다면 어떤 협의도 이뤄내기 힘들죠. 그럴 때 필요한 기술이 타협입니다. 나의 욕구도 조정하고 타인의 요구를 받아들일 줄 알아야 해요. 나를 배려해 주는 타인에게 계속적인 요구만 한다면 관계를 계속 이어갈 수가 없지요. 나의 어떤 점이 타인과 어울리기에 어려움이 있는지 생각해 보세요. 스스로는 잘 모를 수 있어요. 가까운 가족에게 물어봐도 돼요. 그 점을 생각하고 타인과 조금 더 잘 어울려 지낼 수 있는 요소를 찾아보세요. 그것이 나에게 큰 해만 안 된다면 나를 성장시키는 데  도움이 될 거예요.

# 07

# 사과하기

## 갈등 상황

누구나 자기 마음대로 행동하고 싶을 때가 있습니다. 주위의 시선이나 불편함 때문에 참지요. 친구와 이야기를 하다가 알게 된 개인적인 이야기를 전해 주고 싶을 때도 있습니다. 학교생활에서 이런 일은 자주 일어납니다. 사적으로 나에게만 말했다는 걸 알면서도 아는 척하고 싶어지지요. 그 친구와 친하다는 것을 과시하고 싶기도 하구요. 내가 그만큼 친구들의 비밀을 많이 알고 있는 사람이라고 으스대고 싶은 마음도 있어요. 그 욕심에서 갈등이 생깁니다. 아무리 비밀이라고 말해도 다른 친구도 그 비밀을 듣는 순간 같은 마음이 생겨 버리죠. 일파만파 소문이 나지요. 이때 소문의 근원지를 찾아 깊은 원망이 시작됩니다. 가볍게 생각하고 내 입장만 생각해서 떠벌린 일이 걷잡을 수 없이 커지는 결과를 낳게 됩니다.

특히 아이들 사이에서 흔히 발생하는 이러한 갈등에 아이가 어떻게 대처하고 있나요? 아이들은 자신의 잘못은 부모에게 말하지 않으려 합니다. 부모를 실망시키고 싶지 않기 때문이죠. 부모가 모르고 넘어가는 경우도 제법 많습니다. 평소에 말조심하는 상황에 대해서 의견을 나누는 것이 좋습니다. 부모가 겪었던 일을 이야기해 주세요. 직장에서 말 때문에 사고가 나는 경우 많잖아요. 그 이야기를 하면서 아이에게 가치관을 심어 주는 겁니다. 부모 아니고 누가 아이에게 이런 소소한 가치관을 시범 보여 주겠습니까? 따로 말을 하지 않더라도 일상에서 나누는 대화에서 아이가 배울 수 있습니다. 부모의 행동을 모델링 삼아 차차 배워 나갑니다. 따로 이런저런 이야기를 해 줘야겠다 부담을 느끼시기보다는 부모님이 하루하루 더 나은 인간이 되고자 노력하시면 됩니다. 조금 더 나은 모습을 위해 공부하고 노력하는 부모의 모습을 아이는 그대로 닮아 가게 될 거예요.

### 사과하기

이런 갈등 상황이 벌어졌을 때 자신의 잘못에 대해서 솔직하게 시인하는 게 다음 단계에요. 감추고 숨기려고 해도 가려지지 않습니다. 솔직하게 털어놓고 사과하는 것이 빨라요. 이런 사과의 태도 또한 가정에서 경험한 것을 확장하는 경우가 많습니다. 부모가 잘못했을 때 어떻게 행동하는지를 보고 배웁니다. 이 책을 읽고 계신 부모님은 아이에게 얼마나 사과를 하시나요? 뭔가 조그마한 잘못이라도 했을 경우 솔직하게 잘못을 인정하시나요? 그러지 못한 경우가 많습니다. 사과하지 않는 부모 아래서 자란 우리는 사과하는 법을 모릅니다. 큰소리치고 얼버무리며 넘어가는 것이 자연스럽고 마음이 편하지요. 내가 부모님께 받지 못했던 사과를 내 아이에게는 돌려줘야 하지 않을까요? 우리는 사과하는 모습을 보여 줘야 합니다.

사과를 한다고 해서 머리를 조아리거나 아주 낮은 자세로 아이를 대할 필요는 없어요. 진심으로 실수한 것을 미안해하는 마음이면 됩니다. 사과하면 부모의 권위가 떨어진다고 생각하지만 이런 태도는 그렇게 자존심이 상하지도 않습니다. 처음이 어려운 것이지요. 작은 잘못부터 사과하고 인정하다 보면 자연스럽게 사과할 수 있어요. 아이가 용서해 주고 인정해 주었을 때 기분은 정말 괜찮습니다. 사과하지 않아서 찜찜한 마음보다 훨씬 편안하지요. 이렇게 자주 실수를 말하고 인정하세요. 아이를 함부러 여겨서 그런 행동을 한 것이 아니라는 것을 말해 주세요. 아이도 부모가 자신을 함부로 대하는 것이 아님을 알게 되어 마음이 훨씬 편안해질 거에요. 아이도 같은 상황이 되었을 때 사과할 줄 아는 아이로 자라게 될 것입니다.

## 사과를 했지만 받아들여지지 않을 때

진심으로 사과를 했지만 상대방이 받아들이지 않아 힘들어할 때도 있습니다. 아무리 진심을 다해서 사과를 한들 용서는 내 몫이 아닙니다. 온전히 상대방의 몫입니다. 내가 용서해 달라고 말할 수 있는 부분이 아니에요. 아이들은 그런 상황을 무척이나 힘들어합니다. 사과를 받아 주지 않는 친구 때문에 어려워하고 고민하지요. 그것은 자신의 몫이 아니란 것을 확실하게 알려주셔야 해요. 진심으로 사과를 했으면 자신의 마음은 충분히 전달을 한 것이니 그걸로 되었다고 말해 주세요. 용서를 하고 안 하고는 상대의 감정입니다. 나는 내 몫의 감정만 감당할 수 있습니다.

아이들이 자신과 타인의 감정을 분리시킬 수 있도록 부모님이 도와주세요. 그 시기에는 특히 어려운 것이니까요. 친구와 자신을 동일시하다 보면 친구의 감정의 영향을 받아서 더욱 힘들어합니다. 왜 용서하지 않는지 궁금해하고 안달을 합니다. 친구가 아니라 자신이 스스로를 못살게 굽니다. 그것을 바라보는 부모 마음도 편하지는 않지요. 감정적인 동요가 많을 시기잖아요. 아이들의 흔들리는 마음을 분명히 알아주시고 보듬어 주세요. 네 탓이 아니라고 이야기해 주세요. 세상이 내 마음대로만 흘러가는 건 아니라는 걸 아이가 알게 될 거에요. 단단하지는 않지만 자신의 마음을 다스리는 데도 도움이 되지 않을까 싶습니다.

## 사과의 방법 연습하기

1. 핑계 대지 않기
2. 자기 합리화를 하지 않기
3. 타이밍 맞춰 사과하기
4. 남의 이야기하지 않고 내 입장만 전달하기
5. 잘못을 솔직하게 인정하기

"소희야. 너 혹시 민준이 좋아하니?"

정민이가 소희에게 다가와 수줍게 물었다. 소희는 깜짝 놀라 정민이를 바라봤다. 아무도 모르는 일이다. 아니 한 사람만 빼고 모르는 일이다. 그런데 정민이가 그걸 어떻게 알았을까?

"어? 무슨 말이야?"

진실을 숨기면서도 소희는 너무 가슴이 쿵쾅거렸다. 얼굴은 이미 빨개질 대로 빨개졌다.

"벌써 다 소문났어. 근데 진짜 맞는지 내가 한 번 더 확인하고 싶어서 물어보는 거야. 민준이가 워낙 좋아하는 애가 많으니까 그럴 수 있어. 내가 지켜 줘야 할 친구가 있어서 말야. 사실을 확인 좀 하려고 그래. 너는 아닌 거야 그럼?"

소희는 어떻게 해야할지 너무 난감했다. 몇 년 동안 민준이를 좋아했지만 한 번도 겉으로 표현을 한 적은 없었다. 너무 수줍고 부끄러웠다. 그런데 정민이에게 진실을 말하자니 부끄러웠다. 그렇다고 거짓을 말하자니 정민이에게 너무 미안했다.

"정민아. 나중에 얘기해 줄게."

"알았어. 지금 말 못 하는 거면 소문이 사실인 거네. 사람 좋아하는 게 부끄러운 일은 아니잖아. 소문날 정도면 누군가에겐 말한 거네. 암튼 알았어. 말하지 않아도 괜찮아."

정민이는 소희의 답변은 듣지도 않은 채 가버렸다. 그때부터 소희는 친구들이 모두 자기만 쳐다보는 것 같았다. 특히 민준이가 자기 마음을 알아버렸으면 어쩌나 싶어 마음이 너무 불편했다.

이상했다. 가인이가 설마 둘만의 비밀로 간직하기로 한 이야기를 친구들에게 소문냈을 리 없었다. 소희는 재빠르게 가인이에게 가서 잠깐 복도로 불러 이야기를 하자고 했다.

"가인아. 혹시 내가 너한테 비밀 이야기한 거 누구한테 말했니? 내가 너를 엄청 믿는데 그래도 물어봐야 할 거 같아서 말야. 너한테 밖에 그 이야기를 한 사람이 없는데 소문이 났어. 이상해서 그래."

소희의 말을 듣고 가인이는 큰 소리로 웃었다.

"미안. 맞다 네가 비밀이라고 했었지? 내가 그걸 깜빡했지 뭐야. 친구들하고 파자마 파티한 날 네 이야기가 나와서 아무 생각 없이 말해 버렸네. 사람 좋아하는 게 뭐 창피한 일도 아니고 말하면 어때. 소문나면 민준이도 알게 될 거야. 그럼 더 좋은 거 아냐? 민준이가 너한테 마음 있으면 다시 연락도 오고 하겠네. 내가 오히려 너네 이어준 은인이 될 수도 있겠다. 잘됐네! 잘됐어."

소희는 기가 막혔다. 수줍게 꺼내 놓은 비밀이었다. 절대 아무에게도 말하지 않겠다고 제발 알려달라고 몇 번을 애원해서 이야기해 줬었다. 그런 비밀을 말해 놓고 소문이 났는데 오히려 잘됐다고 하다니 소희는 너무 어이가 없었다. 저런 아이랑 친구라고 믿은 자신이 너무 바보 같다는 생각이 들었다. 소문이 난 건 어쩔 수 없지만 이제 다시는 가인이를 믿지 않을 거라고 다짐했다.

가인이는 그 뒤로도 아무렇지 않게 소희를 대했다. 하지만 소희는 달랐다. 더 이상 가인이를 소중하게 생각할 수가 없었다. 그런데 며칠 후 가인이가 책상에 엎드려 울고 있었다. 수빈이가 큰 소리로 가인이에게 화를 내고 있었다.

"너는 입이 너무 가벼워. 내가 비밀로 지켜 달라고 했던 일을 다른 애들한테 다 말하고 다녔지. 나도 참지 않을 거야. 너희 아빠가 너한테 했던 말 나도 다른 친구들에게 다 소문냈어. 어때? 너만의 비밀이 온 학교에 퍼진 기분이. 네 비밀을 말하면서 너도 그런 마음이었겠지? 속시원하다."

수빈이는 소리를 고래고래 지르고 밖으로 뛰쳐나갔다. 수빈이의 얼굴이 눈물 범벅이었다. 한참을 울고 난 가인이는 고개를 돌려 주위를 바라봤다. 하지만 주위에 가인이를 위로하는 친구는 아무도 없었다. 가인이는 눈물 젖은 눈으로 소희를 바라봤지만 가인이와 눈이 마주친 소희는 고개를 돌려 버렸다.

1. 수빈이는 정민이의 질문을 듣고 어떤 마음이 들었을까?

2. 나의 비밀을 퍼트린 친구에게 어떤 마음이 생길까?

3. 비밀을 가볍게 생각하는 친구에게 비밀을 말하면 어떻게 될까?

4. 내가 친구의 비밀을 들었다면 어떻게 할까?

5. 내가 좋아하는 친구를 친한 친구가 함께 좋아하고 있다면 어떻게 할까?

6. 소중한 친구의 비밀을 알게 되었는데 다른 친구에게 말하고 싶어진다면 어떻게 할까?

7. 화내는 수빈이를 보면 가인이는 어떤 마음이 들었을까?

8. 친구 사이에서 비밀을 말한다는 건 무슨 의미일까?

좋아요 **1004**개

여러분 나이에는 비밀을 친구들에게 자주 말하죠. 절대 아무에게도 말하지 않을 거라고 약속하면서요. 우리가 친하기 때문에 이렇게 비밀을 공유하는 거라고 다짐을 받아 보지만 그 약속은 잘 지켜지지 않아요. 하루에도 몇 번씩 친구 관계가 좋았다 나빴다 하는 시기니까요. 정서가 안정이 안 되다 보니 기분이 오락가락하고 친구들에게도 영향을 주죠. 비밀을 약속했던 친구에게 뒤통수를 맞아서 울어 본 적이 있을지도 모르겠어요. 소희나 수빈이처럼 말이죠. 세상에 비밀은 없다고 하죠. 내 입에서 나간 순간 어디엔가 떠도는 말이 될 거라고 해요. 진짜 비밀로 간직하고 싶다면 아무에게도 이야기하지 마세요. 꼭 말하고 싶다면 비밀 일기장을 사서 거기다 적는 거예요. 일기장으로 공유는 하지만 비밀이 새어 나갈 염려는 없겠죠.

친구에게 비밀을 말하려 할 때는 소문이 나도 괜찮은 비밀만 이야기하세요. 그게 여러분의 비밀을 지키는 좋은 방법일 거예요. 아무리 입이 무거운 친구라도 비밀을 지킨다는 게 쉬운 일은 아니거든요. 약속을 했는데 지키지 못할 경우도 있을지 몰라요. 그럴 때는 진심으로 친구에게 사과하세요. 당사자에게는 너무나도 소중했던 비밀을 섣불리 대한 것에 미안한 마음을 가져야 해요. 그래야 친구에게 진심을 전할 수 있답니다. 잘못해 놓고도 가인이처럼 그게 뭐 대수냐는 듯한 태도는 친구를 잃게 만듭니다. 잘못했을 때, 미안할 때는 언제든 진심으로 사과할 줄 알아야 해요. 그것이 친구 관계에서 진짜 믿음을 지킬 수 있는 유일하고 진실한 방법이랍니다.

# 08

# 공동체 역량

## 효과적인 의사소통 기술

우리는 원하든 원하지 않든 집단에 소속되어 살아갑니다. 소속 안에서 자기 역할을 부여받고 관계를 맺게 되지요. 소속의 구성원들과 대화를 나누고 의견을 조율할 때 필요한 것이 무엇일까요? 서로를 존중하는 예의 바른 태도예요. 그것이 친구 관계이든 어른과 함께하는 관계이든 마찬가지예요. 사람 사이에는 예의라는 것이 필요하지요.

예의 바르게 행동하는 태도와 몸짓이 중요합니다. 그것보다 더 중요한 것이 소통 능력, 즉 말하는 방법입니다. 나 자신의 의사를 정확하게 전달하면서도 상대의 기분을 해치지 않는 의사 전달법에 대해서 연습해야 합니다. 그래야 공동체에서 생활하면서 효율적인 의사소통을 할 수 있지요. 가정에서 공격적이지 않으면서 자신의 의사를 전달하는 방법을 배우고 소통했던 아이들은 공동체에서 도드라집니다. 의사소통 역량이 뛰어나고 갈등 없이 사건들을 해결해 나갑니다. 타인의 말을 이해하거나 들으려고 하지 않고 자기주장만 내세우는 친구들도 많아요. 그런 친구들과는 대화가 통하지 않습니다. 공동체를 이끌어 가는데 불편함이 쌓이게 되지요. 사람들과 긴밀한 관계를 맺지 못하다 보니 공동체에서 소외되기 쉽습니다. 효과적인 의사소통 기술이 모든 공동체 역량의 바탕인 이유입니다.

## 집단 상황에서 적절하게 대화하기

집단에서 효과적으로 대화하기 위해서 필요한 것이 내 상황을 말하기입니다. 나를 주어로 나의 생각과 감정을 전달하는 것입니다. 상대방에게 초점을 맞추지 않아요. 순전히 나 자신의 입장에 대해서만 이야기를 하는 것입니다. 상대방에게 책임을 돌리고 비난하기보다는 내 생각과 감정을 전달하는 것에 초점을 맞추는 것입니다. 내 감정을 우선으로 전달하면 상대방이 비난받았다는 느낌을 덜 받습니다. 또한, 상대방에 대해서 불만이 있는 것이 아니라 상대방의 행동에만 초점을 맞춰서 대화할 수 있지요. 문제를 해결하기 위해서 상대방이 할 수 있는 것을 말해 주고 원하는 것을 건강하게 표현합니다. 상대방이 스스로 해결책을 찾고 주체적으로 행동하는 것을 도울 수 있어요. 평화롭게 문제를 해결할 수 있는 아주 좋은 방법입니다. 부모와 나누는 대화가 나 전달법을 활용한 대화가 늘어날수록 아이는 집단에서 적절하게 대화할 수 있습니다.

## 다른 사람과 협력하기

학급이나 집단에서 협력을 해야 할 일들이 점점 늘어납니다. 아이가 성장할수록 그 협력의 자리에서 자기 몫을 제대로 해 내야 할 텐데요. 요즘 아이들은 그것을 두려워해요. 협력해서 문제를 해결해 본 경험이 많지 않기 때문입니다. 아이들은 예전보다 최고의 대우를 받으며 자랍니다. 자신감이 넘쳐나지요. 오히려 자신의 객관적인 위치나 상황을 파악 못 하는 경우가 많아지는 이유입니다. 눈치가 없다고 하지요. 그런 아이들이 많아졌어요. 어떤 상황에서 자신이 주장을 내세워야 하는지 잘 구분하지 못해요. 조율하려 하기보다는 자기주장을 강하게 내세우려고 하는 편이지요. 서로 주장이 겹치다 보니 한 가지로 의견을 모으는 게 쉽지 않습니다. 결국 자기 주장만 내세우다가 합의점을 찾지 못하고 끝내는 경우가 늘어나고 있습니다. 이렇게 되어서는 협력이 어려워요.

협력을 한다는 것은 나와 타인을 맞춰 가는 과정입니다. 우리는 타인과 나를 맞춰 나가는 공동체 역량을 키워나가야 더불어 살 수 있어요. 아무리 비대면 시대라 하고 로봇이 사람보다 편한 세상이 온다고 해도 누구와 협력 없이 살 수는 없지요. 세계화가 가속화되면서 나와 전혀 다른 가치, 사고관을 가진 사람과 협력할 일이 오히려 늘어나고 있어요. 타인을 존중하고 타인의 의견을 경청하는 태도가 중요합니다. 자기 자리에서 자기 역할을 찾아 나가면서 발전해 가고 나아 갈 수 있습니다. 가정에서 아이 말을 경청하고 존중하는 경험을 주고 자기 역할을 제대로 해 나갈 수 있도록 격려해 주세요. 가정의 대소사를 결정할 때 아이의 의견을 적극적으로 반영해 주세요. 서로 의견도 조율해 보고요. 협력을 통해서 하나의 행사를 마무리 지어 보세요. 아이들이 사회 공동체에서 협력을 이뤄나가는 데 많은 도움이 될 것입니다.

### 나 전달법 의사소통

1. 상대방의 행동에 대해 비난 없이 묘사하기
2. 상대방의 행동이 나에게 미치는 영향과 내가 느낌 감정 표현하기
3. 상대방에게 바라는 것 말하기

체육 시간이다. 남자 친구들이 오늘을 손꼽아 기다린 것은 바로 피구 때문이다. 선생님이 오늘 피구 시합을 하겠다고 약속한 게 2주 전이다. 아이들은 매일 오늘만 기다렸다.

그런데 하필 영진이가 다리를 다쳤다. 피구왕 영진이는 서로가 탐내는 피구 선수였다. 특출나게 피구를 잘하는 영진이가 있는 팀은 늘 유리했다. 그런데 결전의 날을 두고 영진이가 발을 다친 것이다. 크게 다친 것은 아니라 다행이긴 했지만 마음대로 움직이진 못했다. 피구를 고대하고 기대했던 친구들은 실망이 이만저만이 아니었다. 그래도 기다렸던 피구인 만큼 영진이 없이도 이길 계획을 세워야 한다.

"오늘 피구 하기로 한 거 맞지? 그런데 영진이가 다리를 다쳐서 어떡하지? 영진이가 피구를 정말 좋아하는데 아쉬워서 어쩌지? 그나저나 어떻게 팀을 짜면 좋을까. 영진이는 어떻게 할래? 움직이기 어려우면 피구를 쉬고, 괜찮으면 같이 해도 좋아. 어떻게 할래 영진아?"

영진이는 선생님의 말이 끝나자마자 얼른 신이 나서 대답했다.

"저 할 수 있어요. 안 그래도 선생님이 저 빠지라고 하면 어쩌나 걱정했어요. 저 많이 움직이진 못해도 공은 받을 수 있어요. 저도 끼워 주세요."

"피구는 움직이면서 피해야 하는데 걷지 못하면서 어떻게 피구를 해?"

지우가 고개를 갸우뚱거리면 물었다.

"우리가 영진이를 배려해 주면 되잖아. 영진이 같은 경우는 공에 부딪히면 또 다칠 수도 있으니까 말야. 영진이 자리를 한 쪽에 마련해 주고 움직이지 않으면서 하면 어때. 대신 영진이 공간 안에서 영진이가 공을 받고 던지는 것은 마음대로 할 수 있게 해 주면 되잖아."

채린이가 의견을 제시했다. 평소 영진이 덕에 피구를 이겼던 친구들은 좋다고 했다. 하지만 지우는 생각이 달랐다.

"그럼 너무 불편할 거 같아. 영진이랑 부딪힐까 봐 그 공간은 피하지도 못하는 거잖아."

친구들이 일제히 채린이를 바라봤다. 모두 다 생각이 같을 수는 없었다. 그래도 채린이가 지우를 설득해 줬으면 싶은 마음이 들었다.

"그래. 지우 말처럼 불편할 수도 있겠다. 하지만 영진이도 안전한 범위에서 피구를 할 수 있는 권리가 있잖아. 우리 반이니까. 우리 마음대로 그 권리를 뺐을 수는 없을 거 같아. 대신 한번 해 보고 나서 얼마나 불편한지 보자. 영진이도 한다고는 했지만 실제로는 불편할 수도 있잖아. 해 보고 나서 공간 크기도 정하고 영진이가 할 수 있는지도 결정하자. 해 보지도 않고 포기하는 건 아니잖아."

지우도 고개를 끄덕였다. 모두 다 그렇게 동의하는 분위기였다. 선생님은 친구들의 의견이 모아질 때까지 기다렸다가 게임을 시작하셨다. 누구도 다치지 않으면서도 모두 다 만족할 수 있는 피구를 위해 노력하는 모습이 보기 좋다고 칭찬해 주셨다.

그날의 피구는 그 어느 때보다도 더 신나고 재미있었다. 서로가 다치지 않게 배려하면서도 공격을 날쌘돌이처럼 진행하는 게 다른 때보다 더 스릴 넘쳤다. 무엇보다 누구 하나 빠지지 않고 함께 참여할 수 있었다는 것이 가장 큰 성과였다. 처음에 불편할 것 같다고 삐죽대던 지우가 영진이를 제일 배려했다. 어쩌면 영진이가 다시 다칠까 봐 걱정을 제일 많이 한 것이 지우가 아니었나 싶은 정도였다. 푸른 하늘만큼 그날의 피구 경기는 싱그러웠다.

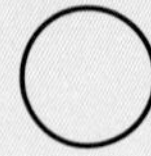

1. 피구를 못 하게 된 영진이는 어떤 마음이 들었을까?

2. 다친 영진이를 보면 아이들은 각자 어떤 마음이 들었을까?

3. 채린이가 배려해 준 방법에 대해서 영진이는 어떤 마음이 들었을까?

4. 영진이의 입장이 되어 지우 말을 들었다면 기분이 어땠을까?

5. 그날 피구가 왜 다른 날보다 더 재미있게 느껴졌을까?

6. 지우가 영진이를 보호하고자 하는 방법은 영진이에게 통했을까?

7. 내가 어려운 상황을 당했을 때 배려받지 못한다면 어떤 마음이 생길까?

8. 친구가 어려운 상황일 때 나는 어떤 배려를 해 줬는가?

좋아요 **1004**개

배려란 뭘까요? 도와주거나 보살펴 주려고 마음을 쓰는 것을 의미합니다. 다친 영진이를 배려한 친구들의 마음이 아주 돋보입니다. 함께 누리고자 하는 마음이 참 아름답게 느껴집니다. 서로 배려하고 양보하는 모습이 정말 예뻐요. 나만 생각한다면 그렇게 못 할 수도 있었을 테니까요. 나와 함께 타인을 생각하는 마음이 좋아 보입니다. 함께 산다는 것은 그런 의미가 있는 것 같아요. 서로가 힘들고 외로울 때 의지가 되어 주고 힘이 되어 주는 거죠. 그것으로 인해 더불어 살아가는 세상이 더 아름다운 게 아닐까 싶습니다. 우리 모두 그렇게 어울려 살아가는 힘을 가져 보아요. 내가 힘들 땐 누군가 힘이 되어 주잖아요. 그런 나눔의 마음이 우리에게 더 아름다운 미래를 선물해 주지 않을까 싶습니다.

# 사춘기 핵인싸의 비밀

초판 1쇄 인쇄 2023년 04월 11일
초판 1쇄 발행 2023년 04월 21일

지은이 이현주·이현옥
편집이사 이명수
출판기획 정하경
편집부 김동서, 전상은, 김지희
마케팅 박명준 온라인마케팅 박용대
경영지원 최윤숙, 박두리

펴낸곳 북스타
출판등록 2006. 9. 8 제313-2006-000198호
주소 파주시 파주출판문화도시 광인사길 161 광문각 B/D
전화 031-955-8787 팩스 031-955-3730
E-mail kwangmk7@hanmail.net
홈페이지 www.kwangmoonkag.co.kr
ISBN 979-11-88768-63-9 13370
가격 18,000원